最後の音楽:‖

ヒップホップ対話篇

荘子it × 吉田雅史

DU BOOKS

序　What's dope?
〈かっこいい〉ってどういうこと？

𝄆（反復記号、英：Repeat Sign）
複縦線に点をふたつ付けたもの。通常、この記号で挟まれたあいだを二回繰り返して演奏する。反復記号は反復を必要とする初めと終わりに付けるが、開始の部分は省略されることがある。

もう新しい音楽は生まれない――そう叫ばれて幾年月。しかし音楽家たちはきょうも〝新曲〟を世に問い、観客は踊る。あるいは一過性の熱病として打ち捨てられたリズムがあるときまた現代に召喚され、〝新たな流行〟をつくりだす。最後と思われた〝新しい〟音楽は反復する。「最後の音楽𝄆」で人は永遠に踊りつづける。ヒップホップのドラムループがそうさせるように――。

ヒップホップこそが世界中でもっとも売れている音楽ジャンル、といわれるようになってから数年が経過した。一九七三年に開催されたＤＪクール・ハークのパーティーを始まりとして、二〇二三年でちょうど五十歳の誕生日を迎えたヒップホップだが、いまではファッションを筆頭にあらゆる場面でよりいっそう身近なものになってきているかもしれない。とはいえ、誕生した一九七〇年代には限られた者たちのマイナー文化だったそれは、ほんとうに大衆文化となったのだろうか。

この本を手に取っていただけた読者であれば、好きなラッパーがいたり、フェイバリットの楽曲があるかもしれない。それらを思い浮かべてもらいたい。あなたは、そのラッパーや作品のどんなところを〈かっこいい〉と感じているだろうか？

ラッパーのキャラクター、リリックやフロウ、韻の踏み方、声。その楽曲のスタイルや構造、サウンドの鳴り方、ビートの響きやリズム、サンプリングの仕方、そこに滲《にじ》むビートメイカーの個性。あるいはミュージックビデオやＳＮＳでのヴィジュアルイメージ。思いつくポイントはさまざまだろう。

だがどのポイントにも、ヒップホップの世界特有の共通点があるかもしれない。それは、その〈かっこよさ〉はヒップホップの世界の外側から見れば、逆に価値のないものにみえたり、笑ってしまうようなものかもしれない、ということだ。それはどこかしら常識的な基準からズレたり、逸脱している〈かっこよさ〉だからだ。だがその逸脱は、ヒップホップ的には間違いなく〈かっこいい〉もののはずなのだ。逸脱こそが、王道なのだ。しかしそれはなぜなのかを言語化しようとすると、とたんにそのむずかしさに気づかされる。

たとえばO.D.B（オール・ダーティ・バスタード）の、一般的にはヘタとしか思えない、酔っ払った親戚の叔父さんのようなヨレてしゃがれた歌声の鼻歌は、ヒップホップというコンテクストをまとうとなぜあそこまでかっこよく聞こえてしまうのだろうか。

ヒントは一九九〇年代に盛んに用いられた〝ドープ〟あるいは〝イル〟という言葉で表現されたなにか、にあるかもしれない。ドープはもともと薬物という意味、イルは文字どおり病気という意味から反転して、とくにヒップホップにおける〈かっこよさ〉を表現する形容詞となった。だがフレッシュ、シック、タイト、スワッグといった類似の形容詞をいくら費やしてみても、その〈かっこよさ〉は抽象性を増すばかりで、決してその核心には近づけそうもない。

もしその正体が明らかになれば、なぜヒップホップがこんなにも魅力的で多くの人々に求められているのかを考えてみるヒントとなるのではないか。

逸脱しつづけるヒップホップ・ユニット、Dos Monosを率いる荘子itと、逸脱するヒップホップ批評を志すわたくし吉田雅史は、二〇二〇年からゲンロンカフェのイベントを中心に定期的に対談／鼎談を継続してきた。毎回ゲストを招き、多様な観点からヒップホップについて対話を重ねてきた。そして、それらの対話を通して毎回のように突き当たるのは、このヒップホップ独特の〈かっこよさ〉はなんなのか、それはどこからどのようにして生まれてきているのか、そのような素朴な疑問だった。だからそれらの対話を一冊にまとめた本書は、さまざまなゲストたちとさまざまなトピックについてさまざまな知見をぶつけあいながら、この素朴な疑問を中心に据えその周囲をグルグル回転する言葉たちの観測記録のようなものかもしれない。

そんな本書の構成を簡単に見ておこう。

一章では著書『キャラの思考法』でキャラクター論にも造詣《ぞうけい》の深いさやわかさんを招き、ヒップホップにおけるラッパーやビートメイカーのキャラクター性について考える。

二章では音楽家としての活動はもちろん、その「言葉」の切れ味も圧倒的な菊地成孔さんと一緒に、ラッパーたちの文学性について議論する。

三章では『J・ディラと《ドーナツ》のビート革命』の訳者でもある吉田と、同書に帯文を寄せたマッドリブ派の荘子itが、あらためてJ・ディラから作品に宿る記名性について語りあう。

本書の刊行後に第二期Dos Monosを始動する荘子itのステートメントを挟み、四章では『黒人音楽史』でマニエリスムに着目した斬新なブラックミュージック史観を披露した後藤護さんを迎え、ヒップホップにおいて道化の果たしてきた役割について話をうかがう。

五章では、DJ・プロデューサーとして活躍しつつ、ミキシング・エンジニアとしてヒップホップ界を支えるIllicit Tsuboiさんをフィーチャーし、ヒップホップにおける〈良い音〉とはなにかを探る。

最終議論となる六章では、ヒップホップにおける前衛的な態度について考察し、ヒップホップの〈かっこよさ〉に再度迫る。さらに〈アヴァンギャルド〉をキーワードにしたビートメイキング史についてまとめた吉田のコラムでこれまでの議論を補足する。

足掛け五年間にわたる、さまざまなゲストをフィーチャーしたふたりの〈ヒップホップ対話篇〉は、いったいどこにたどり着くのだろうか？

いまから一緒にその足取りを追っていこう。

吉田雅史

目次

凡例

楽曲は〈　〉、アルバム作品は《　》、書籍・映画・テレビ番組などは『　』で示した
作品名のあとの数字は発表年
初出は巻末に記した

一章

ヒップホップとキャラクター

なぜラッパーはアメコミのヒーローになりきるのか？

feat. さやわか

近年、音楽ジャンルのなかでもっとも需要を伸ばしているヒップホップ／ラップミュージック。その人気を支える要素のひとつは、ラッパーが開陳する世界――裏切りが横行する冷酷なギャングスタ・ライフや、高級車とラグジュアリーブランドに彩られたセレブ・ライフ等々――を、リアリティをもって「窓から覗き見るように」観察することができる点にある。「歌詞でうたわれる世界＝現実に起こっていること」という認識が一応の前提となるが、示威のためならラッパーは法螺《ほら》を吹くのも厭《いと》わない。またラップソングはSNSをはじめとするメディア環境とリンクし、ありのままの現実とフィクションが入り混じることで、さながらリアリティショーのような様相を帯びている。

そんな虚実皮膜を生きるラッパーたちは、なによりも「キャラ立ち」を求められ、「キャラクター」を演じてみせる。彼らの所作はしかし、相手や所属集団に合わせてわたしたちが態度を使い分けることと地続きだ。だとすれば、ヒップホップのこれほどまでの人気はなにを示しているのだろう？

ゲストにライター／物語評論家／マンガ原作者のさやわかを迎え、ラッパーとキャラクターの関係を考えてみた。

〝リアル〟を問われるラッパー

吉田雅史　ラッパーの「キャラクター」[*1]というものを考えたとき、「リアルかどうか」を問われる点がほかの音楽ジャンルにはないヒップホップの特異なところだと思います。歌詞でうたわれている世界と作品外の現実世界が一致しているかどうかをラッパーは問われる。たとえば「九発撃たれた」と豪語する50セント[*2]のように、曲のなかで自分の武勇伝を語るラッパーは多いけど、その真偽が争点となる。ヒップホップでは、俗に「ヘッズ」とよばれる熱烈なラップファンが、ラッパーの「リアル」を監視する役割を担っていると。

さやわか　それはつまり、作品内世界と作品外世界が完全に一致していればいいんですか？

荘子it　完全な一致というよりは、それらの重なりあいの部分から立ちあがるキャラクターに説得力があるかどうかを監視して

1　本稿ではテーマに則し、対象の性格・属性を「キャラ」、キャラから立ちあがる人物を「キャラクター」と使い分けている。

2　50セント（50 Cent）
米ニューヨーク市クイーンズ出身のラッパー、俳優、実業家。50セントというMCネームは、同名の異名をとった実在のギャング、ケルヴィン・マーティンに由来。九発の銃弾を被弾するも一命をとりとめた武勇伝をもつ。同郷のラッパー、トニー・イエイヨーとロイド・バンクスとともに結成したグループ「Gユニット」での活動でも知られる。おもな作品に《Get Rich or Die Tryin'》（〇三、左掲）など。

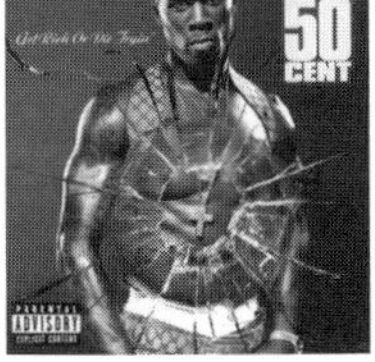

Shady / Aftermath / Interscope

るっていうイメージだと思います。だから楽曲のリリックで語っている内容＝ラッパー自身というわけではなく、いうなればフィクションと現実が二重写しになる2・5次元的なところにキャラクターが生まれる。

吉田　そうそう。正真正銘のリアルそのものではなくて、やっぱりある程度は盛るのがデフォルトになっている。そうじゃないと、キャラがいまひとつ立たないし、エンターテインメントとしても成立しない。そうしたほうが、「事実」より「真実」を示せると言ってもいいかもしれない。けれどその盛り加減は、はたして許容範囲なのか。

荘子it　あと、「監視」の例として、たとえば、学校にいわゆるイジられキャラとして親しまれているA君がいるとする。クラスのみんなはA君のことをイジっていい人だと思って接するし、A君のほうも自覚的にそういうキャラとしてみずから振る舞う。でも彼がそのキャラ設定から少しでも逸脱するような言動をとると、たちまち「それ、ちょっと違くね？」といわれてしまう。双方にとって益のあるコミュニケーションツールとしてキャラが利用されているうちは都合がいいけれど、それが固着化すれば不自由さを生む。「いじられキャラ」と「ハードコアでかっこいいラッパー」とでは一見反対のようだけど、似たようなことがラッパーとヘッズのあいだでおこなわれているともいえるね。

吉田　さやわかさんが『キャラの思考法』[*3]の相対性理論[*4]を論じた回で書かれてましたが、音楽消費のあり方として、アーティストの側が「作品じたいを聴いてほしい」と想っているのに対し、ファンとしてはその作品の解釈もふくめたサイドストーリーを楽しみたかったり、もっと素朴に「作者の素顔を見たい」といった欲望だってある。

さやわか　そもそも、「作者と作品を切り離すべきなのか問題」も当然あるわけですよね？

吉田　はい。その点、ヒップホップの場合はやっぱり切り離せない。

3　**『キャラの思考法　現代文化論のアップグレード』**
さやわか著、青土社、二〇一五年

4　**相対性理論**
やくしまるえつこ（ヴォーカル）、真部脩一（ベース）、永井聖一（ギター）、山口元輝（ドラムス）によって二〇〇六年に結成されたバンド／音楽プロジェクト。おもな作品に《シンクロニシティーン》（二〇一〇）など。

さやわかさんが前述の著書で論じていたように、ファンに対して純粋に音楽だけを提供し、作品外のサイドストーリーをゼロにすることはできなくて、リスナーはそれらも込みで受容している。

さやわか　相対性理論においては、ライブ中に水を飲んで突然動かなくなったり、MCで変なことを言ったりするやくしまるえつこのキャラクター性と、彼女らの作品で歌われている世界観が一致しているのを劇場的に楽しむという側面があるのですが、同時に、その曲を作ったのはかならずしもやくしまるではないというコード（規則）もあって。要は、ひじょうにアイドル的なものなんですよね。彼女自身が創作する際にはティカ・αという変名が使われる。プロデュース側も完全に意図的にやっていて、彼女にはシンガーでなく「コンセプター」というポジションを与えています。作品外のパフォーマンスも込みで相対性理論であるという見世物になっている。

荘子it　やくしまるえつこを特集した「ユリイカ」（二〇二一年十一

月号）にさやわかさんが寄稿した論考に対して、本人の所属事務所から「（コンセプトなどに関して）これ以上は言っちゃダメ」ってチェックが入ったんですよね？

さやわか　そうなんです。だからその原稿を採録・加筆した『キャラの思考法』では削除した文章を戻したうえで経緯も説明して、「二〇一〇年代の表現者のあり方として、全く正しい」[*5]と書きました。

荘子it　それ以上言わせないというのは、「正しいこと」を言わせるというのとも違うんですよね。やくしまるえつこ本人がそのキャラクターを完成させるのではなくて、観客が曲やパフォーマンスや周辺情報という断片から「やくしまるえつこ」というキャラクターの像を浮かびあがらせるようになってる。そうやって謎や余白を残して多様な語りを誘発しながらも、イメージ戦略的にある程度コントロールもしていて、その舵取りがうまい。多くのアーティストはメディアや観客、ときに自分自身によってつくられた

5　さやわか『キャラの思考法』四五頁

キャラに縛られがちだけど、相対性理論はコントロールすることで音楽を届けるためにうまく使っていたのかもしれない。

さやわか　アイドルもそうなんですけど、音楽そのものを運ぶキャリアとしてキャラクターは機能している。人はまずキャラクターを見て、そのキャラクターのために商品を買ってくれて、最終的には音楽も届くという状況になったのが、ゼロ年代以降ですよね。

吉田　そうですね。ヒップホップに話を戻して考えてみても、まずラッパーがどういうキャラクターなのかがYouTubeやSNSの配信で目に入ってきて、その人に興味をもったら聴いてみる、という経路で作品にたどり着く逆転現象も多くなってる。

荘子it　それがいきすぎると、〝人気YouTuberのラッパーが最強〟みたいな話になっちゃう。でも俺は、キャラクター消費を前提にしつつも、ヒト＝アーティストではなく、モノ＝サウンドそのもののキャラクター性を考えてみたいんです。マッドリブ[*6]というプロデューサーはかつて「とにかく俺は同じスタイルを貫きつづけ

6　マッドリブ（Madlib）
米カリフォルニア州オークランドを拠点に活動するビートメイカー、ラッパー。カジモト、イエスタデイズ・ニュー・クインテット、ビート・コンダクターほか多数のキャラクター（別名義）をもつ。おもな作品にカジモト《The Unseen》（〇〇、左掲）など。

Stones Throw

ていて、それがいいんだ」というようなことを言ってて。これだけ制作機材が充実し、掃いて捨てるほど多くのタイプビート[*7]であふれかえってる世界においては、ひとりの制作者がいろんなジャンルの音楽をいくらでも作れて、実際にマッドリブもヒップホップの範疇《はんちゅう》におさまらない多彩なビートメイクをおこなっているけど、それでも彼は〝マッドリブ的〟としか言いようがない作品をつくりつづけることによって、サウンド面でのキャラ化を図ってるんだよね。アーティストの人物像とは別の次元でキャラを確立していて、それが音楽を届けるのにも一役買っている。キャラというものがもはや音楽それ自体と切り離せない魅力の一部になってきてるのは間違いないと思う。

吉田　佐々木敦さん[*8]が批評の言葉について、「いまやなにを言うかでなく、だれが言うかが重要な状況になっている」と言っているように世の中的にもその風潮はあると思うけど、マッドリブの場合はまずは作品の内容によってキャラを確立させたってことだよ

7　タイプビート（type beat）
人気ラッパー／ビートメイカーの作風を模倣して作られたビート。カニエ・タイプビート、ネプチューンズ・タイプビートなど、「〇〇（模倣元の作者）・タイプビート（＝だれそれ風のビート）」といった曲名でYouTubeやサウンドクラウドに無数にアップロードされている。

8　佐々木敦
思考家。音楽レーベルHEADZ主宰。おもな著書に『ex-music』『ニッポンの音楽』『ニッポンの思想』など。

ね。そのラッパーやビートメイカーのやることなら間違いない、というキャラクターを確立できるかどうかのゲームなわけです。でも本来は、資本もコネもない無名の新人がものすごいライムをかましたり、聴いたこともないようなビートを作ることで既存の権力関係をひっくり返せるワンチャンスが転がっているところに、ヒップホップの醍醐《だいご》味《み》があったわけなんで、その回路を失ってはならないなと。

荘子it　ヒト＝アーティスト優位になると結局、リアルでストリート感のあるサグ[*9]な出自だとか、大衆受けする面白いバックストーリーをもった人が強いということになってしまう。でもそれだけでは俺はつまんないなって思う。キャラを人間的なものに限定せずサウンド面でも考えてみたいのは、そういう理由からでもある。マンガとかアニメの絵も、もともとはただの線で、人ではなかったわけだし。完全な無機物である描線から、〝キャラ〟という強い存在感をもったモノが生まれることにこそ面白みがあったと思う

9　サグ（thug）
悪党、凶悪犯、殺し屋などの意。MCネームに用いた例として、スリム・サグ、ヤング・サグなど。

んだけど、ある時期以降のキャラ理論はもっぱらアイドルをはじめとするヒトが対象。日本のアイドル文化が、マンガやアニメで培《つちか》ったキャラの想像力を3次元（および2・5次元）に適用して消費しているのはわかるいっぽうで、俺はやっぱりトラックメイカーというモノづくりの立場として、キャラ理論の原点に立ち返って考えたい。

さやわか　かつてのAKB48がそうだったような、リーダー役の高橋みなみがいて、前田敦子は絶対的エースで、板野友美みたいなギャル風の子もいて、といったものじゃない、キャラクターのさらなる次の次元みたいなものを音楽に見いだすことができるのではないかってことですよね、荘子itさんが考えているのは。

荘子it　そうです。「戻る」といっても懐古趣味に走るわけではなく、マンガの線がもっているようなラディカルな部分を見直したい。もうこれ以上新しい音楽なんて生まれないといわれはじめてから数十年経ったあとだけど、それでもDos Monos[*10]は新しいと思

10　Dos Monos（ドス・モノス）
荘子it、TaiTan、没 aka NGSにより二〇一五年に結成されたヒップホップ・グループ。おもな作品に《Dos City》（一九、左掲）、《Dos Siki》（二〇）など。

Dos Monos / bpm Tokyo

えるものを創りたくてやってる。

ヒップホップとモダンジャズは「キャラ立ち」が命

吉田　そもそもラップ史において、キャラクターに依拠した表現はいつごろから出てきたのか。黎明期に遡《さかのぼ》ると、まずグランドマスター・フラッシュ・アンド・ザ・フューリアス・ファイヴ[*11]というMC五人組のクルーなんかの時代は、メンバー全員で同じことをユニゾンでラップすることも多かった。だから各々のキャラの違いはほとんど目立っていなかった。でもその後、年月とともにプレイヤーが増えていくと、ラッパーたちのあいだに競争が発生して勝たないといけなくなり、「ほかのやつらと違って、俺はこういうところが面白い」と自分だけのキャラを見せる必要が出てくる。また、同じクルー内でも「おまえが二枚目キャラでいくんなら、

11　グランドマスター・フラッシュ・アンド・ザ・フューリアス・ファイヴ（Grandmaster Flash & the Furious Five）
クール・ハーク、アフリカ・バンバータとともに、ヒップホップ文化の礎を築いた三大DJのひとりとして知られるグランドマスター・フラッシュが一九七八年に結成したヒップホップ・グループ。二〇〇七年には、ヒップホップ・アーティストとしては初となるロックの殿堂入りをはたす。左掲は代表曲〈The Message〉（八二）。

Sugar Hill

俺はお馬鹿キャラでいくぜ」といったかんじで、もともともっている資質を活かしたり、あるいは仲間うちにはいないタイプのラッパーをリクルートしてきたりして、差別化が図られるようになる。そういう個性豊かなキャラの面々が揃ってるクルーのマイクリレーは、やっぱり面白いんだよね。

荘子it　ジャズでいうなら、スウィングジャズからモダンジャズへの移行と似てる。前者は同じスウィング感を共有して、みんなで一体となって、各楽器奏者もマクロな全体に奉仕するように演奏していたけど、後者ではコード進行やモードというミクロな決まりだけがあって、各自がそれぞれのリズムやフレーズでアドリブソロを競うようになる。ときには曲自体よりもソロが重視され、まさに、マイクリレーでラッパーごとの個性を面白がるかんじに近いと思う。

さやわか　八〇年代後半のヒップホップですと、当時はファンクのリバイバルも起こっていたので、七〇年代に活躍したパーラメント[*12]の「我々は宇宙から来たPファンク星人だ」みたいな演劇性をもう一回やろうとしている側面もありました。日本でも一世を風靡《ふうび》したランDMC[*13]のミュージックビデオにも、そうした演劇的なところが見受けられます。

吉田　たしかにランDMCはファッションもふくめて、同時代人たちとかなり差別化を図っていた。でも結果、街中のみんなが同じ格好をするにいたるぐらいの影響力をもったという。

さやわか　みんなでこぞってアディダスのスーパースターを履いてましたよね。わざと紐をはずしたりして。

吉田　グランドマスター・フラッシュらのスタッズ打ちのライダースジャケットは当時の流行だったけど、アフリカ・バンバータ[*14]の《Planet Rock》（一九八六）のジャケの鎧みたいな謎のファッションなんかは、Pファンクほか先行世代の影響を受けながらアフロ・フューチャリズム[*15]にも依拠した世界観をもっていて、彼らの表現には歴史的な連続性が感じられる。でもランDMCはそうしたそ

12　パーラメント（Parliament）　ジョージ・クリントンが率いるファンク・バンド。パーラメント、姉妹バンドのファンカデリックおよび周辺ミュージシャン一派の総称ならびに彼らの音楽を「Pファンク」とよぶ。Pファンクの作品群は、宇宙船に乗って地球に飛来したスターチャイルド（ジョージ・クリントン）が人類にファンクを伝道するというスペースオペラ仕立てになっている。おもな作品に《Mothership Connection》（七五、左掲）など。

Casablanca

れまでのブラックミュージックの流れから完全に断絶してポーズを決めたからこそ、画期的だった。あと、ヒップホップの特異点として、「メンバー全員がラッパー」であるところがロックやジャズにおけるバンドとは異なる。

荘子it　ある意味、全員がフロントマンだといえる。

吉田　バンドマンの個性って、そのプレイヤーがどの楽器を弾くかによって補われる部分があると思う。

さやわか　ベースは地味にしかモテないとか？

吉田　俺の統計では、ベーシストがいちばんモテるんだよなあ。

さやわか　だれが真にモテるかはべつにいいよ(笑)。でもさ、「ベースがモテる」というのが、つまりはキャラでしょ。演奏楽器によってそれぞれキャラ付けがある。さっき吉田さんがおっしゃったように、ヒップホップはメンバー全員がラッパーだから、生い立ちとか見た目を使ってキャラクターをつくっていくってことですよね。

13　ランDMC（Run-D.M.C.）
米ニューヨーク市クイーンズでRUN、D.M.C.、ジャム・マスター・ジェイが一九八二年に結成したヒップホップ・グループ。アディダスの紐なしスニーカーとカンゴールのバケットハットがトレードマーク。おもな作品に《Raising Hell》（八六、左掲）など。

Profile

吉田　そうです。だからさっき荘子itが言ってたように、モダンジャズに近い。

荘子it　菊地成孔さん[*16]が「ジャズとヒップホップは祖父と孫の関係にある」って言ってるよね。この両者のあいだにいるのがファンクで、親子のあいだは仲が悪いんだけど、祖父と孫とは通じあうものがあるということ。この言葉は、ジャズを前述のように二世代に分けて考えてもピッタリ当てはまると思う。曲を通してひとつのグルーヴを共有するファンクはモダンジャズよりスウィングジャズに近くて、混沌としてみえるPファンクもボスのジョージ・クリントンのイメージによってバンドがまとまっている。対して、ひとまとまりの全体性よりもメンバー各自のソロ回しでひとりひとりが個性を放つモダンジャズは、やはりヒップホップ的といえる。

吉田　さらに歴史的にみてみると、八〇~九〇年代もグループの時代が続く。典型的なヒップホップ・グループというよりもバン

14　アフリカ・バンバータ (Afrika Bambaataa)
米ニューヨーク市ブロンクス出身のDJ。グランドマスター・フラッシュらとともに七〇年代のヒップホップ黎明期から活動。本文中の《Planet Rock: The Album》（八六、左掲）表題曲は西独の電子音楽グループ、クラフトワークの〈Trans-Europe Express〉を下敷きに制作され、後世に多大な影響を与えた。

Tommy Boy

15　アフロ・フューチャリズム (Afrofuturism)
黒人アーティストが表現する宇宙思想。宇宙、未来、テクノロジーに想を得た表現が特徴。代表的なアーティストにサン・ラー、アース・ウインド&ファイアーなど。

ド に近い側面もある例になるけど、キャラクターという観点からはやはりとくにパブリック・エネミー[17]がずば抜けていて、ラッパーのチャックDを筆頭に、サンプリングネタのディグ専任のビートメイカーがいたり、メディア向けのスポークスマン[18]がいたりする。たまに行進したりするものの、基本的にはステージの上に立ってるだけのS1Wっていうボディガード部隊みたいな変わり種までいる。

さやわか　首にさげたデカい時計が印象的なフレイヴァー・フレイヴは「ヨー、チャック！」とか言うだけ（笑）。

吉田　甲高い声でね（笑）。その後ゼロ年代になると、ラッパーのソロ化が進んでいく。でもヒップホップって、もともとフィーチャリング（客演）が盛んな文化で、別のラッパーの曲へのゲスト参加は日常茶飯事。あるひとりの名義のアルバムなんだけど、最初から最後まで全曲にゲストが客演参加していることもざらにある。だからみんなが旬の人気ラッパーを自作に招聘した結果、どのア

16　菊地成孔
音楽家、文筆家、音楽講師。音楽家としてはソロ名義のほかにもSPANK HAPPY、DCPRG、ラディカルな意志のスタイルズなど。おもな著書に『スペインの宇宙食』、大谷能生との共著に『憂鬱と官能を教えた学校』『東京大学のアルバート・アイラー』など。二〇一〇年からはヒップホップ・グループ、JAZZ DOMMUNISTERSでラッパーとしても活動。MCネームはN／K。

ルバムを聴いても参加者の顔ぶれが変わらず、したがって聴感もだいたい一緒、というような事態にもなりかねない。おまけに、一〇年代の主流スタイルとなったトラップ[*19]のように、その時代ごとの流行のスタイルとなっているビートやサウンドに依拠した曲というのは、ジャンルの外側から聴けばだいたい似てるわけですよね。イメージとしては、統一されたプレイフィールドの上にいろんなキャラクター（ラッパー）が入れ代わり立ち代わり現れるかんじ。それぞれのラッパーのキャラの違いを楽しめばいいんだけど、作品という単位にはもう拘泥《こうでい》していないともいえる。

荘子it　ラッパーの作品が似てくる話も、ほぼ同じメンバーでスタイルも似ているけどリーダー＝名義だけが違うジャズのアルバムのようなかんじだね。それはそれで面白い現象だしクオリティも高くていいんだけど、他方で、ミスマッチや異物感、いうなれば世界観のバグが起きてるものが俺は好き。たとえるなら、ある特定の作品世界内のキャラクターが、二次創作によって、違う世

17　パブリック・エネミー（Public Enemy）
米ニューヨーク州ロングアイランドでチャックDとフレイヴァー・フレイヴが一九八五年に結成したヒップホップ・グループ。『ドゥ・ザ・ライト・シング』テーマ曲の〈Fight the Power〉など、政治色の強い作風で知られる。おもな作品に《It Takes a Nation of Millions to Hold Us Back》（八八、左掲）など。

Def Jam / Columbia

18　ディグ（dig）
（地面・穴を）掘る、（埋まっているものを）掘りだす、などの意。転じて、（貴重・有用な）レコードの発掘行為を指すスラングとして使われている。派生語に、ディガー（digger）＝レコード掘り師。

界に登場するかんじに近い。そうなってくると、曲に合わせて柔軟に元のスタイルを変えるよりも、むしろキャラとして一貫性があったほうが面白いんだよね。「自分は豆腐屋だから、豆腐しか作れません[20]」ってかんじで、別のフィールドに行っても同じことやりつづけることによって、かえってそれが魅力になるのがキャラの二次創作的な面白さだと思う。この点に関していえば、日本のオタクカルチャーはやはり先進的だったし、マーベル映画などのマルチバース・システムはそれをひじょうにうまくやってると思う。

吉田　荘子itがレッドブルのサイファー[21]で披露したフリースタイルもそうだったよね。

荘子it　あのときは、めったにやらないフリースタイル・サイファーを若手のラッパーたち三人と一緒にやって。当時俺も前年にラッパーとしてデビューしたばかりの新人だったけど、若手のラッパーっていったら十代とかだからさ、俺がいちばん年上で、

19　トラップ（Trap）
九〇年代に米南部で生まれた音楽ジャンル。重低音の効いたベースと細かく刻まれたハイハットなどが特徴。「ドラッグの密売所」を意味するスラングが語源。

20　「自分は豆腐屋だから、豆腐しか作れません」
『晩春』『東京物語』などの作品で知られる映画監督、小津安二郎の名言より。

オッサンってかんじだった。

吉田　荘子itがオッサンって、じゃあ俺は……。

さやわか　そうなりますよね（笑）。まあ、「高校生RAP選手権」をやってるぐらいだからしかたないですよ。

吉田　そういう若手ラッパーの得意とするスタイルは当然トラップで、もし荘子itが彼らに合わせて今風のフロウでラップしたら、それはそれですごいっていわれただろうけど、彼はいま言っていたように、自分のスタイルを貫いたほうがヒップホップ的には面白いだろうという判断から、あえて〝豆腐〟を作ったと。

荘子it　しかも、ラップをしてる歴でいったら実は年下の彼らのほうが全然長くて、そんななかで俺は偽のベテラン感というか、あたかも長年の蓄積があってビートを変えないかのような状況をシュミレーションして、あえてアナクロなかんじを狙ってやった。「自分のスタイルを貫く」ということを前述の二次創作的な感性で少しメタ的にやってる。

21　レッドブルのサイファー
ジャパニーズ・ヒップホップ専門YouTubeチャンネル「レッドブルマイク」のサイファー企画「RASEN」二〇一九年七月四日公開回（https://youtu.be/Pdrf-zeP_KQ）。このときの荘子it以外の参加者は、LEX（〇二年生）、SANTAWORLDVIEW（九八年生）、Taeyoung Boy（九四年生）。「サイファー（cipher）」は、複数人で輪になって順番に即興ラップを披露していくこと（サイファーには数字の「ゼロ（〇）」の意がある）。

Creepy Nutsから考える「キャラの一貫性」

さやわか　日本のヒップホップでいえば、Creepy Nuts[*22]はフリースタイルラップバトル王者&世界一のDJというキャラと、非モテ・童貞キャラ、あと最近はテレビタレントといった、さまざまなキャラ間の乖離《かいり》に苦しんでいるのかなと思うんですけど。

吉田　Creepy Nutsは、基本的に同業者から忌避《きひ》されているというか、セルアウト[*23]だといわれることが多い。ただ、彼らがずば抜けたスキルをもっているのは確かで、R－指定が変幻自在なフロウを使い分けて、複数のキャラを渡り歩くスタイルの曲もある。だれにでもできることではないし、昨今興隆するフリースタイルラップバトル文化が生んだ成果のひとつではありますよね。そのこととヒップホップ視点で見たときに好きかどうかは完全に別だと思いますが。

荘子it　ヒップホップというハイコンテクストな文化において、

22 **Creepy Nuts（クリーピーナッツ）**
ラッパーのR－指定とDJ松永によるヒップホップ・ユニット。前者はフリースタイルラップバトルの全国大会「ULTIMATE MC BATTLE」で三連覇、後者はDJの技術を競う世界大会「DMC World DJ Championships」バトル部門で優勝した経歴をもつ。テレビバラエティに出演するほか、二二年四月から翌年三月まではニッポン放送『オールナイトニッポン』のパーソナリティも務めるなどお茶の間でも親しまれる。

23 **セルアウト（sell out）**
芸術性や創造性、信念よりも売れることを重視しているとみなされたラッパーを揶揄する表現。

他分野にも通用するローコンテクストな存在というか、端的にいってしまえば、一聴して明らかにうまいとわかる。R-指定と同じく、『フリースタイルダンジョン』[*24]でモンスターやラスボスを司っていたMC漢[*25]や般若[*26]もうまいんだけど、彼らのラッパーとしての評価には来歴とか文脈が関わってくるから、素人目にはすごさがいまひとつわかりづらい。でもR-指定のすごさは一目瞭然。〝語彙力、半端ねえ〟みたいな。オタクカルチャーを現代アート界にもち込んで成功した村上隆[*27]じゃないけど、超ハイコンテクストなカルチャーから抽出したローコンテクストな部分をわかりやすく伝えてる印象がある。深夜ラジオ的な童貞的自意識もマス層に広く共有されているコンテクストだし、Creepy Nuts が大衆に受けるのはよくわかる。

さやわか　おふたりの話を受けて三段落ちとして言うわけではありませんが、僕は全然評価してないですね。クリーピーナッツ？　はァ？　まったくいいと思わない。話にもなりませんね。

24 『フリースタイルダンジョン』 二〇一五年九月より、テレビ朝日にて放送されたバラエティ番組。チャレンジャーが「モンスター」と呼ばれる強豪ラッパーとフリースタイルラップバトルで戦い、勝ち抜いて賞金獲得を目指す。R-指定、漢 a.k.a. GAMI、T-Pablow などがモンスターを務めた。二〇年七月に放送終了。

25 漢 a.k.a. GAMI ラッパー。新宿を拠点にするヒップホップ・グループ、MSCのリーダー。グループ名義でのおもな作品に《Matador》（〇三）、ソロ名義での作品に《導～みちしるべ～》（〇五、左掲）など。

Libra

荘子it　そんなに？（笑）　さやわかさんがいちばんの穏健派だと思ってたのに。

さやわか　彼らが現在、もっとも支持されるべきかという意味でダメだね。まずさ、R-指定はフィメールラッパーに対してひじょうにミソジニー（女性蔑視）的なdis[*28]もするわけですよ。なのにその同じ口で、俺は童貞的だの非モテだの言うんだけど、それは何なの？　いわゆる弱者男性ムーブによるミソジニーに見えるんだけど。

吉田・荘子it　（笑）。

さやわか　少なくとも表面上、いまの世界のヒップホップの基準では、そういうことは許されないわけじゃないですか。でも彼らはテクニカルなこととして、バトルMCとして勝つためにああいった発言をするからいいんだ、という理屈が通ってしまっているわけです。いまのファン層というのは、テクニカルなラッパーは正しいと思っているから、ほとんど問題視されないし、まれに批判

26　般若
ラッパー、俳優。おもな作品に《おはよう日本》（〇四、左掲）など。

Future Shock

する人がいても「ならおまえはあいつに勝てるのか」とか、なぜかバトルの強さの話になる。憂う女性層が「あれはどうなの?」って声をあげても封殺されるわけですよね。それはもし今後、ヒップホップがもっと世の中に出ていく動きを見せるならば絶対に問題になると思っています。そうでないとしても、これからの時代にジャンルを存続するうえでかならず直面すべき課題になる。現に、美術界や映画界など、さまざまなところでそういった差別や性被害がすでに問題になっているように。ラッパーをキャラクター的に楽しむことを否定はしないけど、そうやってあらゆる領域で、テクニカルな問題としてキャラクターを消費してはいけないと僕は思っています。

吉田　文字どおり声を大にして言いましたね。

さやわか　ラッパーをキャラクター消費みたいなものとして捉えるということは、たとえば曲中で「刺すぞ」と言ったとしても、実際には刺さないだろうと考えるってことなんですよ。ところが

Roc-A-Fella / Def Jam

27　村上隆
アーティスト、キュレーター、コレクター、映画監督、有限会社カイカイキキ創業者。日本の伝統絵画・マンガ・アニメ・キャラクター文化に共通してみられる平面性を指摘し理論化した芸術運動「スーパーフラット」を提唱、みずからも実践する。米ラッパーと親交が深く、カニエ・ウェスト《Graduation》(〇七、左掲)など音楽作品のアートワークも手がける。

実際にMCは刺したりもするわけです。「スプレー」[*29]と言ったら、ほんとうに銃で撃つ。言葉が力をもつジャンルだからこそ、そのように真剣に受け止めてしかるべきです。リスナーはともかく、そういうことを想像できない人が、勝つテクニックとして手当たり次第な発言をしても許されるという感覚でやるラップというのはおかしいと思う。

吉田　ラッパーではなく、ラップミュージシャンと名乗ってほしいって話ですかね。

さやわか　もしくはタレントってことになってしまいますよ。そりゃ、佐久間宣行さんのテレビ番組にも出るわけです。僕も佐久間さんの番組は面白いから観るし、タレントだったらいっこうにかまいません。でもあの二律背反はラッパーじゃないよね、という話です。僕はヒップホップが好きだからいささか相容れないかな。しかも彼らは〝キャラに縛られてる感〟を出してくるわけですよ。いっぽうではミソジニー全開でやり、もういっぽうで、い

28　ディスリスペクト（disrespect）
「尊敬する」という意味の動詞および同形の名詞〝respect〟に打消しの接頭辞〝dis〟がついた言葉。軽視する、侮辱するなどの意。日本で市民権を得ている若者言葉「ディスる」の語源。

29　スプレー（spray）
スプレーをかける、噴霧するなどの意。転じて、（銃を）発砲するという意味でラップでは使われる。

やあ、童貞感が出ちゃうんスよねぇ、だなんていいようにキャラを隠れ蓑にしてませんか。

荘子it　インセル・キャラ[*30]で売っているやつほどセクハラやパワハラするという話はある。

さやわか　これは批評の世界にも当てはまるんだけど、自分がある思想を語ったら、そのような人間でいなきゃいけないんです。発言と自分自身のあり方に齟齬《そご》が発生してたら、批評ヘッズから怒られるんです。だからミソジニーな発言をしちゃう人なのであれば、「俺は女とか見下してる社会性ゼロのクズでーす」みたいなヤバい人間のほうに振り切って生きていくしかないと思うんですよ。童貞キャラで中途半端に商品化などできない。衒《てら》いなく反社会的なかんじを出してるという意味では、やっぱりD.O[*31]は偉いよね。ヒップホップをよく知らない一般層からは「メ〜ン」とか言ってる謎の人って思われがちだけど、だからこそすばらしい。僕は、ダブルスタンダードをやってなんのお咎《とが》めもなく生き延びる人間

30　インセル（incel）
非自発的禁欲主義者。"involuntary celibate"の二語を組み合わせた混成語。女性と恋愛・性的関係を築けず、その原因は当人ではなく女性の側にあると考えて憎む男性のこと。

31　D.O
ラッパー。東京都練馬区を拠点に活動するヒップホップ・グループ、練マザファッカーのリーダー。雷家族のメンバー。TBSのバラエティ番組『リンカーン』内のコーナー「世界ウルリン滞在記」に出演し、語尾に「メ〜ン」をつける独特のしゃべり方が話題をよんだ。

に違和感をもちがちなんですよね。

荘子it　さやわかさんがアツく語っているのは、二枚舌外交はダメだって話で、キャラを使うんだったら一貫性がないといけないってことですよね。もちろん、それに居直って女性差別をしていいという話でもないけど。

さやわか　あんなめちゃくちゃが許されるんだったら、僕だっていくらでもやるよ。

吉田・荘子it　（笑）。

さやわか　オヤジ雑誌でミソジニー的なことを書きながら、ゲンロン[*32]のイベントでは「やはり女性が大切ですよねぇ」とか言えばいいんでしょ？　そのぐらいのことだよね。いまのシーンが僕のような考え方の人を必要としていないのは理解していますが、いちリスナーとしての感触を聞かれたらばそんなかんじなんです。まったく申し訳ないですが。とくに僕は古い日本のヒップホップの考え方が染みついているせいなのか、かえってそういうダブス

32　ゲンロン
東京の五反田に拠点を置く「知のプラットフォーム」。二〇一〇年に批評家の東浩紀によって創業、一八年より上田洋子が代表を務める。批評誌『ゲンロン』や、吉田雅史が執筆中の著書『アンビバレント・ヒップホップ』をふくむ「ゲンロン叢書」の刊行、イベントスペース「ゲンロンカフェ」の運営などをおこなう。

タは変だなって思います。

少林寺三十六房のサグいやつら

吉田　ヒップホップとキャラの親和性を考えたときに、やっぱりウータン・クラン[*33]は革命的なグループだといえる。もともとはRZAっていうリーダーのやつがプリンス・ラキームという名前で――

荘子it　いまだにRZAの読み方がよくわかってないんだけど、いま雅史it[*34]が発音したように「ラザ」なんですか？　「レザ」だと思ってた。

さやわか　えっ、「リザ」じゃないの？

荘子it　全員違う（笑）。

吉田　これは母音のないRだから、「アー」って舌を巻いて、カ

33　**ウータン・クラン（Wu-Tang Clan）**
米ニューヨーク市スタテンアイランドでRZAを中心に一九九二年に結成されたヒップホップ・グループ。九三年、デビューアルバム《Enter the Wu-Tang (36 Chambers)》（左掲）を発表。本文中にあるとおり、RZAのカンフー趣味を反映した作風で知られ、デビュー作のタイトルはブルース・リー主演の映画『燃えよドラゴン（Enter the Dragon）』と『少林寺三十六房（The 36th Chamber of Shaolin）』より。

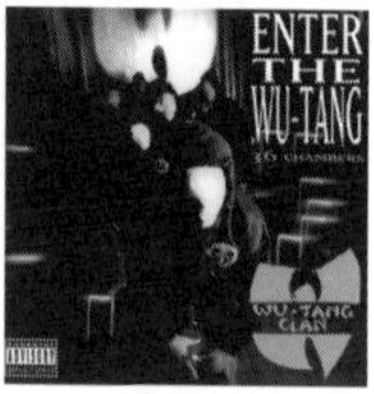

Loud / RCA

タカナでいうと「リザ」に近いかと。

一同　（巻き舌を意識しながら）RZA、RZA、RZA……。

吉田　なんだこの光景（笑）。ひとまず発音のことはさておき、のちにRZAへ改名することになるプリンス・ラキームは当初、自分の顔をアニメ化したようなジャケットの《Ooh I Love You Rakeem》*35（一九九一）というEPとともに、いわばチャラ男みたいなキャラでデビューした。ところが、これがまったくの鳴かず飛ばずに終わり、はやくもレコード会社との契約を切られそうになる。このまま手をこまねいているだけだとキャリアが終わる……と危惧した彼は、幼いころから大好きだった「カンフー映画」を作品に採り入れたらどうかと考えた。

RZAは、ニューヨークのスタテンアイランドという、ブルックリンやクイーンズ、ブロンクスといった地区と比べるとマイナーな地域の出身だったんだけど、幸いなことに地元の仲間や親戚にラップをやってるやつが大勢いたから集めて、ウータン・クラン

34　雅史it
荘子itが敬愛の念をこめてつけたあだ名。このほかに孔子it（菊地成孔）がいる。

35　RZA
《Ooh I Love You Rakeem》（九一）

Tommy Boy

を結成した。作品では愛好するカンフー映画の設定を流用したり、サントラやビデオテープからナレーションを抜き出してスキットとして使ったりもしている。ファーストのジャケのような覆面を着けた格好もちょっとエキセントリックなかんじ。初期のミュージックビデオは低予算で制作しているから、ローファイで手作り感があるんだけど、そういうところもカンフー映画特有のB級な質感にすごくフィットしてる。

ウータンですっかり人気を博したあとのRZAは、「ボビー・デジタル」という名前でまたキャラ変したりしたすえ、最終的には『アイアン・フィスト』という、自分がずっと愛好してきたカンフー映画で、敬愛するタランティーノ[*36]のサポートのもと、監督を務めるところまでのし上がる。

荘子it　ウータン・クランは、設定を完全に丸パクリすることによって、彼らのもって生まれたフィジカルの面白さがいっそう引き立っている。強面のやつらがなぜかオタク的に少林寺映画をト

36　クエンティン・タランティーノ (Quentin Tarantino)
米映画監督。映画愛と膨大な知識に裏打ちされたサンプリング的作風で知られる。おもな作品に、RZAが音楽を手がけた『キル・ビル』二部作など。

37　カンパニー・フロウ (Company Flow)
エル・P、ビッグ・ジャス、ミスター・レンの三人からなるヒップホップ・グループ。一九九七年にロウカス・レコードからデビュー作《Funcrusher Plus》(左掲)を発表。

Rawkus

レースしているっていうちぐはぐ加減が、キャラとしては強い。

吉田　ウータン・クランのあとにはカンパニー・フロウ[*37]というグループがSF的想像力をヒップホップにもちこんだりするんだけど、このころはまだカンフーはもちろん、そういうサブカルをラップに採り入れるという発想じたいがなかった。結局、このあとヒップホップにおいてサブカルやオタク文化を採り入れた表現がたくさん登場することを考えると、RZAたちにいかに先見の明があったかがわかる。

ラッパーのなかには二つ名とか源氏名みたいなのをもっているやつが大勢いて、「名前 a.k.a (also known as) 別名」といった表記で表されることがしばしばだけど、ウータンのメンバーも例外でない。[*38] たとえば、ゴーストフェイス・キラー[*39]はマーベル・コミックの人気作『アイアンマン』の主人公の名前をもじった「トニー・スタークス」を名乗っている。

荘子it　「ゴーストフェイス・キラー」という名前の時点で、アー

38　ウータンのメンバーも例外でない
以下、主要メンバーの変名とキャラ付け。
RZA：ボビー・デジタル（司令官）
ゴーストフェイス・キラー：トニー・スタークス（おしゃれでダーティな伊達男）
GZA：ザ・ジーニアス（クールな秀才）
メソッド・マン：ジョニー・ブレイズ（ぶっ飛びラップ・アニマル）
レイクウォン：ザ・シェフ（とっつぁん坊や）
オール・ダーティ・バスタード：ビッグ・ベイビー・ジーザス（凶気のなり屋）

ティスト名としては充分にかっこよくインパクトがあるのに、そういうおふざけをする（笑）。

吉田　ゴーストフェイス・キラーはそれだけに飽き足らず、《Ironman》（一九九六）というタイトルのアルバムも出すぐらい徹底している。

ラッパーはもちろん決して品行方正というわけではなく、ある程度ヤンチャもするけど、お金を稼いだらフッド[*40]に還元したりするアンビヴァレントな存在。だから、ヴィラン（悪党）みたいなものとの親和性も高い。ヒーロー物のほかにも、『スカーフェイス』[*41]（一九八三）の主人公トニー・モンタナなど、ギャング映画の題材となった実在の人物もよく参照される。でも、ラッパーたちは伝記本などで彼らのことを読んだりしたわけではなく、あくまでも映画のなかで役者が演じているキャラクターに自分を重ねるから、そもそもオリジナルがいないシミュラークルを崇める状態から彼らは発想している。そういう観点からみても、ラッパーとキャラ

39　ゴーストフェイス・キラー（Ghostface Killah）
ラッパー。ウータン・クランのメンバー。一九九六年にソロデビュー作《Ironman》（左掲）を発表。

Razor Sharp / Epic

40　フッド（hood）
地元、低所得者層地域などの意。"neighborhood"（近所）の省略形。

の親和性が高いといえるかもしれない。

さやわか　よく考えれば、アメリカではマーベル・コミックのキャラクターグッズと同じようにラッパーのフィギュアとかも売ってるし、つまりは「子どもの好きなやつ」ですよね。

荘子it　さやわかさんに訊きたいんですけど、マーベルに代表されるアメリカにおけるキャラの想像力って、日本のキャラ文化と似ているようで違うじゃないですか。アメリカのキャラクターは、等身にせよ、現実世界に近いけど、いわゆる〝デカ目〟のアニメに代表される日本のオタクカルチャーのキャラクターは明らかに現実とかけ離れている。日本のキャラ文化は、どうやって生まれてるんですか？

さやわか　マーベルも、フィクションとして描かれていてキャラクター化されてはいるんですけど、現実に参照項をもっている。だからマーベルの登場人物たちはニューヨークで戦ったりするんですよ。でも日本のアニメの場合は、一見してなんとなく東京だ

41『スカーフェイス』
監督ブライアン・デ・パルマ、主演アル・パチーノ、一九八三年。本作を参照した楽曲に、主人公の名前を曲名に冠したフューチャー〈Tony Montana〉（一一）など。

発売元：ジェネオン・ユニバーサル

けど、はっきりそうとは言わないことが多い。以前、『セーラームーン』の絵を「ほんとうだったらこうだろう」と考えてアジア人風に描き換えた海外の人が物議をかもしました。「あなたたちは黄色人種だから」って月野うさぎ[*42]の肌を黄色くしたり黒髪にしたんです。この例からもわかるように、欧米人は明らかに現実に参照項があると思ってるんですよ。ところが日本人は、キャラクターが現実を参照しているとは思ってないわけです。マーベルのキャラクターたちは現実と地続きだから、政治と関連があったり、社会問題をあつかったり、男性性の負の側面みたいなものを実際のアメリカ人がつらいと感じるのと同じレベルで背負ってしまったりするんだけど、日本はそうじゃない。

荘子it　もとは現実を参照した記号表現だったんだけど、その記号じたいを現実とは別のフィールドで捉えてしまったのが日本のキャラクターなんですね。

さやわか　マンガ論にはかならずと言っていいほど名前の出てく

42　月野うさぎ
『美少女戦士セーラームーン』の主人公。米テキサス州ヒューストン出身のラッパー、ミーガン・ザ・スタリオンは二〇二二年のサマーソニック出演時、セーラームーンに扮して日本の観客を沸かせた。

Megan Thee Stallion (@theestallion), “Tokyo, Japan,” Instagram (2022/8/22)
https://www.instagram.com/p/ChigEfxvGOh/?img_index=1

43　ロドルフ・テプフェール（Rodolphe Töpffer）
スイスの教師、画家、作家、評論家。著書に『復刻版 観相学試論』（森田直子訳）など。

るテプフェール[43]も観相学に基づいて考えてるので、やはりマンガにおいても西洋人は明らかに現実の人間を参照している。ただこの人の場合は、こういう顔だちのやつは嫌な性格だとか、頭が悪いやつはこういう目鼻だちをしているとか、どちらかというと優生思想的なヤバいやつですが。

日本人がキャラクター概念を生みだした例として手塚治虫がよく引き合いに出されますが、手塚は当初ミッキーマウスを参照してマンガを描いてるんですよね。つまり、参照項が現実ではない。マンガを描くときに、そもそも現実をカリカチュアライズしたわけではないんです。ディズニーのアニメを観て、この動いている絵がいいな、と思って取り込んでいるんですよ。しかも、大塚英志[44]がいうように、それを殺すようなことまでやってる。

荘子it　「アトムの命題」[45]ですね。

さやわか　記号表現であるマンガのキャラクターは元来、押しつぶされてペシャンコになったり痛がる素振りを見せても、次のコ

44　大塚英志
まんが原作者、批評家。おもな著書に『物語消費論　「ビックリマン」の神話学』『「おたく」の精神史　1980年代論』など。

45　『アトムの命題　手塚治虫と戦後まんがの主題』
大塚英志著、徳間書店、二〇〇三年（書影は文庫版）

マでは何事もなかったかのように元どおりになっているのがあたりまえでしたが、手塚はキャラクターに実際に傷つくリアルな身体を与えた。人造ロボットだから本来は死ぬことのない鉄腕アトムが死んでしまうというところに、日本のキャラ文化は面白さを見いだしてしまったんです。

荘子it　だからこそ、日本が培ったそうしたキャラの想像力を、同じく非人間的な音楽に応用できないかなと俺は思った。煎じ詰めればマンガが線の集積でしかないのと同じく、音楽もただの空気振動にすぎないわけだし。

さやわか　もしも音楽を構成するあらゆる要素を、『シミュレーショニズム』*46のように価値等価的にあつかえるのであれば、たとえば音色、あるいはリズムといったものをキャラクターの一部として音楽にもちこむことはできるかもしれないですね。

46　**『シミュレーショニズム』**
椹木野衣著、洋泉社、一九九一年（のちに河出文庫、ちくま学芸文庫［左掲］）

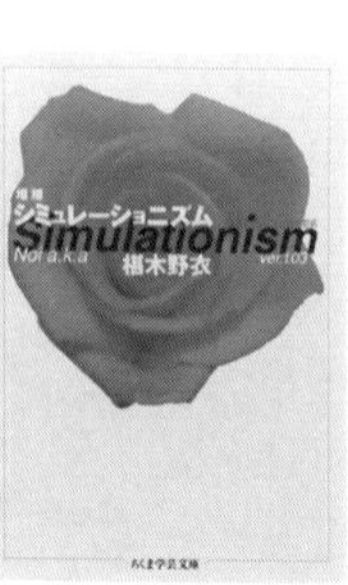

シミュレーショニズムの袋小路を突破する「ゼロ次創作」

吉田　もちろんラッパーに限らず、ビートメイカーにもさまざまなキャラクターがいるわけだけど、なかでも特権的なポジションの存在がJ・ディラ。*47 そのJ・ディラのクルー、スラム・ヴィレッジの〈We Be Dem, Pt. 1〉という曲でなにが起きているかを示したのが図表1－1です。見てもらえば一目瞭然のように、ドラムの打点（図表内の●）がズレている。いまでは技法として定着して久しいけど、J・ディラが登場した九〇年代はMPC*48のクオンタイズ・ボタンを押し、打つタイミングを強制的に時間軸のグリッド線上に整列させるのがあたりまえだった。ところが、J・ディラはその機能をあえてテンプレどおりには使わずに、キックやスネア、ハットといったパートごとにクオンタイズのハネる機能を使い分けたり、スネアだけを少し手前にズラしたりという手法を用いて、このとおり打点がズレている。

47　J・ディラ（J Dilla）
米ミシガン州デトロイト出身のビートメイカー、ラッパー。J・ディラあるいはジェイ・ディー名義で数々のビートを制作。クエストラヴやディアンジェロらと結成したソウルクエリアンズ、三人組ヒップホップ・グループのスラム・ヴィレッジ、マッドリブとのコラボプロジェクト、ジェイリブなどでも活動。血栓性血小板減少性紫斑病という血液の病におかされ、二〇〇六年二月十日に惜しまれつつ逝去。享年三十二。この世を去る三日前にして、自身の誕生日にもあたる同年二月七日にリリースされた遺作《Donuts》（左掲）はビートミュージックの金字塔として後世に聴き継がれている。くわしくは、吉田が翻訳した『J・ディラと《ドーナツ》のビート革命』および本書の第三章を参照。

Stones Throw

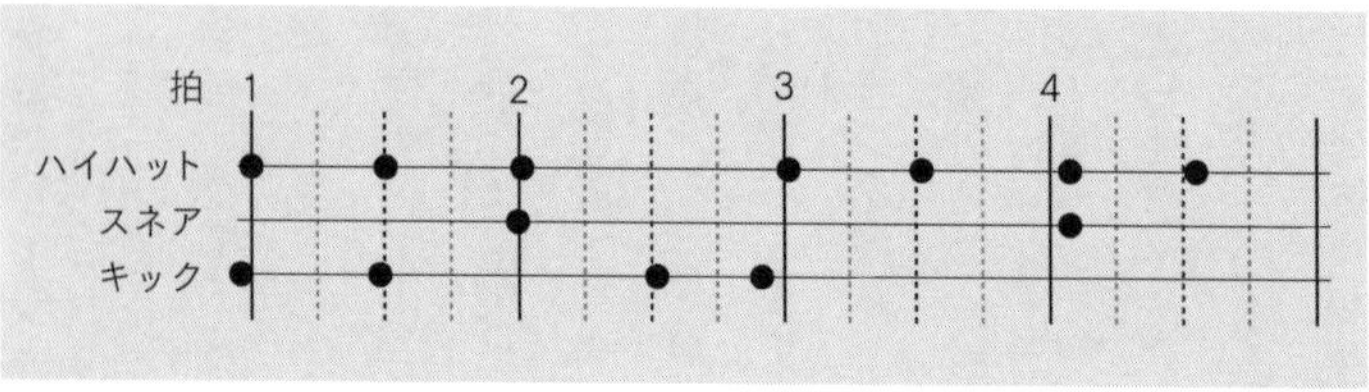

図表 1-1　J・ディラのビートのゆれ

さやわか　ふつうだったらキックがジャストで入ってくるんだけれども、図表の三拍めに顕著なように、それが前ないし後ろにズレているということですね。

吉田　厳密にいうと、こういうヨレたグルーヴを取り入れているビートメイカーはほかにもいた。またJ・ディラは、はやくに亡くなってしまったこともあり、〝夭逝《ようせい》した伝説のビートメイカー〟というキャラの威光をまとってある種、神格化されているところもある。

荘子it　YMO[*49]は、シンセの数値入力でハイハットやキックの鳴る間隔を一

48　MPC
MIDI Production Center。電子楽器ブランド「AKAIプロフェッショナル」のサンプラー／シーケンサー・シリーズの総称。リズムマシン「リン・ドラム」の生みの親であるロジャー・リンを開発に迎えて製作され、一九八七年に初号機MPC60が発売。四×四の入力パッドを備えているのが特徴。本文に登場するJ・ディラの愛機はMPC3000（左掲）。

「サウンド＆レコーディング・マガジン」二〇一二年十二月号、リットーミュージック、八二頁

対一でなく、九対一〇とか一一対一〇とか、そういう楽譜では表せない微細なレベルでズラすことによって、〃ノリ〃を数値のコントロールで表そうとしていた。彼らは八〇年ごろ、MIDI[*50]情報にいかにさまざまなジャンルの身体性のノリを落としこむかという実験をやっていたといえるんだけど、MPCのスウィング機能でもそれと同じことができる。でも、J・ディラはスウィング機能のように一定のノリをキープするだけじゃなく所々いろいろとズレてる。そのグルーヴは、J・ディラのキャラとしかいいようがない。

吉田　突っこんでるのかモタってるのかわからないようなビートまであるよね。

荘子it　YMOのその例などでは、参照した生演奏のグルーヴをマシンで再現していた。それは、「機械による既存の身体性の模倣」であるのに対し、J・ディラはそうじゃない。「機械による新たな身体性の創造」をおこなっていた。現にクリス・デイヴ[*51]など、次

49　YMO
イエロー・マジック・オーケストラ。細野晴臣、高橋幸宏、坂本龍一によって一九七八年結成。日本におけるシンセサイザー音楽の先駆的グループ。八三年、散開（解散）。九三年、再生（再結成）。

50　MIDI（ミディ）
Musical Instrument Digital Interface。電子楽器やコンピュータ等のメーカー・機種を問わず、あらゆる演奏データを機器間で転送・共有するための統一規格。楽器演奏の要素となる音の高さ・大きさ・長さ、および音色や効果を数値化したもの。

51　クリス・デイヴ（Chris Dave）
米テキサス州ヒューストン出身のドラマー／作曲家。ゆらぎのあるビートがJ・ディラにたとえられる。おもな作品に《Chris Dave and the Drumhedz》（一八）など。

世代以降の生身のドラマーのプレイスタイルに大きな影響を与えている。

吉田　なるほどね。次の図表1－2は、音色やリズムといった音楽を特徴づけている要素をビートメイカーごとに比較したもので、荘子itも入っています。Dos Monosのあのポップさの要因のひとつとして、単音のリフが挙げられると考えてるんだけど、サンプリングされているネタにもともと入ってる単音に、シンセとかを足してアンプリファイ(増幅)しているのが特徴。シンセとサンプラーを並列に扱っている。

荘子it　俺は、いわば輪郭抽出をおこなってるんだよね。一般的なサンプリングというのは、ピアノだけ、ドラムだけ、ベースだけといった具合に演奏の各パートをそれぞれ抜いてきて組み合わせるけど、俺はたとえば四人が同時に演奏しているところから無理やり引き抜いてきて、不要なハイハットやキックをEQ[*52]で頑張って削るという作業をやってる。カサカサとか余計な音も入った状

52　EQ
イコライザー(Equalizer)。音声の録音・再生時に、音声信号の周波数特性を補正・変更するための音響機器。"equalize"は「均質化する」の意。

	音色	リズム	制作ツール
DJ プレミア	エディ・サンチョによるコンプのアタックの効いたドラム	ハネたビート	MPC60II S950 （クオンタイズ・スウィング値）
J・ディラ	サインベース、ハイカットしたキック、クラップ	ヨレたビート	MPC3000 （ノンクオンタイズ・ズラしたクオンタイズ）
フライング・ロータス （初期のスタイル）	ノイズの層、割れるドラム	手打ちの非ループ	Reason （DAW）［MTR 的］
荘子 it	単音のリフ、サンプリングネタとシンセ音の境界無化	プログレ的リズム展開	Ableton Live

図表 1-2　ビートのキャラ分析

態からいいフレーズを抜き、その雑味も活かしつつシンセとかで同じフレーズを足すことによって、輪郭を抽出しているようなイメージ。これをすると、丸ごと弾きなおしたときみたいに完全にクリアな音にならないのがいい。

吉田　ハイブリッドなかんじだね。

荘子it　シャソル[*53]っていうミュージシャンがいるじゃないですか。街中の環境音や人の話し声を収集して、それに鍵盤でメロディを与えることで、なんでもない日々の暮らしが実はとても音楽的だったということに気づかせるのがシャソルの音楽。感覚的には結構それに近くて、EQで部分的に削ることによって、作曲者や演奏者が意図していなかったコードをその音源から見いだしている。

吉田　雑味もふくめたその音源の肌理《きめ》を無視してしまうのであれば、純粋にメロディやコードが適切な楽器音で鳴っていればいいんだから、究極的には別の音源で弾きなおせばいいという話になるもんね。サンプリングじゃなくてよくなっちゃう。でもサンプ

Tricatel

53　シャソル（Chassol）
仏出身の作曲家、鍵盤奏者。おもな作品に《Big Sun》（一五、左掲）など。

リングフェチは、楽譜があれば成立するシートミュージックのような音楽とはまったく別の価値を見いだそうとしているわけで、ある旋律の裏や外部で鳴っている音を発掘するという意味では、サンプリングソースの脱構築という話にもつながる。

そういったサンプリングを使ったビートメイクに対して、いわゆる打ち込み機材での制作の場合、八〇年代に多用されて、昨今のトラップ・ブームのおかげでいまふたたび――実機ではなく音色として――多用されている通称〝ヤオヤ〟ことTR-808[54]というリズムマシンは、十六分音符が横に十六個並んだステップシーケンサーの上で、オンオフを切り替えてキックとかスネアを鳴らしていく。

さやわか　さきほども少し話題に出てきましたが、トラップとよばれる音楽の特徴はどこにありますか?

吉田　BPM[55]が七〇ぐらいで、808のドラムとサブベースがリズム隊となり、ウワモノはサグっぽいストリングスからソフトシン

54　TR-808
日本の電子機器メーカー、ローランドが一九八〇年に発売したリズムマシン。通称「ヤオヤ(808)」。のちに同社の代表取締役社長となる菊本忠男を中心に開発された。ひとつひとつを十六分音符に見立てた十六個のボタンが横一列に並んだインターフェイスが特徴。ボタンは四個ごとに左から赤、オレンジ、黄、白と色分けされ、各四個が一拍、全部で一小節を表す。演奏者は音を鳴らしたい位置でボタンを押すことでリズムパターンを組むことができる。BD:バスドラム、RS:リムショット、CB:カウベルなど複数の楽器音源が内蔵されている。

セによる内省的でアンビエントなサウンドまで幅広い。基本サンプリングに頼っていないというのも、従来のブーンバップ*56とは異なる大きな特徴。

荘子it　ちなみにDos Monosはブーンバップ・スタイルだから九〇ぐらい。トラップのほうがBPMは遅めなんだけど、ハイハットだけ倍テンでやってるから一四〇ぐらいのノリも感じる。

さやわか　トラップ特有のあの小刻みな〝チキチキ〟のハイハットって、痙攣《けいれん》みたいですよね。

吉田　ハットがそうやって「チキチキ鳴る」というのも、結局808のエレクトロニック・ドラムだからこそ細かく打つことができてるわけで、かりにレコードからサンプリングしたブレイクビーツのハットを使ってたら、ちゃんと音が分離されないから、あんなふうに痙攣的には鳴らせないんだよね。さらに、ビートの打ち方［図表1－3］を見てもらうとわかるとおり、全部が区切られたグリッドの上に揃っている。このように808のステップシー

55　BPM
Beats per minute。一分間のビート数(拍数)を表す。いわゆる「テンポ」。この値が高いほどテンポの速い曲となる。BPM70の曲は、一分間に七十拍打つ速さ。本文中の「倍テン」は「倍のテンポ」の略語で、拍子を倍にする（BPMが倍になる）ことを指す。

56　ブーンバップ（Boom bap）
「黄金期」とよばれる一九八〇年代後半から九〇年代前半の東海岸で主流だったスタイル。名称の由来は、このスタイルを特徴づけるバスドラムの音（ブーン）とスネアドラムの音（バップ）の擬音語。

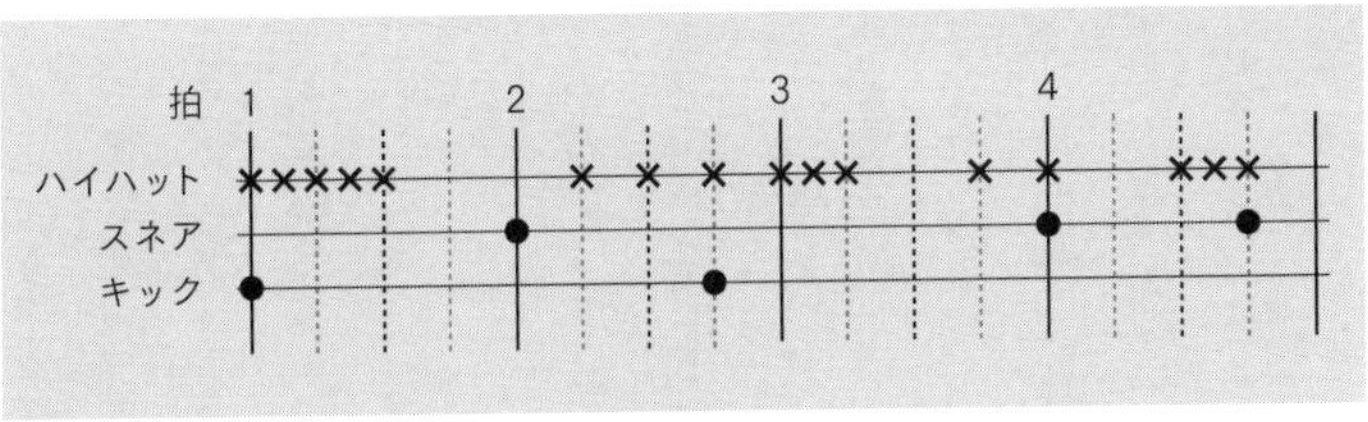

図表 1-3　トラップ・ビートの打ち方例

ケンサーは、前提として既存のグリッドの上にしか音を並べられない仕組みで、身体的な入力を受け付けるインターフェースがそもそも備わっていなかった。だからトラップのビートメイキングというのは、ドラムを鳴らす位置を考える一種のゲームみたいなもので、極端にいえば鳴っている音はすべて同じであり、音楽的な差異が生まれる余地はきわめて小さい。どういう配列をしているかは、つまるところ確率の問題でしかない。

トラップ・ビートを量産しているDAWのFL Studioだと、ドラムパターンの打ち込みはマトリックス上のボタンのオンオフで行われるので、そもそもグリッドからズレるという概念がないんですよね。

荘子it　横軸十六×縦軸四の六十四つしか打点はないわけだよね。その組み合わせは膨大とはいえ、聴いて気持ちのいい打ち方ってだいたい限られてくるから、ほぼ同じようなビートが量産されている。

さやわか　それがAbleton Live[*57]の場合は違うということですか？

荘子it　Ableton Liveもデフォルトでグリッドが引かれてるんだけど、解除して好きなところに置くことができる。

さやわか　MPCのパッドを叩く感覚に近くなるわけですね。

荘子it　グリッドの有無の選択以上に革新的だったのが、それまでの作曲画面は横軸があってゼロ秒から時間が一方向に流れていくものしかなかったんだけど、Abletonにはもうひとつ無時間的な「セッションビュー」画面というのがあって、そっちに切り替えると、思いつくままに作ったフレーズをストックすることができる。

57　Ableton Live（エイブルトン・ライヴ）
独エイブルトン社が開発・販売する音楽制作ソフトウェア。

吉田　そうやって適当に作ったフレーズを並べるだけで、ＢＰＭを自動的に揃えることもできるんだよね。

荘子it　だから曲の構造や展開をまったく気にせず、ひたすらいろんなフレーズを作り溜め、それらをあとから横軸に並べてコラージュすることによって曲が作れるようになった。

さやわか　なるほど。それにしてもお話を聞く限り、トラップってほとんどデータベース消費みたいですね。

荘子it　そう。まさに『シミュレーショニズム』以降の問題で、あの本の書かれた九〇年代には、真に新しいものはもう作れないんだから、ハウスミュージックのような一定不変のビートの上であらゆる素材を等価に扱うことぐらいしかできない、というかなり破れかぶれな終末論が叫ばれていた。

吉田　『シミュレーショニズム』は美術評論家の椹木野衣さんが一九九一年に上梓した本で、「サンプリング」「カットアップ」「リミックス」という三つの鍵概念を駆使し、美術と音楽を横断する批評を展開した。議論の前提になっているのは、荘子itが言ったように、もはやゼロからなにか新しいものが生まれる可能性は潰え、既存のものの組み合わせによって作るほかないんだという世界認識。音楽についても、コードにしろ音色にしろ、基本的にはすべての順列がすでに一度は試されてしまっていると考える。

荘子it　『シミュレーショニズム』は八〇年代に対する対抗意識が強くて、三つのキー概念にはそれぞれ対になる概念がある。八〇年代的な「引用」「コラージュ」「パロディー」に対して、「サンプリング」「カットアップ」「リミックス」が提唱されている。

吉田　たとえば引用の場合は、署名されたものを引くことでそこに備わっている価値を収奪するのに対し、サンプリングは元ネタをどこからもってきたかわからないかたちにして、無名化してしまう。

荘子it　引用であれば、その引用元の権威やアウラ[*58]が想定されてるんだけど、そんなものは関係ないと。

58　アウラ（Aura）
機械的複製技術の誕生によって芸術作品をコピー・大量生産することが可能になった時代において、オリジナルの作品から失われる一回性や唯一性を根拠とする威光。ドイツの思想家ヴァルター・ベンヤミンが、一九三六年に発表した論考「複製技術時代の芸術作品」ほかで提唱した概念。ベンヤミンは複製技術時代の「アウラの消滅」を説いた。

吉田　ヒップホップでいえば、権威的な大ネタも出自不明にしてしまうチョップ的なサンプリングってかんじだね。そうそう、リミックスといえばさ、Dos Monos はセカンドアルバム《Dos Siki》[*59]（二〇二〇）のリリース時に面白い試みをやってたよね？

荘子 it　《Dos Siki》のときは発売前に渋谷のマンハッタンレコードで、一曲め〈The Rite of Spring Monkey〉の制作画面を広告として貼りだした［図表1－4］。作曲するうえでの基本的な情報は一応すべて載ってるから、あれをくわしく見れば同じような展開の曲を作れる。どんな音色で鳴っているかまでは読みとれないけど、「スネア」「ベース」ってトラック名が書いてあるし、「Milford Graves」「Beatles Snare」とか、どこからサンプリングしたかもわかるようになっている。で、この広告を見た人たちにリミックス楽曲を作ってもらって募集したの。

59　Dos Monos《Dos Siki》（二〇）

Deathbomb Arc

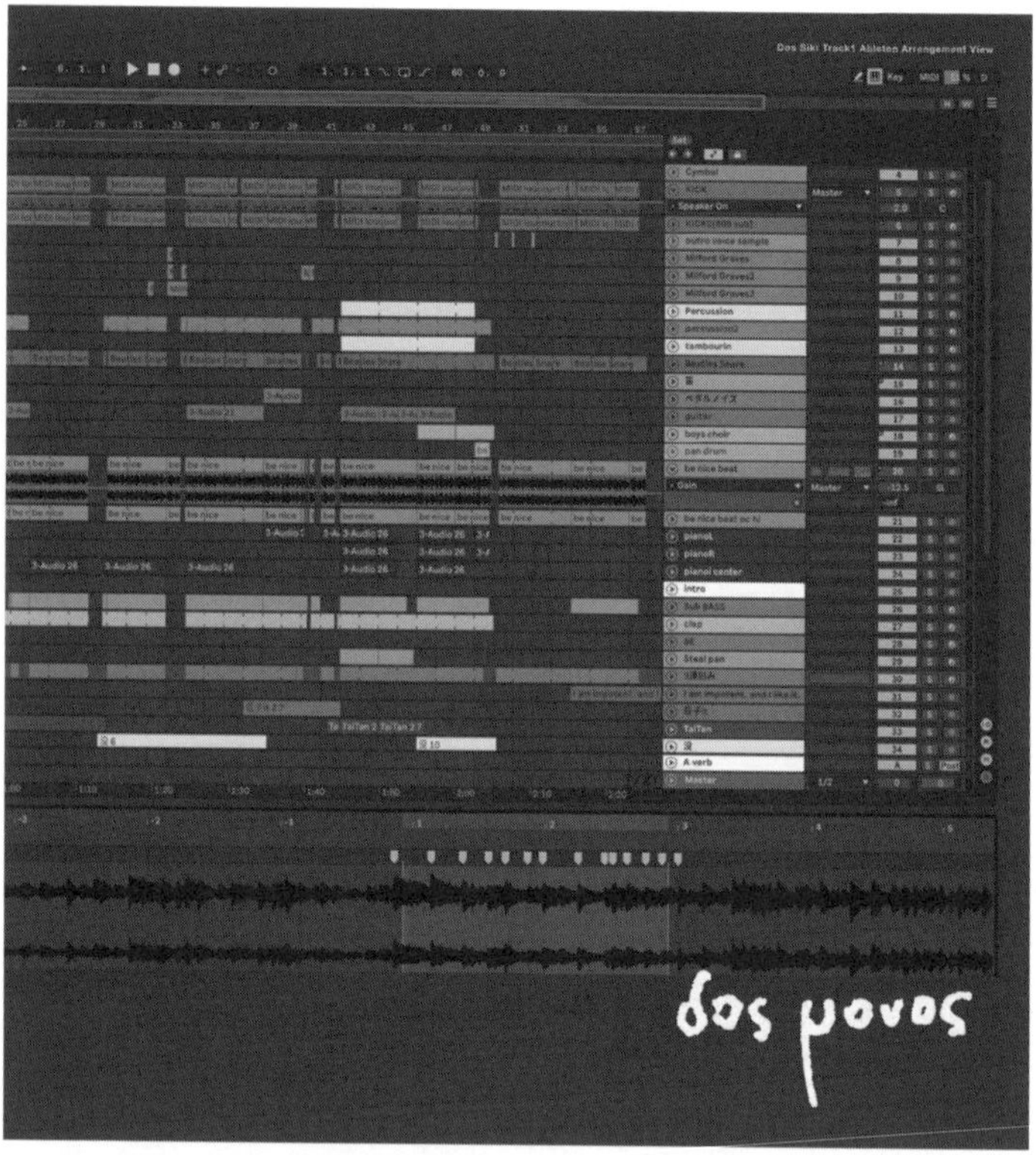

図表 1-4 〈The Rite of Spring Monkey〉の制作画面

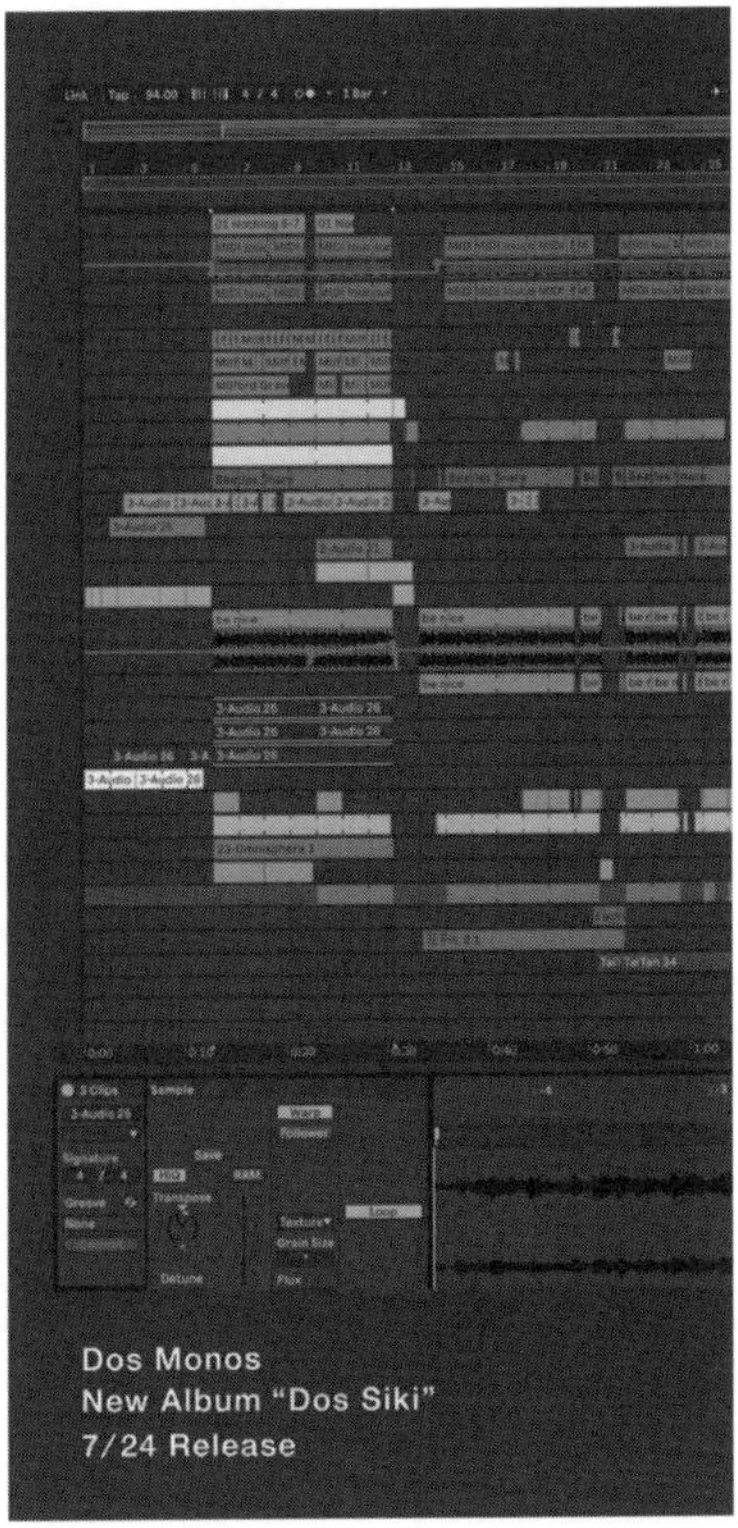

さやわか　まさにシミュレーションですね。データから遡行《そこう》的に同じものを構築することが可能だと。

荘子it　このプロジェクトは原曲を聴くまえであることが大事。というのも、一般的なリミックスというのは、原曲のアウラを無化する方向で事後的に生みだされるわけだけど、俺たちは、まだ発表まえで聴いたことのない〈The Rite of Spring Monkey〉に期待感をもってる人たちにあの制作画面を見せて、先に作ってもらった。その後、彼らが初めて聴く原曲は別物だから、当然それにはそれのアウラがある。同じリミックスながら、槇木さんが『シミュレーショニズム』で書いていた「新しいものはない」みたいな絶望的なイメージを想定するのではなく、事前にいろんなリミックス・バージョンを作ってもらうことによって、むしろ原曲のアウラを高めることができるんじゃないかって考えた。だからいわゆる二次創作とも違くて、一次創作が出るまえに〝ゼロ次創作〟させるかんじかな。

さやわか　データベース消費、あるいは同人誌文化に対する音楽文化からの回答だと思いました。二次創作がトレースするのは結局、キャラクターではなく、作者がもっているリズムとかなんですよね。僕はマンガ関連の仕事をしているのですが、マンガって実はリズムにすごく支配されてるんです。どのコマでなにを描いて、めくりでなにをやるか、といった型を繰り返している。読者は絵さえ違えばまったく違う作品だと思って読むんですけど、実は各マンガ家がやってることは、めくったら顔がバンッと大きく出て、次は書き文字がドーンと書いてあって……といった、同じようなリズム的な構造の上に成り立っています。

吉田　あとこのリミックスプロジェクトで気づかされたのが、「新しいものはない」世界においてそれでもビートメイカーが新しい組み合わせを探るときに、「構造」や「データ」に着目して組み合わせられるって可能性。たとえば、自分自身でもたまにやるんだけど、ドラムのMIDIデータでストリングスを鳴らしちゃうというような。構造の流用が、本人も意図しない偶然性を無理やり引き出す手法にもなる。データは一緒だけど、まるで別のアウトプットが現れるという。

荘子it　キャラがコンテンツを離れて、どんどんコミュニケーションのために消費されるようになっていってるのは、ひとつの可能性の実現ではあるんだけど、俺的にはもうちょっとコンテンツ側に引き戻したうえでラディカルな可能性を取り戻したかったんだよね。〈The Rite of Spring Monkey〉のときは俺も、無意識にやっていたことを他人が作ったリミックス楽曲を聴くことで見つめかえせたから、ある種、精神分析的なフィードバックを得られた。

さやわか 『シミュレーショニズム』が言ってることって、要は匿名性なんです。そもそもシミュレーショニズムという言葉は美術用語ですけど、完全にフラットな世界にすることによって、西洋美術が特権的にもっていた顕名性というものを簒奪《さんだつ》し、「おまえらがやってることはすべて匿名化が可能なのだ」と異議申し立てるという意味合いがあった。東浩紀[60]が書いた、キャラクター消費を母体として生まれたデータベース消費においても、作家性がなくなるといわれていました。もはやキャラが偉い。すべてはデータベースに登録されているのだから、あとは参照元から選択するだけであって、おまえが選んだという事実なぞ関係がないのだと。けど、一〇年代以降になってなにが起こったかというと、それを

60 東浩紀
批評家、作家。株式会社ゲンロン創業者。おもな著書に『存在論的、郵便的』『クォンタム・ファミリーズ』ほか。

選んだやつはだれなのか、そしてどういうふうに選んだかがむしろ重要視されるような時代に変わってしまったんですよね。『動物化するポストモダン*61』では、データベース消費の構造が図示されてましたけど、いまや重要なのはデータじたいではなく、データから伸びている線分なんです［図表1－5］。その組み合わせによってなにが生みだされているかが重要。荘子itさんがおっしゃりたいことは、あのシーケンスデータを見たときにおこなわれる選択——ここにはこの音色を当てはめよう——に、その人の作家性がキャラとして現れるということだと思いました。写生や静物デッサンにしても、同じものを見ているのに全然違うものを描いてしまうというのが作家性ですし、そこにこそ創作の面白さがあるんでしょうね。

61 **『動物化するポストモダン オタクから見た日本社会』**
東浩紀著、講談社、二〇〇一年

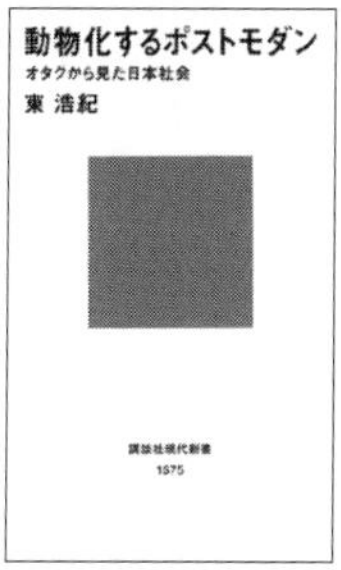

吉田　トラップは、リズムは均質的だし、ウワモノ[*62]もアルペジエーター[*63]やプリセット音源を駆使して作ることができるから、まさにデータベースからもってきて組み合わせているだけといえる。た

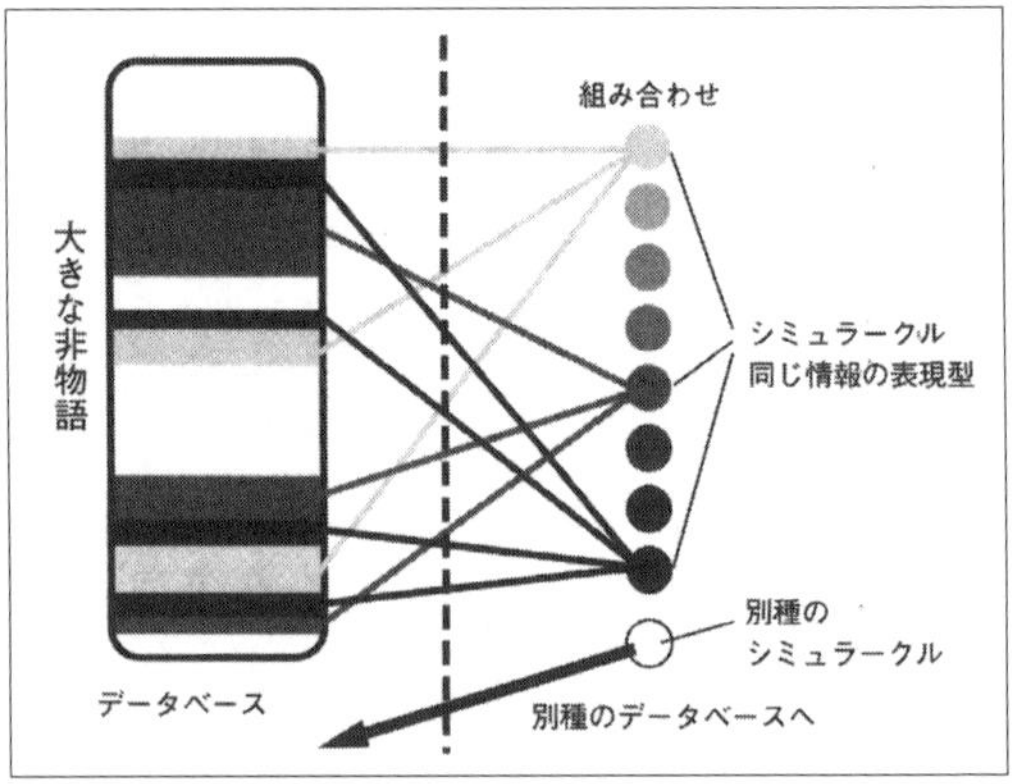

図表 1-5　データベースとシミュラークル

東浩紀『動物化するポストモダン』90 頁より

62　ウワモノ（上物）
リズムセクション（ドラム、パーカッション）やベース以外の音をおもに指す。ギターやキーボード、管楽器など。

63　アルペジエーター（Arpeggiator）
和音を下あるいは上から順に一音ずつ鳴らす「アルペジオ（分散和音）」を自動的に演奏する機能。

しかに出来あがったプロダクトのレベルでは一見そういうふうに見えるんだけれど、選び方こそが大事だという話があったように、そこには明らかにメトロ・ブーミン[*64]なりの、ピエール・ボーンなりの選び方がある。近年はビートメイカーどうしもコラボをたくさんするので、あるビートメイカーの音の「選び方」を別のビートメイカーがサンプリングするようにしてフィーチャーする場合もある。「この曲のここには彼のこういうかんじのウワモノが合いそうだから呼んでみよう」っていうような。だから選び方をふくめたビートメイカーたちのキャラさえもデータベース化してきているといえるかもしれない。

荘子itというキャラクターの誕生秘話

さやわか　僕がDos Monosを最初に聴いたときは、サンプリング・

64　メトロ・ブーミン (Metro Boomin)
米ミズーリ州セントルイス出身のビートメイカー。ミーゴスの代表曲〈Bad and Boujee〉（一六、左掲）を筆頭に、トラップのヒットソングを数多く手がける。二〇二三年には映画『スパイダーマン：アクロス・ザ・スパイダーバース』のサウンドトラックをプロデュース。本文で後述のピエール・ボーンも同世代の人気ビートメイカー。

Quality Control / 300

カルチャーとジャズ的な要素を掛け合わせた結果、カットアップ&サンプリングよりもさらにコンポーズ感のあるものに着地していて、ひじょうに新しいと思ったんですよね。

荘子it　日本には先行世代として、まさにDos Monos的なフリージャズとかをサンプリングするBLACK SMOKER[*65]というドープ[*66]な集団がいて、もちろんかっこいいんだけど、そういうキャラのポジションは彼らが確立してもう埋まっちゃってる。Dos Monosはだから、BLACK SMOKER的な美学を受け継ぎつつも、彼らにはないポップさだったり、音響的な趣向を探求してる。以前、BLACK SMOKERのレーベルから作品を出しているskillkillsの人に「おまえらには爽やかなイルネス[*67]がある」みたいなことを言われたんだけど、それはかなり自覚的にやってる。

吉田　Dos Monosはやっぱり「ヒップホップとはなんぞや」ということを突きつめて考えている荘子itというコンセプターがいて、ドープさみたいなものをどう採り入れるかに自覚的だからこそ、

65　BLACK SMOKER RECORDS（ブラック・スモーカー・レコーズ）
一九九七年に発足した、東京アンダーグラウンド・シーンを牽引するアヴァン・ヒップホップ・レーベル。おもな作品にTHINK TANK《BLACK SMOKER》（〇二、左掲）など。

Black Smoker

66　ドープ（dope）
原義は麻薬。転じて、「かっこいい、最高の、ヤバい」等の意味合いで形容詞／形容動詞的に使われる俗語。

67　イルネス（illness）
病気で、気分が悪い、などの意から転じて、「(病的なまでに)イケてる、優れている」などを表す俗語"ill"の名詞形。

「爽やかなイルネス」とも称されるんだろうね。ところで、そんな荘子itはどうしてラップを始めたの？

荘子it　俺は映画学科で映画を撮ろうとしてたんだけど、それをやめて音楽をやってるんだよね。

さやわか　そうなんですね。

荘子it　大学の四年間は日芸の監督コースで映画監督を目指してた。正直に告白すると、そのころは流行りとか関係なく、本気でゴダール*68みたいな映画を撮りたいと思ってたの。でも、役者やスタッフがついてこないという問題にぶち当たった。俳優もカメラマンも録音部も、みんなふつうにアニメが好きなやつばかりだったから。いっぽう俺は、中学に上がるぐらいからオタクカルチャーに対して、すごく自覚的に否定的だった。

さやわか　つまりはサブカル野郎だったのか（笑）。

荘子it　俺も小学生のときは兄貴の影響で好きだった。でも中学で隣の席のやつが『涼宮ハルヒの憂鬱』とかラノベを読んでるの

68　ジャン=リュック・ゴダール（Jean-Luc Godard）
仏映画監督。フランソワ・トリュフォーほかとともに、一九五〇年代末から始まった映画の革新運動「ヌーヴェルヴァーグ」を牽引する。おもな作品に『勝手にしやがれ』『気狂いピエロ』など。

を見て、「全然ラディカルじゃないな」と悟り、あえて九〇年代の洋楽を聴いたり、蓮實《はすみ》重彦[*69]の本を読んだりするようになった。

さやわか　いまの活動につながってくるわけですね。

荘子it　あと、大学で映画を撮っていたときはいつも同じ人に主演女優をやってもらってたんだけど、その人が某有名原作をもつ2・5次元の舞台に出演することになったからっていう理由で、俺の映画から降りたことがあった。

一同　（笑）。

荘子it　シネフィル的に映画を撮るんだと息巻いてたけど、やっぱり時代はこっち（キャラクター消費）だよなあ、なにかしら対策を打たなきゃいけない……とまあ紆余曲折あってラッパーになった。

吉田　失恋キャラとしておなじみのドレイク[*70]みたいに、そういった過去の苦い経験をラップしてみるのもアリかもね（笑）。

さやわか　でもさ、〝爽やかなイルネス〟を誇る荘子itさんにも、そういう作品からは想像もつかない魅力的なサイドストーリーが

69　蓮實重彦
映画評論家、仏文学者。映画作品の画面上に映るもののみを考察対象とする批評スタイル「表層批評」を確立し、後進に多大な影響を与えた。おもな著書に『表層批評宣言』『監督小津安二郎』『「ボヴァリー夫人」論』など。

70　ドレイク（Drake）
加オンタリオ州トロント出身のラッパー。〈Marvins Room〉ほか元恋人への未練や恨みを歌った曲が多く、失恋キャラとしても知られる。おもな作品に《Take Care》（一一、左掲）など。

Young Money / Cash Money

付随してくるわけで。だからキャラクターも大事だけど、やっぱり生身の人間が面白いですよね。

さやわか
一九七四年生まれ。ライター、物語評論家、マンガ原作者。〈ゲンロン ひらめき☆マンガ教室〉主任講師。著書に『僕たちのゲーム史』『文学の読み方』（いずれも星海社新書）、『キャラの思考法』『世界を物語として生きるために』（いずれも青土社）、『名探偵コナンと平成』（コア新書）、『ゲーム雑誌ガイドブック』（三才ブックス）など。編著に『マンガ家になる！』（ゲンロン、西島大介との共編）、マンガ原作に『キューティーミューティー』『永守くんが一途すぎて困る。』（いずれもLINEコミックス、作画・ふみふみこ）がある。

二章

ヒップホップと文学

ケンドリック・ラマーの多声性、
キングギドラの模範的押韻、KOHHの逸脱、
金原ひとみのウェッサイ
feat. 菊地成孔

文字数が多く、一人称視点で自己の来歴を語るラップは〝私小説的〟と評されることもある。もっとシンプルに、ラップを現代詩の一種として賞味することもできる。

ラップを文学として捉えなおすことは、もちろんその政治性について考えることでもある。パーティー音楽として出発したヒップホップだが、社会の現実を映しだす鏡としても機能してきた。コンシャス／ポリティカル・ラップとよばれる楽曲群は、紛れもなくそのリリックの価値こそを受容され、アメリカではBLMの支持やトランプ前大統領を糾弾するラップ言説が衆目を集めたことも記憶に新しい。そのような社会の不条理・抑圧に対抗するライムは言うに及ばず、逆に富をひけらかすだけの紋切り型のパーティーライムにも政治性というのは否応なしに滲《にじ》んでしまうものだ。

とはいえ、二〇一〇年代以降のマンブルラップやシンギング・ラップの流行もあり、いまはリリックの内容よりもサウンド面が重視されているようにもみえる。そんな現状だからこそ、「文学としてのラップ」を再考することで拓ける新たな地平があるのではないだろうか。

ラッパーのN／Kこと音楽家の菊地成孔を交えて探る、ヒップホップと文学の交差点。

吉田雅史　きょうはラップの歌詞に着目して、ヒップホップにおける文学性について考えていきたいと思います。ゲストには、ジャズミュージシャンとしてこれまでに数々の作品を発表されてきたのみならず、二〇一〇年からは音楽家の大谷能生さんとともに結成したヒップホップ・クルー、JAZZ DOMMUNISTERS*1でラッパーとしてもご活躍されている菊地成孔さんをお招きしています。菊地さんと荘子itにはのちほど自由解説も披露してもらいますのでお楽しみに。

北野武の目に映った享楽としてのラップ

吉田　まず大前提として、ヒップホップ／ラップはなにを歌ってきたのか？

世界初のラップ・レコードといわれるシュガーヒル・ギャング

1　JAZZ DOMMUNISTERS《BIRTH OF DOMMUNIST》（一五）

Taboo

〈Rapper's Delight〉（一九七九）は、みんなで楽しく踊ろうよ、と陽気に歌いかけるパーティーラップだった。ところが、それから三年後の八二年に発表されたグランドマスター・フラッシュ&ザ・フューリアス・ファイヴ〈The Message〉は一転、パーティーに逃避するのでなく、目の前に広がる自分たちの街の厳しい現実をありのままに描いたわけですね。同曲のフックではこう歌われている。「押さないでくれよ、崖っぷちに立たされてるから／なんとかおかしくならないようにしてる／ここはジャングルみたいだってときどき思う／よく俺は生きてられるなって不思議なのさ」。非情なリアリティを歌った〈The Message〉は、貧困や人種差別の問題といった政治的なテーマや、そうした困難に立ちむかう前向きな姿勢を打ちだす「コンシャス・ラップ」の走りとなった。

　その後、八〇年代もなかばを過ぎたあたりになると、ヒップホップの人気を不動のものにした一大潮流「ギャングスタ・ラップ」が勃興してくる。暴力や犯罪行為などをときに物語仕立てにして

2　N.W.A.
一九八七年に米カリフォルニア州コンプトンにてイージー・E、ドクター・ドレー、アイス・キューブらが結成したギャングスタラップ・グループ。グループ名は、Ni***z Wit Attitudes（主張する黒人たち）の略称。八八年に発表したデビューアルバム《Straight Outta Compton》（左掲）は、熱狂的に迎え入れられ発売から一年と経たずにミリオンセールスを達成したいっぽう、その過激な内容を問題視したFBIが警告状を送るなど賛否両論を巻き起こす。その後グループは金銭問題でもめて仲違いし、メンバーの離脱が続いたすえに空中分解にいたる。

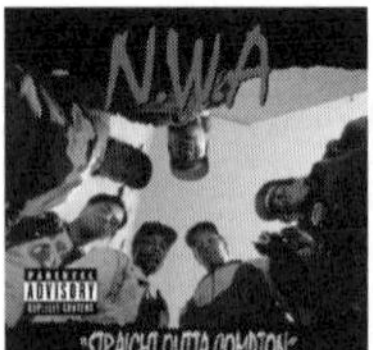

Ruthless / Priority

露悪的に歌ってみせるギャングスタ・ラップと、ポジティヴなメッセージを伝えるコンシャス・ラップというふうにジャンルのようにくくってしまうと、一見相対するものに思える。だけど、両者ともに切実なリアリティを歌っているという点では共通している。ギャングスタ・ラップの代表的グループ、N.W.A.*2にしても、代表曲〈Fuck tha Police〉のようなめちゃくちゃ過激な曲をやりつつ、他方では社会問題について歌っていて両面性がある。

《DAMN.》(二〇一七)でラッパーとして史上初のピューリッツァー賞受賞をはたし、まさにヒップホップと文学の交差点に立つ存在だといえるケンドリック・ラマー*3も、作風としてはギャングスタ・ラップの系譜に位置づけられる人物。彼の地元はN.W.A.と同じく、犯罪多発都市として悪名高いロサンゼルスはコンプトン。二〇一二年のトレイボン・マーティン射殺事件に端を発するブラック・ライブズ・マター運動では、ケンドリックの〈Alright〉がプロテストソングとして参加者のあいだで盛んに歌わ

3　**ケンドリック・ラマー (Kendrick Lamar)**
米カリフォルニア州コンプトン出身のラッパー。二〇一一年に《Section.80》でアルバムデビュー。同年にロサンゼルスでおこなわれたコンサート中、ドクター・ドレー、スヌープ・ドッグ、ザ・ゲームという先輩格の重鎮三名から「西海岸の新たなキング」の称号を授かる。左掲は本文中の《DAMN.》(一七)。

Top Dawg / Aftermath / Interscope

れたけど、この現象もまさしくギャングスタ・ラップとコンシャス・ラップの近接性を象徴する出来事だといえる。

菊地成孔　それこそ「コンシャス」って言葉は当時まだ使ってなかったけど、六〇年代のキング牧師の公民権運動時代にはマックス・ローチが《We Insist!》[*4]（一九六〇）で「我々は抵抗するんだ」とスローガンを掲げてたりして、音楽におけるブラック・ライブズ・マター的な議論はむかしからありました。本を正せば、日本に最初に入ってきたコンシャスは「ボディコン」だからね（笑）。ボディコンシャス（body conscious）の略で、体のラインを意識したピタッとした服のことを指していたの。

吉田・荘子it　（笑）。

菊地　それは余談ですが、ただジャズやソウルやファンクに比べるとヒップホップは言葉数が多いぶん、内ゲバみたいなことにもなりやすいんだよね。

吉田　たしかにそうですね。仲間うちということでいえば、ケン

4　マックス・ローチ《We Insist!》（六〇）

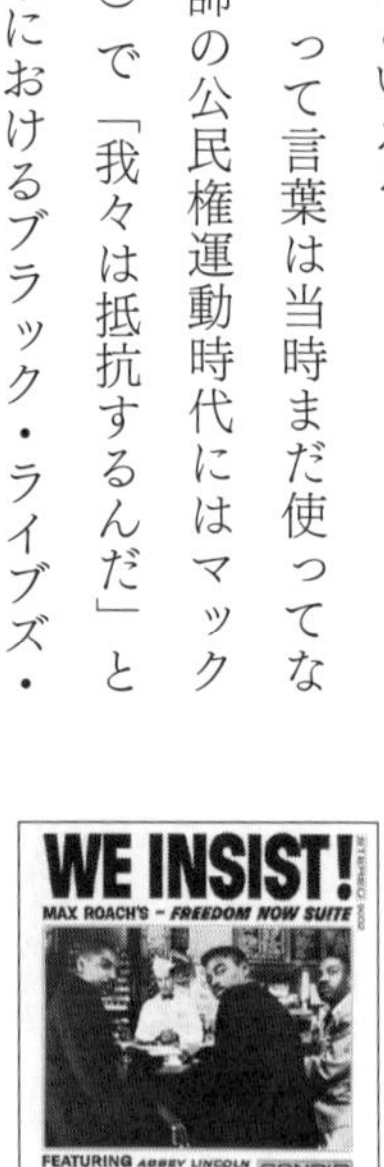

Candid

ドリックは〈The Blacker the Berry〉（《To Pimp a Butterfly》[*5]［二〇一五］収録）という曲で、ＢＬＭ運動では連帯を掲げているけどさ、実際はギャング間の抗争なんかで黒人どうし殺しあうことのほうが多いんじゃないの？と問題提起をおこなっている。

　そんなケンドリックの文学性といったときに想起するのがポリフォニー（多声）性ですよね。たとえばメジャーデビューアルバム《good kid, m.A.A.d city》[*6]（二〇一二）収録の〈Sing About Me, I'm Dying of Thirst〉は、実際にケンドリックが経験した出来事が基になっていて、第一ヴァースでは撃たれて亡くなった友だちの兄弟の視点から歌われる。続く第二ヴァースの視点人物は、過去にケンドリックが曲の題材にした女性の姉妹で、「アンタがあんな曲を出したせいであの娘が深く傷ついたんだけど、どうしてくれるの？」とケンドリックを責めたてている。そして第三ヴァースでようやくケンドリック本人の視点から歌われるという構成。

　またケンドリックの曲は時系列も複層化されていて、〈FEAR.〉

5　ケンドリック・ラマー《To Pimp a Butterfly》（一五）

Top Dawg / Aftermath / Interscope

6　ケンドリック・ラマー《good kid, m.A.A.d city》（一二）

Top Dawg / Aftermath / Interscope

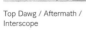

《DAMN.》収録〉は彼が七歳、十七歳、二十七歳だったときの視点から歌っている。七歳のときは母親から怒られているという設定で、その母親の一人称視点による「アンタ、そんなことしたらケツひっぱたくよ！」っていうリリックがずっと続く（笑）。自分の主張の一部を切りとられてレッテルを貼られてしまうと、菊地さんがおっしゃるように内ゲバにもなりかねないためか、ケンドリックの曲は一義的にとれるようなメッセージの発信を避けるようなリリック構造があって、〝これがケンドリックの主張だ〟となかなか決めつけられない。

菊地　そういうものこそが要するに文学でしょ。ケンドリック・ラマーのリリックはまさしくアメリカ文学の域にあると言っていいと思う。〈Alright〉のおかげでBLMの騎手として担ぎあげられたという側面もあるのかもしれないけど、たんなるプロテストソングやアジテーション・ラップとは違うよね。英語ができない俺が言うのもなんだけど、彼は言葉のダブルミーニングないしトリプルミーニングまで駆使して、重層的に話を組みあげている。のですが、困ったもので、ケンドリックに限った話じゃないと思うけど、よくできすぎているとやっぱりある特定の言葉を引き抜かれて、揚げ足をとられることがある。そうやってワン・ワードが盛りあがってしまうというのは、いわばキリストの託宣みたいなもので、そのつもりで言ったんじゃないけど周囲や後世の人がすごく大事な言葉として受け止め伝えてしまった、ということでもあるんですけどね。

荘子it　ナナ・クワメ・アジェイ＝ブレニヤーという作家の短篇集『フライデー・ブラック』[*7]では、巻頭のエピグラフでケンドリックのリリックを切りとって引用している。「心に描くもの全て君のもの（Anything you posesse is yours）」って。あれだけ多層的に作られた、長篇文学にも匹敵するようなケンドリックの作品からパンチライン[*8]を一節もってきてる。いま話してきた文脈でいうと、部分的な切りとり行為ってある意味とても暴力的で、本来の意図を取り違

7『フライデー・ブラック』
ナナ・クワメ・アジェイ＝ブレニヤー著、押野素子訳、駒草出版、二〇二〇年

8　パンチライン（punchline）
（ジョークの）オチ。転じてラップでは、聴衆やライバルラッパーをあっと言わせる強烈な一節およびライムを指して使われる。

えてしまう危険性があるんだけど、『フライデー・ブラック』のあのエピグラフは逆に、短文ゆえに秘めうる想像力を上手に使ってるなと思った。あの短篇集の表題作「フライデー・ブラック」は『世にも奇妙な物語』風の、現実を超デフォルメした露悪的な話で、タイトルは商店で大安売りがおこなわれる「ブラックフライデー」をひっくり返したもの。エピグラフ中の"posesse"は希望の言葉として引かれているわけだけど、表題作の内容を考えあわせると、他人を押しのけてでも欲しいものを「手に入れる（posesse）」んだと殺気だつブラックフライデーの買い物客の欲望を皮肉っているようにも読める。

俺が勝手に深読みしてるだけかもしれないけど、こういった想像力ってやっぱりショートショート作品や短文ならではの表現だなと思った。で、そうした想像力の使い方はけっこうラップにも近い気がする。もちろんケンドリックと長篇文学を並べて語ることで見えてくるものがあるいっぽう、ラップという表現がもつ断片性にはそれとは別の可能性もあるんじゃないかって思いながら、俺自身もやってるところがある。北野武の短篇小説「ホールド・ラップ」[*9]みたいに紋切型に〝ヨー、ヨー〟言うような、いわゆる「ラップ小説」ってわけじゃないんだけど、『フライデー・ブラック』はラップとの親和性が高い文学作品として読んだ。

吉田　たけしといえば、ラップは文学以上にお笑いとの親和性をよく指摘されるよね。アメリカにおいてラップは、日本における「お笑い」に相当する文化なんだって、大和田俊之さんと長谷川町蔵さんが『文化系のためのヒップホップ入門』[*10]で言っていたり。

荘子it　たしかにラップとお笑いは似ている側面が多いんだけど、違う部分があるとしたら、お笑いは目の前の観客にしっかりウケなきゃいけない。でもラップというか音楽やアートには、べつにその場でウケなくても、自分の享楽としてできるところがある。それはつまり、永遠にスベりつづけても許される表現としてのラップの可能性。たけしって、知ってのとおりお笑いの世界でのし上

9　**「ホールド・ラップ」**
北野武著『純、文学：北野武第一短篇集』河出書房新社、二〇一九年所収

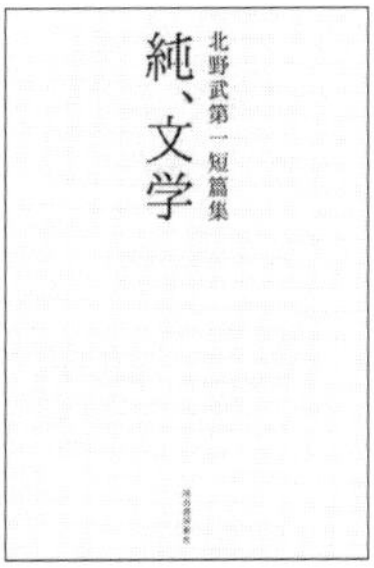

10　**『文化系のためのヒップホップ入門』**
長谷川町蔵、大和田俊之著、アルテスパブリッシング、二〇一一年

がって成功した人だけど、めちゃめちゃニヒリストで、成功ののちには虚無しかないんだという考えをもっている。でも、かといって売れないのも嫌だな、みたいなことをずっとやってる人。「ホールド・ラップ」は最後、「みんながオイラを笑わぬ夢を見た」という台詞で終わる。たけし本人はもちろんラップをやらなかったけど、ラッパーのことがうらやましかったんじゃないかな。「アイツら、あんなふうに韻踏みながら〝ヨー〟とか言ってスベってるのに、それを楽しくかつかっこよく見せてやがる」って。だからたけしは、お笑いとは似て非なるものとしてラップを見たのかなと俺は思う。「ラップとお笑いは似てる」論ってよくあるじゃん。でもやっぱ全然違うものだと思ってて。『フリースタイルダンジョン』をはじめ、その場でワッと盛りあがるエンタメ性がお笑いバラエティのノリに近いし、そこばかりがクローズアップされがちだけど、ラップにはそれとは違う、そいつがウケていようがスベっていようが言いたいことを一方的に言えてしまうことの凄みがある。

吉田　荘子itもライブでラップしているときは「スベってるけどかっこつけてやるぜ」って自意識があったりする？

荘子it　Dos Monosのリリックは一聴して意味がわかるようなものではないにもかかわらず、観客はノリノリでパフォーマンスしてる俺たちに合わせて首を振ったり踊ったりするわけだよね。そのときに俺らがやってるのって、スベり芸——お笑いの文脈でいうと、スベってるのは逆説的に面白いってことになっちゃうんだけど——であって、微塵も面白くないことを延々とやりつづけているともいえる。でもそこがラップの魅力であり享楽だから、そういった特異性をたけしは直感的に感じとったのかもしれない。

菊地　ライミングってのはダジャレと紙一重なんで、面白さを遺伝子的に備えてるわけだよね。笑わせて終わりの場合もあれば、ちょっとした技巧によって笑わせつつ刺すこともできる。とくに日本語だと勘所がむずかしい。それに韻はそもそもヒップホップから始まったものなどではなく、古くはシェイクスピアのころから綿々と受け継がれていて、ジャズのスタンダード曲とかも軒並み踏んでるからね。

固い韻と淡い韻

菊地　ケンドリックとは反対に、最近の若いラッパーたちのあいだで流行っているマンブルラップ[*11]みたいなスタイルに対しては、「リリックの内容が薄い」と嘆いている人たちがいると聞きます。

吉田　図表2－1はマット・ダニエルズさんが二〇一九年に制作した「The Largest Vocabulary In Hip Hop」[*12]という図を基に作ったものので、ラッパー別にラップのリリックから三万五千語を抽出し、そのなかにいくつ重複のない単語があるかを調べている。つまり、この数字が高いほど、語彙が豊富だということになる。ここで最多語彙数を誇るのがエイソップ・ロック[*13]で、七八七九語。マット

11　マンブルラップ（Mumble rap）
モゴモゴとした不明瞭な発音でなされるラップのスタイル。二〇一〇年代に登場し、若い世代を中心に支持を得ている。"mumble"は「つぶやく」の意。本文中にあるとおり、言葉の意味よりも語感や響きを重視する傾向があり、古参ヘッズからは批判されることもしばしば。代表的なラッパーにリル・ヨッティ、フューチャーなど。

12　Matt Daniels, "The Largest Vocabulary In Hip Hop," The Pudding (2019/1/21)
https://pudding.cool/projects/vocabulary/index.html

さん作の同図の一四年版には比較参考例としてシェイクスピアも交じっていて、その語彙数は五一七〇語。

　意外なことにというべきか、〝ラップの猛者〟として名高いラキム[*14]やエミネム[*15]はそこまででもなく、四三〇〇〜四五〇〇語程度。彼らはどちらかというと韻を踏むスキルにひじょうに長けていて、語彙数としてはそこまで多くない。ケンドリックも同じく語彙数の水準では決して高いほうではないことがこの図表からわかる。

13　**エイソップ・ロック (Aesop Rock)**
米ニューヨーク州ロングアイランド出身のラッパー。おもな作品に《Labor Days》（〇一、左掲）など。

Definitive Jux

図表 2-1　ラッパーの語彙数比較

6,000 語以上	
エイソップ・ロック	7,879
GZA	6,390
MF ドゥーム	6,169
RZA	6,018
5,000 ～ 5,999 語	
イモータル・テクニック	5,930
ゴーストフェイス・キラー	5,901
ジーン・グレイ	5,738
クール・キース	5,566
クール・G・ラップ	5,554
レイクウォン	5,428
アクション・ブロンソン	5,233
E-40	5,004
4,000 ～ 4,999 語	
ナズ	4,977
ジョーイ・バッドアス	4,871
ア・トライブ・コールド・クエスト	4,838
ルーペ・フィアスコ	4,645
ギャング・スター	4,598
リュダクリス	4,572
アウトキャスト	4,545
エミネム	4,480
タイラー・ザ・クリエイター	4,431

14　ラキム（Rakim）
米ニューヨーク州ロングアイランド出身のラッパー。中間韻や多音節にわたる押韻を導入し、ラップの可能性を押し広げた。ヒップホップ・デュオ、エリック・B＆ラキムの活動でも知られる。おもな作品にデュオ名義の《Paid in Full》（八七、左掲）、ソロ名義の《The 18th Letter》（九七）など。

4th & B'way / Island

エイサップ・ロッキー	4,414
アイス・キューブ	4,338
ラキム	4,301
ジェイ・Z	4,275
パブリック・エネミー	4,261
T.I.	4,171
リル・キム	4,150
ケンドリック・ラマー	4,017
3,000～3,999語……………………………	
マック・ミラー	3,960
スヌープ・ドッグ	3,797
カニエ・ウェスト	3,760
ニッキー・ミナージュ	3,616
リル・ウェイン	3,486
J・コール	3,426
ヤング・サグ	3,395
トラヴィス・スコット	3,392
ドレイク	3,347
ミーゴス	3,193
リル・ヨッティ	3,161
3,000語未満…………………………………	
DMX	2,936
リル・ベイビー	2,762
リル・ウージー・ヴァート	2,556

15　エミネム（Eminem）
米ミシガン州デトロイト出身のラッパー。ライミング技術に関しては並ぶ者のいないラップ巧者。早口ラップに長け、〈Godzilla〉（二〇）では三十一秒間に二二四語をラップするという驚異的な記録を打ち立てている。スリム・シェイディという名前のオルターエゴ（別人格）人称で歌われる、陰鬱で諧謔的な内容の物語仕立ての曲も持ち味。おもな作品に《The Slim Shady LP》（九九、左掲）など。

Aftermath / Interscope

荘子it　ケンドリックのラップって、わりと同じ単語の繰り返しが多いよね。〈HUMBLE.〉ではBワード[*16]を連呼していた。

吉田　辞書を引かないといけないような難解な言葉が出てくるわけではないんだよね。

荘子it　自分もふくめ、ラッパーのなかには常用単語ではない小難しいものを使う人もいるんだけど、やっぱそれだとアングラになっちゃう。でもケンドリックはアメリカの国文学にも匹敵するぐらいの複雑なラップを、だれでも理解できる平易な言葉で書いているからこそ、特筆に値する。だからこの図表にある四千語ぐらいが妥当なんじゃないかな。

吉田　マットさんはさらに、八〇年代から一〇年代まで十年単位で区切った比較もおこなっていて、そこからまたべつの知見が得られる。くわしくはネットで公開されている図を見てほしいんだけど、ゼロ年代に入り、アングラ界にエイソップ・ロックやMFドゥームが登場してサブカル的ともいえる多様な想像力がもちこ

16　Bワード
"bitch"（ビッチ）の婉曲表現。

まれたことで、語彙数が格段に増えた。五六七五語以上に該当する十五組のうち、ゼロ年代のラッパーは十一組もいる。でもその後の一〇年代は四千語前後を中央値にして、三五〇〇語を下回るラッパーも多い。なので単純に語彙数を基準にして考えるなら、さっき菊地さんがおっしゃっていたような「歌詞内容の希薄化」がテン年代以降、実際に進行していることはこの分析結果からも読みとれます。その一例として、マンブルラップの代表格のひとり、リル・ウージー・ヴァート[*17]が最下層にいる。

菊地　ケンドリックと比べるのもお門違いだと思うけど、この人はほとんどなにも言ってないに等しいからね（笑）。

吉田　マンブルラップという言葉が蔑視的な意味合いが強いこともあって余計にそう感じられる状況があるとも思いますが、〈XO Tour Llif3〉なんて切実な失恋ソングで、やっぱり節回しで曲がだんだん盛りあがっていく構造がある。だから語彙が少ないぶんフレージングを研ぎ澄ませてラップを聴かせるスタイルだともいえ

17　リル・ウージー・ヴァート（Lil Uzi Vert）
米ペンシルベニア州フィラデルフィア出身のラッパー。おもな作品に《Luv Is Rage 2》（一七、左掲）など。

Generation Now / Atlantic

ますよね。ところでリリックの理解といえば、ラップ解説サイト「ジーニアス」*18［図表2-2］の注釈を読み、このラインはダブルミーニングになっていて、実はこんな隠れた意味があって……といったリリックの意味内容の理解を深めていくという楽しみ方がヘッズの深掘りとしては定番だけど、最近では韻を踏んでいる場所を図示して可視化したライム・スキームの分析動画*19も増えている。もちろんヒップホップの研究書などではむかしからとられていたアプローチだけど、これが一般に流通するようになってきた背景には、エミネムのようなラッパーの存在が大きい気がしていて。というのも、やっぱりエミネムのラップ技術を正当に評価するには、リリックをただテクストとして読むだけでなく、韻の構造まで考慮する必要がある。いかに巧みに踏んでいるかを解説したあれら一連の動画は、楽器の馬鹿テク演奏動画ともけっこう近いのかなと思う。

18　ジーニアス（Genius）
リスナーが歌詞に注釈を書きこんでいく、ウィキペディアのようなユーザー参加型のリリック解説サイト。ラッパー本人による自由解説やインタビュー動画、最新ニュースも発信する総合音楽メディア。

19　ライム・スキームの分析動画

Genius, “Eminem’s Verse On Logic’s “Homicide” | Check The Rhyme,” YouTube（2019/7/17）
https://youtu.be/G_GpSFTPGko

菊地　ライミングで大事なのは、数学的な才能なんですよね。音楽に限った話じゃなく、美術や俳句やスポーツもそうなんだけど、対象をある程度分割したうえで反復性だとか類似性だとかを抽出して、その数列を読めるような能力がものをいう。韻についても、数学オリンピックに出るような人の才能のあり方だと思いますよ。

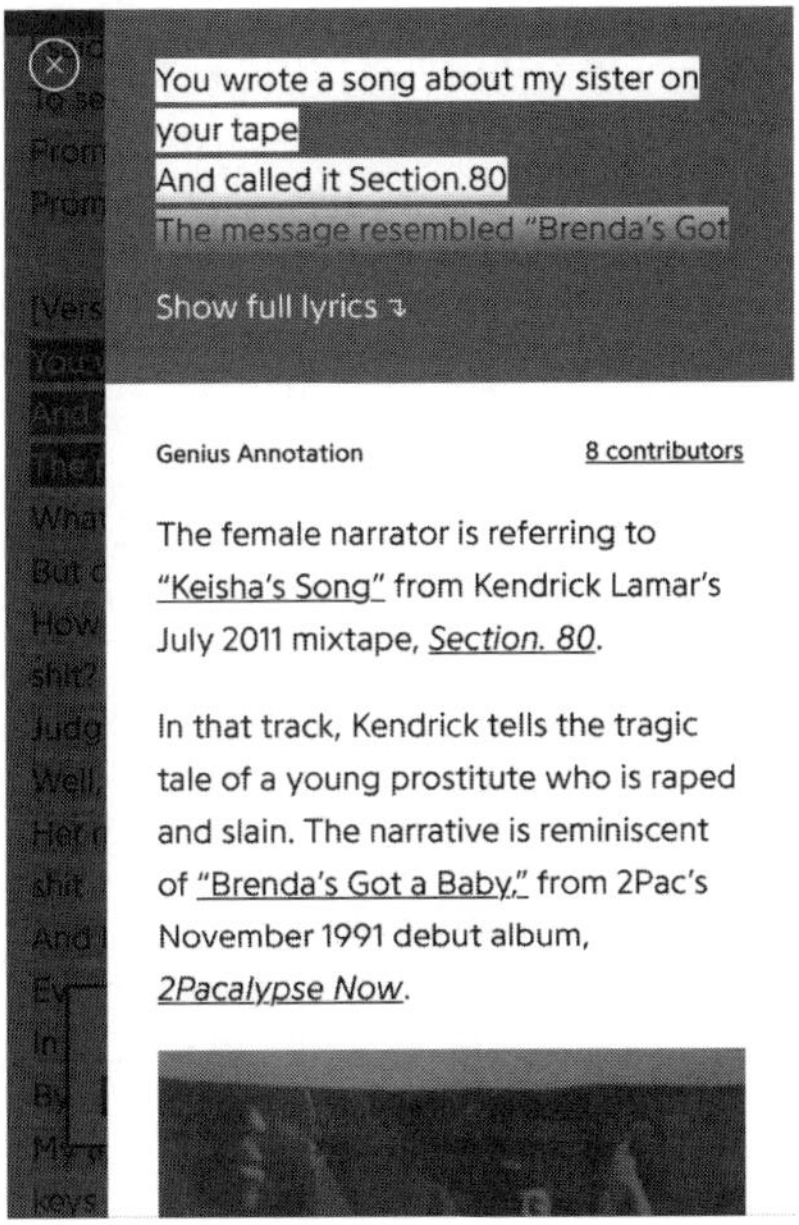
You wrote a song about my sister on your tape
And called it Section.80
The message resembled "Brenda's Got
Show full lyrics
Genius Annotation
8 contributors
The female narrator is referring to "Keisha's Song" from Kendrick Lamar's July 2011 mixtape, Section. 80.
In that track, Kendrick tells the tragic tale of a young prostitute who is raped and slain. The narrative is reminiscent of "Brenda's Got a Baby," from 2Pac's November 1991 debut album, 2Pacalypse Now.

図表 2-2　ジーニアス

前節で言及したケンドリック・ラマーのリリック解説。ハイライトされた上部が歌詞で、下部がその解説。「曲中の女性がここで言っているのは 2011 年 7 月リリースの《Section.80》収録曲〈Keisha's Song〉のことであり、同曲では……」。Genius, "Sing About Me, I'm Dying of Thirst - Kendrick Lamar" https://genius.com/1142919

荘子it　俺の大好きなMFドゥームもそんな数学的才能に長けたラッパーのひとり。MFドゥームはいま見たように語彙が豊富なだけでなく、めちゃめちゃ踏んでもいる。でも、いわゆる〝固いラップ〟[20]というわけではない。ラップをアカペラでまねしてみるとよくわかるけど、連譜でただしゃべってるだけのように聞こえなくもない。ドゥームがすごいのは、徹頭徹尾、踏みつづけながらその淡いかんじを出せているところ。

菊地　バックトラックで流れているリズムの時間とライミングの同期加減が、最近ではもはやフリーになっちゃってるんだよね。いま荘子君がMFドゥームの韻を評して〝淡い〟と言ったのは、要するに、ポエトリーリーディングのように読みあげている、もしくは独り言をつぶやいているのと同じ、ということだと思います。極端な例ですが、七〇年代にたくさん録音された童話や小説の朗読CDにビートを足すと、いまの耳にはほぼほぼヒップホップにしか聞こえない。ライミングの自由度はそこまで来てる。

20　固いラップ
多くの箇所で韻を踏んでいるラップの俗称。

荘子it　固くないのがむしろかっこいいんですよね。

菊地　俺はこれも試したことがあるんだけど、ひとつの朗読に対して五種類ぐらいのBPMを当ててみても、外れがひとつもない。全部引っかかる。反対にオールドスクールはめちゃめちゃ固くて、日本だと河内音頭みたいになるわけ。

荘子it　菊地さんがDCPRG*21の〈Catch22〉で披露されていた、BPMの違う複数の演奏を同時におこなうという実験が、ラップではもはやふつうにやられているってことですよね。

菊地　そうそう。だからそうなると、指標はその話者に固有のリズム＝体内時計になってくるよね。

吉田　MFドゥームはさらに驚異的なことに、たとえばマッドリブとのコラボ作《Madvillainy》*22（二〇〇四）収録曲〈Figaro〉のように複数か所で踏んだうえで、なおかつ意味もきちんと通している。三〜四行めは、テックナイン*23で撃ったらおまえの首から血が流れて（首が「血で」《ネック・シャイン》光って、（血だまりが）シャイノーラ製の靴ずみみたいだ、

21　DCPRG
一九九九年に菊地成孔を中心に結成されたビッグバンド。アルバム／楽曲名のなかには、ジョセフ・ヘラー『キャッチ＝22』やカフカ『アメリカ』などの文学作品を参照したものも多い。おもな作品に《REPORT FROM IRON MOUNTAIN》（〇一、左掲）など。

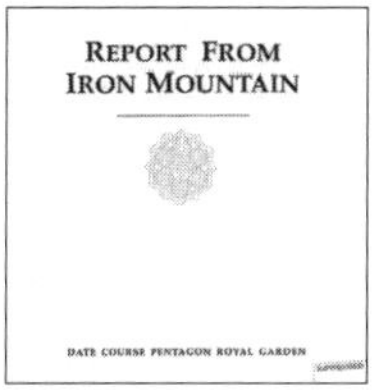

P-Vine

といったかんじ。この抜粋部分はちゃんと意味が通ってるんだけど、もう少しあとになると、マンブルラップ的というか、語感さえ合っていればなんでもいいじゃんといわんばかりに、完全にナンセンスの領域になっているのも対照的で面白い。

The rest is empty with no brain, but the clever nerd
The best MC with no chain ya ever heard
Take it from the TEC-9 holder
They've bit but don't know their neck shine from Shinola

Madvillain〈Figaro〉

吉田　ではMFドゥームに続いて、今度はエイソップ・ロックの歌詞を見てみましょう。エイソップ・ロックの歌詞の特徴はなんといっても圧倒的な語彙数がもたらす「転換（飛躍）」の豊かさ。異様に読み解きの難易度が高く、かつ抽象的。まず押韻が先行してそこ

22 **マッドヴィラン《Madvillainy》（〇四）**

Stones Throw

23 **テックナイン（TEC-9）**
米イントラテック社が製造した自動拳銃。旧ソ連発祥の自動小銃AK－47等々と同様、ラップの歌詞に頻出する。米ミズーリ州カンザスシティ出身のラッパー、テック・ナイン（Tech N9ne）のMCネームの由来。

から遡行的にパズルのように組みあげられているから、こうした抽象度の高いリリックになっている側面も。次の一節は〈Zero Dark Thirty〉という曲の一部だけど、ここだけを見てもその難解さがわかると思う。ちなみに、耳なじみのない「モスマン」というのは、要は「蛾男《がおとこ》」ってことで六〇年代に現われたUMA（未確認動物）のことらしい。

Zero Friends minotaur-fugly stepchild
Evoke lunch jumped over plunging necklines
Up, beside tongue-tied hungry enzymes
Devolved into mothmen munching textiles

友だちのいないミノタウロスの醜い継子《ステップチャイルド》／（嘔吐して）
襟元《ネックラインズ》を超えて落下するランチを喚起させる／口ごもる空腹
の酵素《エンザイムズ》の隣で／テクスタイルを喰らうモスマンになる

菊地　エイソップは、さっき言った数学的な能力に詩的な能力が掛け合わされている。レトリックも大きくいったら数学の範疇《はんちゅう》にふくまれるものだと思いますが。

吉田　彼は「抽象的なアイデアのほうが自然に思い浮かぶ」という発言もしている。歌詞一行を解説するのにもあれこれと説明しなきゃいけないんだけど、リスナーみんなで謎解き合戦をして注釈をつけていくのが、前述の「ジーニアス」文化の醍醐味《だいごみ》になっている。

菊地　そういう謎解きみたいなのはむかしからあって、スティーリー・ダン[*24]のときは日本コロムビアの歌詞対訳が全然ダメだっていわれてました。"black cow"が「黒い牛のミルク」って訳されてたんだけど、ほんとうはそうじゃなくて、あれはルートビアにバニラアイスを乗せたソフトドリンクの名称であり……みたいな。同時代人の、たとえばスティーヴィー・ワンダーになると、もっとずっと簡単な語彙で〝世界中のみんなで通じあいましょう〟と

24　スティーリー・ダン（Steely Dan）

ウォルター・ベッカーとドナルド・フェイゲンが結成した米ニューヨーク州出身のロックバンド。おもな作品に《Aja》（七七、左掲）など。本文で言及されている〈Black Cow〉（MFドゥーム〈Gas Drawls〉）や〈Kid Charlemagne〉（カニエ・ウェスト〈Champion〉）等々、サンプリングされた曲も多い。

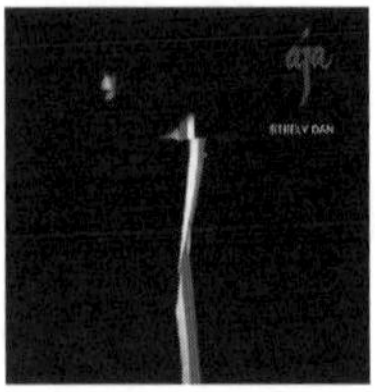

ABC

いう至極明快なかんじなんだけど、スティーリー・ダンはものすごく文学的。ドナルド・フェイゲンのソロ作《The Nightfly》[*25]（一九八二）も、歌詞が日本人には読解困難な境地にいってる。荘子君のリリックだって解説がないとわからないだろうし、場合によっては意図した以上のことを読みとる人が出てくる可能性があるでしょ。

荘子it　むかし、ロラン・バルト[*26]がセルゲイ・エイゼンシュテイン[*27]の映画の止め画を詳細に分析することによって「第三の意味」を見いだすとかいう、なんだかいまからしてみたら〝解釈乙〟みたいなことをやってたけど、ヒップホップの世界ではジーニアスをはじめ、そうしたことはいまや集合知を駆使してデフォルトで楽しまれているってことだよね。あたりまえのようにポストモダン的な知的遊戯がおこなわれてる。

菊地　あの分析作業は楽しいんだよね。なんでかっていうと、言葉には多かれ少なかれ含意があったり、多義性があるから。あと単純に、情報にはオープン情報とクローズド情報があるんで、下

25
ドナルド・フェイゲン《The Nightfly》（八二）

Warner Bros.

26
ロラン・バルト（Roland Barthes）
仏批評家、思想家。おもな著書に『エクリチュールの零度』『モードの体系』など。

27
セルゲイ・エイゼンシュテイン（Сергей Эйзенштейн）
ロシア帝国リガ（現ラトビア）出身の映画監督。複数のショットをつなぐことで意味を創出する「モンタージュ理論」を確立。おもな作品に『戦艦ポチョムキン』（一九二五）など。

手したら造語が交じっていたなんてこともある。これ意味わかんねえなって思ったら実は造語でした、とかね。チャーリー・パーカー[*28]のソロに対しても、「この小節は当時のテレビCMから引用している」とかいう指摘がいまだに続いてる。詳しい人が、これはあまり売れてないあのバンドの曲のフックからの引用です、とかいって。でも、そんなものまったくなくたっていいんだっていう考え方も、他方には当然あるわけ。ただ聴くだけで、意味わからないのが魅力なんだっていう人と、いや、ここにはこんな深遠な意味が隠されていて、こういう出典があって、といった解釈の余地があるから嬉しい、という人に分かれてくる。文学的なラップというものを考えるのだとしたら、やっぱりそういうふうに解釈させる力があったり、インターテクスチュアリティ（間テクスト性）が高いものになるんじゃないですかね。

28 チャーリー・パーカー (Charlie Parker)
米カンザス州カンザスシティ出身のジャズミュージシャン、サックス奏者。ビバップを生んだ〝モダンジャズの父〟。愛称はバード。

日本語ラップの教科書としてのキングギドラ

吉田　さて、ここからは駆け足ながら、日本のラップソングのリリックを年を追って見ていきたいと思います。

まずは、いとうせいこうさん[*29]の〈東京ブロンクス〉（一九八六）。韻はほとんど踏まずに、お尻を軽く揃えている程度。当時はいまほど韻を踏まないといけないという抑圧もなく自由にやった結果、東京をヒップホップ生誕の地であるブロンクスに見立てるという、実に文学的な想像力が発揮された一曲になっている。

俺はラッパー　JAPPA RAPPA MOUSE
起きたら空は暗いまま
寝過ごしたと思ってドアを開けたら　東京はなかった
東京ブロンクス　でかい DANCE HALL
これじゃどこまでいってもディスコティック

29　いとうせいこう
ラッパー、作家。一九八六年にいとうせいこう&TINNIE PUNX名義で《建設的》（左掲）、八九年にヤン富田プロデュースのソロデビュー作《MESS/AGE》を発表。著書に『ノーライフキング』など。

Pony Canyon

崩れたビルからひしゃげた鉄骨　壊れ果てたブティック
何日寝たのかわからない
壁にスプレー　誰かが残したNO FUTURE IS MY FUTURE
いとうせいこう & TINNIE PUNX〈東京ブロンクス〉

菊地　言わずもがな、いとうせいこうさんはれっきとした文学者でもあるわけだからね。

吉田　それを前提として見ても、八〇年代に空虚な東京のイメージを描いているのは、当時のポストモダンやニューアカのような背景と共鳴しているようでもあり、未来予測的でもあり、いまだにフレッシュだなと。描写の言葉数が少ないぶん、逆にイメージがわきやすいリリックになっている。一足飛びになりますが続いては、九五年にリリースされて日本語ラップ史上の画期を成したキングギドラ*30のデビューアルバム《空からの力》より、〈大掃除〉。〈東京ブロンクス〉からおよそ十年が経ち、うってかわって韻を踏

30　キングギドラ　一九九三年にZEEBRA、K DUB SHINE、DJ OASISが結成した日本のヒップホップ・グループ。おもな作品に《空からの力》（九五、左掲）、《最終兵器》（〇二）など。

P-Vine

みまくっている。これぞ、固いラップのお手本といえる。

またそればっか　いくら経てど進歩しない sucker MC
マジかっかするなんて大人気ない　大人じゃないならば可愛
げない
「ジーブラ」「シ」に濁点　棒で「フ」に濁点　「ラ」に濁点は
なくて
完璧主義だから　弱点そんなもんはなくて
悲しくなるお前のライム甘くて

キングギドラ〈大掃除〉

菊地　《空からの力》は、SIMI LAB[*31]のみんなが口をそろえて百回以上は聴いてるって言ってましたよ。ＭＡＲＩＡさんも相当影響を受けたって。

吉田　SIMI LABよりも下の世代にあたる荘子itぐらいになると、

31　SIMI LAB（シミ・ラボ）　二〇〇九年に神奈川にて結成されたヒップホップ・グループ。おもな作品に《Page 1: ANATOMY OF INSANE》（一一、左掲）など。メンバーのOMSB、MARIA、DyyPRIDE（一七年脱退）は、JAZZ DOMMUNISTERS の作品に客演参加している。また菊地成孔（N／K）は、元メンバーのQNとコラボレーション・ユニット「Q／N／K」を結成し、《21世紀の火星》（一三）を発表した。

Summit

べつに教科書として聴くようなかんじではなかった？

荘子it　そうだね。SIMI LAB のメンバーとは五歳ぐらいしか違わないけど、俺はまったく聴いてなかった。ＭＦドゥームの別名義プロジェクトのひとつに「キングギドラ」っていうのがあって、そっちはよく聴いてたけど。

菊地　荘子君的には、キングギドラといえばＭＦの別名のほうだと（笑）。

吉田　菊地さんは《空からの力》をリアルタイムで聴きましたか？

菊地　うん。俺もびっくりしたもん。さっきも言ったように、韻律はジャズスタンダードにも入ってるし、古代ギリシア時代からあるわけだけど、ライミングがポエジーのなかにスペックとして備わってる国々があるなか、日本にはないのよ。日本の国文学とか、文学以前の散文の歴史のなかにギドラのこういう露骨なライミングは伝統的にないから、やっぱり異物感が強かったですよね。

いっぽうで、ＤＪの作ったビートに合わせてラップするのと同じように、太鼓とか三味線を演奏してる上で浪曲を歌ったり講談を聞かせるっていう教養は日本にもあった。でも、そこにも韻律というものはなかった。だから、アリバイ程度に踏むぐらいで、ポップスの歌詞や文学にも限りなく近いようないとうせいこうさんから始まったところに、ちゃんと日本語でも様になる韻律が出てきたことにショックを受けた人が多かったと思います。

吉田　《空からの力》がリリースされた一九九五年は、アメリカではジェルー・ザ・ダマジャやビッグ・L、ODBらウータンの各自のソロ作などが出揃っている時期で、いわゆる「フリーキーフロウ」と呼ばれるイレギュラーなフロウも試みられていた。だからキングギドラは早々にテクニカルなライミングをやってのけている。

　キングギドラのあとには、THA BLUE HERB[*32]のような、詩人の詠んだ作品に見紛うかのようなラップも出てくる。たとえば『未来世紀ブラジル』を引用しＳＦ的想像力を存分に発揮した〈未来

32　THA BLUE HERB（ザ・ブルーハーブ）
一九九七年にラッパーのBOSS THE MCとビートメイカーのO.N.Oが札幌で結成したヒップホップ・グループ。おもな作品に《STILLING,STILL DREAMING》（九九、左掲）など。

Real Life

世紀日本〉（一九九九）やカトマンズのストリートの物語を長尺で描く〈路上〉（二〇〇二）あたりがよく知られているかと思いますが、アジアでの旅の途中の三日間の様子を描いた〈3 Days Jump（2001年地球の旅）〉（同前）もちょっとスケール感のデカさが尋常でない。それがある種の文学者の視点、ってことなのかもしれませんが。いずれの作品もそれまでの日本語ラップの世界にはなかった試みを高いレベルで実践していて、やはり金字塔的仕事になっている。詩的なラップということでは、少し時代は下るけど、鬼の〈小名浜〉（二〇〇八）も詩情豊かな一曲。

部落育ち　団地の鍵っ子　駄菓子屋集合　近所のガキんちょ
ヤクザの倅か母子家庭　親父がいたのも七つの歳まで
二歳の妹がいようと死のうとするお袋に
「帰ろうよ。僕が守るから大丈夫」
（略）

懲役も満期でテンパイ
ハチロウの病死
オヤジ呟く面会
ナオの受信で知ったオリカサの他界
この塀は高い

鬼〈小名浜〉

菊地　すばらしい。アウトサイダーには文学ができるんだっていうことをヒップホップのかたちで示してみせたってことでしょ。それこそ、もともと文学がもっていた可能性だよね。

吉田　ヴァース冒頭の「部落育ち 団地の鍵っ子」をはじめ、いわゆる純文学的なものを思わせる言葉がたくさん出てくる。彼の場合、身につけたワードセンスが純文学とすごく親和性があって、「二重の意味でリアルなラッパーが現れた」という衝撃とともに迎えられた。

菊地　ちなみにさ、ちょっと横道にそれるけど、日本の現役の文学者で鬼のクオリティに匹敵する人がいて、意外と知られてないけど金原ひとみさん[*33]なんだよ。あの人、美少女でパリに住んでいてみたいなキャラクターになっちゃったでしょ。でも、何度か対談した経験からいわせてもらうと、実はめちゃめちゃヤンキーなの。彼女の短篇集『TRIP TRAP』に入ってる「沼津」は、ヤンキーの女の子が沼津の海に遊びに行って、ナンパ待ちして男をつかまえたり、出会ったヤクザにバナナボートで振り回されて危ない目に遭ったりするっていう筋書きなんだけど、日本の文学のなかでいちばんウェッサイ[*34]な作品だと思うよ。

吉田・荘子it　（笑）。

菊地　ほんとにそうなんだって（笑）。あの人がヤンキーだったころを思い出して書いてる短篇はリアルさが半端ないから。

吉田　もちろんラッパーのリリックにおいてリアリティは重要な要素ですよね。その点では〈小名浜〉も、「ダイスケ」「ハチロウ」

33　金原ひとみ
作家。『蛇にピアス』で第二七回すばる文学賞を受賞しデビュー。同作で第一三〇回芥川龍之介賞を受賞。左掲は本文中の『TRIP TRAP』角川書店、二〇〇九年（書影は文庫版）。

34　ウェッサイ（westside）
ウェストサイド＝西海岸のこと。ロサンゼルスほか米西海岸地域のヒップホップおよび文化を表す俗語。イーストサイド＝東海岸（ニューヨーク）に対する西側。

とか仲間うちでしかわからない固有名詞がリアリティを醸《かも》している。「ナオの受信で知ったオリカサの他界／この塀は高い」というラインも、友人の訃報を聞くことすらままならない服役生活の悲哀が「塀」に象徴されていて、演出が巧み。

菊地　あと、あだ名がカタカナなんだよね。

吉田　歌詞をひらがな、カタカナ、もしくは英語で表記するのかって、全然頓着しないラッパーもいるけど、リスナーに与える心象を左右する重要な要素でもある。菊地さんはご自身のリリックを書く際、ネイティヴ寄りの発音の場合は英語、カタカナ語っぽく読むときはカナ表記といったように、なにか使い分けを意識してますか？

菊地　リズミックアプローチとしては分けてますね。

吉田　荘子itはどう？

荘子it　意識的に分けすぎると曲芸っぽくなってしまうという危惧がある。さっき〝淡いかんじ〟と表現したMFドゥームのラップみたいに、ちょっと変な口調でしゃべってるようなスタイルが俺は好きだから、あまり偏執的にやりすぎないように意識してる。

吉田　エラーをふくむぐらいがちょうどいいってかんじなんだね。

荘子it　俺のリリックは内容もけっこう複雑だし、さらにあざといことをやりだすと色物になってしまう。堂々と意味わからないことを言うかんじが理想。

菊地　そこは紙一重ですよね。演奏の場合でも、うますぎても面白くなくなっちゃう。

荘子it　『フリースタイルダンジョン』のようなバトルにしたって、いくらうまいこと言ってても、「で、だからなに？」と思ってしまう（笑）。俺は小学校から学習塾に通わされて、とにかくいい大学に入れって言われていたのが嫌で音楽をやってる面もあるから、身も蓋もない言い方をしてしまうと、ひたすらスキルフルなだけの音楽ってなんだか好きになれないんだよね。

吉田　そうかあ、じゃあエミネムは好きじゃない？

荘子it　あんまり興味ないかな。ギタープレイも同じで、ジミ・ヘンドリックスってめちゃめちゃうまいんだけど、同時にほぼノイズすれすれだったり音が鳴ってなかったりするときがあって、演奏技術よりヴァイブスが勝る。「ヘタウマ」ということで知られているジミー・ペイジも、下手さの美的強度となるとやっぱりジミヘンのほうに軍配が上がると思う。エリック・クラプトンも全然ピンとこないんだよなあ。

吉田　下手さや違和感の魅力という観点は、ヒップホップにおいて重要視されている「ドープ」という価値観とも関わってくるね。ドープがなにかをひとことで説明するのはむずかしいんだけど、たんなる技術的な巧拙だけでは計れないような価値基準のことで、続いて見るＫＯＨＨ[*35]もそういう不思議な魅力をもったラッパー。

生きてるほうが　いいな　明日よりも　今
破れてるジーパン　履いてる　吸って　吐いてく

35　KOHH（コウ）
東京都北区王子出身のラッパー。思ったことをそのまま歌詞にしているかのような〝適当〟な音楽スタイル（本人プロフィールより）。おもな作品に《MONOCHROME》（一四、左掲）など。

Gunsmith Production

寝たいから　寝る　どっかでまた　いい体験する
買ったばっかりのアクネのTシャツ　いい服　着て行きたい

KOHH〈If I Die Tonight〉

荘子it　俺はヒップホップそのものを熱心に聴き込むようになったのと同時期にKOHHを聴いて、最初は正直よくわからなかった。こういうのがあるんだなって思ったぐらいで。でもK DUB SHINEさんとの対談[*36]でも話しているように、KOHHはキングギドラを熱心に聴きこんだうえであのスタイルを実践してる。そういう意味では、恐れ知らずにも徒手空拳でやってるだけの俺なんかより、KOHHのほうがはるかにラップ的な素地はあるわけだよね。

吉田　たしかに日本語ラップの教科書といえるキングギドラを受容したうえで、そうしたいわゆる王道のスタイルからステップアウトしているというのは興味深い。かりにKOHHをさっきの語彙数比較の図表にプロットするとすれば、限りなく下側のほうに

36　**K DUB SHINEさんとの対談**
blackfilesstv, "INTERVIEW FILE : KOHH (interview by Kダブシャイン)," YouTube (2014/8/21) https://youtu.be/fSPQ_6-lC_k

位置するはず。それはつまり、ボキャブラリー的には貧しいということを意味する。図表2－3は《DIRT》（二〇一五）収録の全十三曲のリリックをテーマごとに分類して頻出順に並べたものだけど、ここにある十カテゴリーでほとんど網羅できてしまう。ただし、いうまでもなく、語彙が貧しいからといって、楽曲の魅力が劣るわけでは断じてない。また《DIRT》は、「どこどこに行った」とか日常的な話をしている次の行で、いきなり生死の問題を突きつけてくるアルバムで、あとからふりかえってみると少し特殊な作品であったということもつけ加えておきます。

テーマ	登場回数
1. 生	223 回
2. 死	174 回
3. 今	164 回
4. 人称	152 回（一人称複数が 130 回、一人称単数が 22 回）
5. 東京	108 回
6. 日常／生活	56 回
7. ファッション	53 回
8. お金	34 回
9. 恋愛／性愛	21 回
10. アート	20 回

図表 2-3
KOHH の文学性：
《DIRT》テーマ別リリック語彙

菊地　KOHHは彼岸の存在だよね。それから、彼はタトゥーの意味をすっかり変えてしまった。（左腕のタトゥーを見せながら）俺のこれだってヒンドゥー教のガルーダという神様だけどさ、和彫りも洋彫りも宗教的なアイコンを体に刻印しようっていう目的が多かったわけ。でもKOHHのタトゥーはボディアートで、モナ・

リザがいたり、体を美術館にしてるんですよ。

吉田　たしかにKOHHのカリスマ性は、自身の身体という美術館によっても担保されていると。続いて聴くのもMVのタトゥーのショットが印象的な舐達麻《なめだるま》の*37〈Buds Montage〉。**GREEN ASSASSIN DOLLAR**の抒情的なビートに対して、バダサイこと**BADSAIKUSH**の抑揚を排したフラットなフロウで紡がれるテクストラップには、〝貧しさの豊かさ〟とでもよびたくなるような、ストリート文学の美学があるのかなと。

上を見て　振り返る　繰り返しては　下を見て探してた半透明な結晶
聞こえなくなった右耳や左腕の静脈に溶けていった
刺した針の数が今に水を刺し嫌気が刺した
前後する曖昧な記憶　燃やす量はことごとく　白く上がる煙
しら切る Flygirl　毎日　毎日　Smoke する Marijuana

37　舐達麻
埼玉県熊谷市を拠点に活動するヒップホップ・グループ。メンバーはBADSAIKUSH、G-PLANTS、DELTA9KID。おもな作品に《GODBREATH BUDDHACESS》（一九）など。

俺が育ててる　俺と仲間達で育ててる

舐達麻〈Buds Montage〉

荘子it　あのベラベラしゃべってるだけのように聞こえるバダサイのフロウって、ほんとうにかっこいいと思う。監獄のなかで独白してる人の声をエモいビートに乗せたら感動的になったみたいな、MAD動画的な組み合わせの妙が効いている。

吉田　そうなんだよね、ビートから降りるスタイルがこんなにかっこよくなるのかと。でも、それこそNujabes[*38]のビートにも当てはまることだけど、そういう叙情性を一〇〇%素直に受け入れていいのかっていう問題がある。舐達麻の場合は、そこにヒリヒリしたサグいリリックが乗ることによって、絶妙なバランスのところで成立している。

荘子it　めっちゃかっこいいし好きなんだけど、舐達麻を素朴にいいと思うことに、俺もなんかすごい抵抗感があって。

38　Nujabes（ヌジャベス）
ビートメイカー、音楽プロデューサー。叙情的でレイドバックしたサウンドで人気を博す。二〇一〇年逝去。享年三十六。近年はローファイ・ヒップホップの始祖と目され、世界的に評価がいっそう高まっている。

吉田　それはあまりにも多くの人が褒めているからっていうこと？

荘子it　そういうことではなく、〝最後のガードが外される〟って言ったらわかるかな。テオ・アンゲロプロスの『永遠と一日』[39]とか、観客のガードを緩めてくる映画ってあるじゃん？　俺はああいう子どもが出てくる映画が基本的に苦手で。

菊地　ビクトル・エリセの『ミツバチのささやき』[40]とかでしょ？（笑）

荘子it　そうです（笑）。あんなのさ、プロットだけ取りだしたら、なに子どもを利用して泣かせようとしてんだよ、みたいなかんじでしかないにもかかわらず、最後はすっかりこちらのガードが緩んで、まんまと感動させられてしまう。舐達麻にはそれに近いものを感じる。YouTubeにアップされてるミュージックビデオのサムネ[41]ひとつとっても、「純粋な存在」を利用したアート映画っぽさがあって、すごくエモい。そこに少し抵抗があるんだよね。もちろん音楽としては好きだけど。

39『永遠と一日』
監督テオ・アンゲロプロス、主演ブルーノ・ガンツ、一九九八年

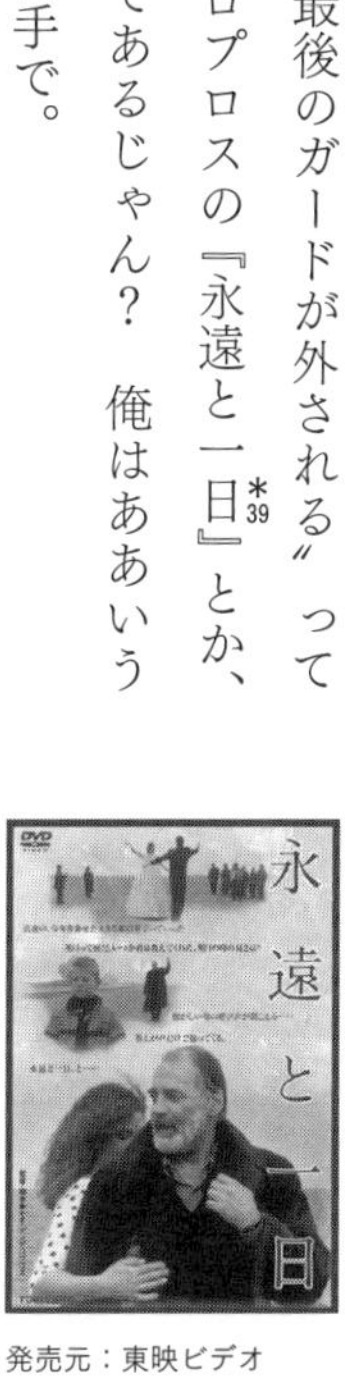

発売元：東映ビデオ

40『ミツバチのささやき』
監督ビクトル・エリセ、主演アナ・トレント、一九七三年

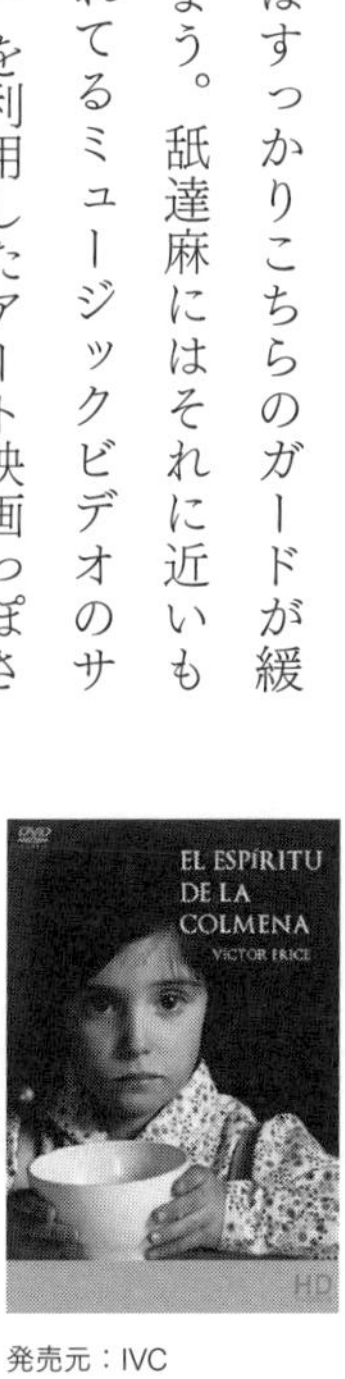

発売元：IVC

菊地　おそるべきことにと言っていいんだけど、舐達麻はひじょうに知性を感じさせる。呉智英さん[*42]っていう漫画の評論家として有名な方が、そのころはまだヒップホップが日本の人口に膾炙《かいしゃ》するまえの八〇年代だったから、Bボーイという言い方はしてなかったけど、『ぶっちぎり』とか横浜銀蝿に代表される当時の不良たちがなぜ画数の多い漢字を使いたがるのかっていうことに関して、面白いことを言ってる。呉智英にいわせると、あれは反転した知性だった、というの。日本の教育の問題や教養とよばれるものについて、不良たちが不良なりの反応を示してるんだって。世間一般でいうところの知性に対するディスや怨念であり、また同時に憧れでもあるようなものがぐるっとひっくり返って、ひとつの知性を修辞上形成したのである、という議論を展開していた。あのとき呉智英が指摘したのは横浜銀蝿的なものだったんだけども、その遺伝子が舐達麻にもあって、ものすごい知的なものを感じるんだよね。それは荘子君がもってる知性ともまったく位相の違う

41　ミュージックビデオのサムネ

APHRODITE GANG, "BUDS MONTAGE／舐達麻(prod.GREEN ASSASSIN DOLLAR)," YouTube（2020/7/28）https://youtu.be/zaBp1Jh3Bkc

42　呉智英
評論家。おもな著書に『現代人の論語』など。

もの。呉智英が投げた球の飛距離は思いのほか遠くて、投げた本人は気がついてないんだけど、のちのグラフィティアートのことにまで言及していて。

吉田　かくいう菊地さんも、JAZZ DOMMUNISTERS作品のリリックではまた別種の知性をいかんなく発揮されています。ということで、続いてはセカンドアルバム《Cupid & Bataille, Dirty Microphone》[*43]（二〇一七）から〈革命〉。韻を踏んでいる位置に着目すると、この曲は小節の終わりで踏む脚韻ではなく、出だしで踏む頭韻の想像力が随所にみられる。頭韻だと基本的には一筆書き的というか、その瞬間にぱっと思いついた言葉で書き綴っていくことになる。ヴァース冒頭のこれもそう。

またか　又　香港で
股にバター塗って
虎に舐めさせんな

43
JAZZ DOMMUNISTERS
《Cupid & Bataille, Dirty Microphone》（一七）

Taboo

マダファッカ！

JAZZ DOMMUNISTERS〈革命〉

荘子it　脚本だとしたら、ミステリ作品におけるトリックのような「オチ」から考える作劇に相当するのが脚韻で出来ているラップ。対して頭で踏んでいくとなると、スキャットみたいに音の気持ちよさ先行になる。菊地さんをもっとも特徴づけるしぐさって自分の話に自分で笑うところだと俺は思ってるんだけど、これだけ計算高い人にもかかわらず、ラップでは考えてオチで面白がらせるんじゃないところがすごい興味深いなって思う。

菊地　文学的であらんとする、ある程度の恣意的なところはあるので、そういう意味では計算ずくという面もありますが、頭韻は即興演奏と同じで、弾きはじめないとケリがつけられない。だからフリースタイラーとも似てるんだけど、まず最初の音を弾いて、次にこういう音が来て、と想定してできないんで、弾いちゃったものからどんどん行くわけね。

吉田　ちなみに〈革命〉の歌詞はどのぐらいで書きあげたんですか？

菊地　このときはたしか、正味五分ぐらいで書いたかなあ。

吉田　うわっ、ほんとうに一筆書き！

菊地　それからこの曲にも、さっき言った謎解きの要素はあって、「やがてこのアレキサンダー・マックイーンのスニーカーもボロボロになるだろ／バスキア*44のアルマーニじゃあるめえし」ってところは、解説がないとほとんど意味がわかんないんだけど、聴いてて気持ちよかろうってなところですね。

言語を操作する――ナンセンス、ハナモゲラ、空耳

吉田　語感上の気持ちよさを重視するということでは、ナンセンセン

44　ジャン＝ミシェル・バスキア(Jean-Michel Basquiat)
米ニューヨーク市ブルックリン出身の画家。十代のころからストリートや地下鉄にスプレーペインティングを描く。アンディ・ウォーホルとの出会いを経て、一躍ニューヨーク・アート界の寵児になるも、一九八八年に二十七歳の若さで急逝。アルマーニのスーツを愛用し、制作中にも絵具で汚れるのもお構いなしに着つづけていた。

ス（無意味）なラップもそうですね。ラップにおけるナンセンスは大別して「リリックを聞きとれないナンセンス」と「聞きとれるけど意味を成さないナンセンス」の二通りが考えられる。前者の好例がマンブルラップで、オートチューン[*45]が使われていたり、シンギング（歌唱）も織り交ぜたあのスタイルには、意味でガチガチに固めたリリックよりも、無内容でサラっと聴き流せてしまうぐらいのほうが親和性が高い。またマンブルラップがナンセンスになってしまうのは、意味を成すことよりもゴニョゴニョしたラップの音色を重視した結果でもある。あるいは、日本語ラップがオーセンティシティ（真正性）やクールな響きを獲得するために、さして意味はないんだけど英単語を使ったり、発音を英語っぽく崩す場合も同様。

もういっぽうの「聞きとれるけど意味を成さない」っていうのは、常識的な言葉の因果関係を捨てて、ランダムに言葉がつなげられるようなケース。たとえば韻が媒介となって全然関係のない言葉

45 オートチューン（Auto-Tune）
米アンタレス・オーディオ・テクノロジーズ社が開発・販売する、楽器・ヴォーカル用音程補正ソフトウェア。本来の用途は外れた音程の補正だが、ヴォーカルのピッチ補正を過剰におこなうことでロボット声（〝ケロケロ声〟とも）に変換するエフェクターとして用いられている。日本ではPerfumeの使用が有名。T-ペインがヒップホップに本格導入し、カニエ・ウェスト《808s & Heartbreak》（〇八）で一気に知られるように。

どうしがつながったときにドープさを発揮するという効果がある。たんに韻を踏むだけじゃなくて、その単語どうしの意味上の距離をいかに飛躍させられるかがラッパーにとって腕の見せ所になってくる。ただしそれを意図的にやるのはどうなんだという意見もある。天然でできているからこそ称賛に値するのであって、計算に基づいて作為的にやっても、それはドープとは違うだろうと。そんな単語間の〝飛距離〟が際立っているラッパーの最右翼がBUDDHA BRANDの面々かなと。それと、前者のナンセンス的想像力を駆使したスタイルとしては、ハナモゲラ[*46]・ラップとでもよべるような例があると思っていて……。

荘子it　ハナモゲラは当時、ナンセンスというよりも文化的に高踏な芸という位置づけのものだったのかもしれないけど——

菊地　いやいや、むかしだってあんなの完全なナンセンスでしょ（笑）。

荘子it　いまだからそう見えるだけか（笑）。

46　ハナモゲラ語
それっぽく聞こえるがデタラメにしゃべっているだけの疑似言語。インチキ外国語。もともとは、ジャズピアニスト山下洋輔の仲間うちで流行した言葉遊び。タモリの「四か国語麻雀」などが有名。ランDMCが一九八六年に来日し、『笑っていいとも！』に出演した際にも披露された。

吉田　Jinmenusagi[*47]の《Self Ghost》っていう二〇一二年に出たアルバムは、断片的に「マジで」とか一瞬聞きとれる箇所もあるものの、基本的には全編ハナモゲラ・ラップで出来ているすごい作品。ハナモゲラといえばタモリが有名だけど、言語学者がタモリのインチキ外国語を分析したところ、構成している音素じたいは一緒ながら、組み合わせを変えたり、順列を逆さまにしたりしたのと同じ効果を生んでいるんじゃないかという結論が出たんですよね。Jinmenusagiのあのアルバムもそれと似た感覚で作られていて、ここまで徹底的に日本語を壊しているラップ作品はそれまでなかった。

荘子it　もはや完全にパロディだよね。外国語の影響を受けた日本語ラップのパロディっていう、いわばモノマネのそのまたモノマネをやっている。ハナモゲラっていうとふつうギャグなんだけど、まったく笑わせにいっておらず、コンテンポラリーアートの域に達してる。

47　Jinmenusagi（ジンメンウサギ）　ラッパー。ニコニコ動画で楽曲を発表するなど、インターネットを活用してキャリアを開始。左掲は本文中の《Self Ghost》（一二）。

Low High Who? Production

48　駅前シリーズ　森繁久彌、伴淳三郎、フランキー堺が主演を務めた一九五〇～六〇年代の喜劇映画シリーズ。

Jinmenusagiは、ネットで見聞きしてトレースを続けていくうちに英語をしゃべれるようになって、なおかつ発音もすごく流暢《りゅうちょう》。そうやってコピーだけで習得できるのはすごい才能であるとともに、実にインターネット的だなとも思う。

菊地　タモリさんのあの芸も突如として出来あがったものじゃないんだよね。六〇年代の日本映画では、日本人なんだけど日系二世の演技ができて、名古屋弁と英語がごっちゃになるっていうスキリングをフランキー堺さんたちが「駅前シリーズ」[*48]とかで芸としてやりつづけていて、それをタモリさんの世代だと死ぬほど見ていた。で、それをもう少しラディカルに発展させたタモリさんを山下洋輔[*49]が拾ったことによって、フリージャズ文化圏の上に乗っかった。結果、お茶の間で親しまれた東宝娯楽映画のなかにあったコメディアンの芸をオーバーサイズしたものが、山下洋輔─筒井康隆[*50]文化圏のなかで発見されてのちに世に出たっていう流れがあります。なんだか知らないけど、当時の俳優さんはみんな自分

49　山下洋輔
ジャズピアニスト、作曲家、エッセイスト。一九六九年に山下洋輔トリオを結成、型破りな演奏でジャズ界に衝撃を与える。八三年のトリオ解散後も国内外で演奏活動を展開。菊地の師匠筋にあたる。おもな作品に《イントロデューシング・タケオ・モリヤマ》（七一）など。

50　筒井康隆
作家。おもな作品に『虚人たち』『時をかける少女』など。荘子itはDos Monos名義でのコラボアルバム『だんでぃどん feat. 筒井康隆』（二二、左掲）を発表している。

Dos Monos

のネイティヴじゃない方言を真似できた。森繁久彌が完璧な関西弁で『夫婦善哉』を撮ったあとに、今度は『駅前旅館』でまたしても完璧な下町弁を披露して、すげえびっくりしたっていうね。

吉田　芸達者！　バイリンガルさながらですね。

菊地　英日バイリンガルの人の英語と日本語が液状化する話と、モノリンガルの人が聞き違えたり空耳する能力っていうのは、あたりまえだけど互いに寄ってくるよね。俺は、空耳をどこまで貫徹できるかという実験をやったことがあるの。それはいいかえると、どこまで自分のセルフ・コンシャスネスから離れられるか、っていう話でもあるのですが、その曲は最初から最後まで全部空耳。結果的に、「STAP細胞はあります」で一躍時の人になった小保方さん[*51]に関するリリックになったんだけど（笑）。

吉田・荘子it　アハハハハ（笑）。

菊地　最初から最後まで韓国語の歌を日本語にトレースしてるんですよ。

51　小保方晴子　独立行政法人理化学研究所の元研究員。二〇一四年、STAP細胞の論文を英ネイチャー誌に発表して脚光を浴びるも、当該論文や博士論文に不正が発覚し、マスコミで連日センセーショナルに報じられた。「STAP細胞はあります」は釈明記者会見での発言。

吉田　元ネタがあるんですね。

菊地　友だちでもあるプライマリーっていうK-R&Bの始祖の〈?（ムルムピョ）〉という曲。ムルムピョは韓国語で「疑問符」という意味。ダイナミック・デュオという二人組のうちのひとり、チェジャのラップヴァースに続くザイオン・Tの歌パートをそのままトレー

〈疑問符〉（プライマリー〈?〉空耳 ver.）

なあ嘘だ　would so dance
悪魔に感情売って
ってか beef hung up　ミーハーな
DJ も芸能人も
目に集中系は強情で
SIMI LAB 登場して
長いアフターケア　喰らったよな？
「ハンサムに飛んじゃう」って

なんで？　セーホー
果てないヨジャ*疑念　　*韓国語で「女性」の意
どこで？　セーホー
ちょっとチャラすぎねえ？
クエスチョン　クエスチョン
実験なんだろ？
理科モードに向かえ　嘘はつけないだろうよ
法王　アイドル　クラスメート
そんな良いバイト
GOOD BYE NATION BABY
モロ見えそう　んな味のコーク
こう言うんだ「医者はどこ？」

愛のベローチェ
メイドがそこらで KEY-PUNCH 飲んで
（チャチャっと飛んで）

スしたんだけど、こういうふうにしか聞こえないはず。
（菊地〈？（ムルムピョ）〉を再生しながら歌う）

なあ出た　王家のその後継
ラヴジャンキーが横行
これ巡礼の旅じゃん
南米の映画の感じじゃんよ
ただ盗聴してみりゃ
酷え close up fuck'n up

なんで？　セーホー
果てないヨジャ疑念
どこで？　セーホー
ちょっとチャラすぎねえ？
クエスチョン　クエスチョン
実験なんだろ？
理科モードに向かえ　嘘はいけないだろうよ
法王　アイドル　クラスメート
ひでえバイト
GOOD VIBRAION LADY
すぐに消えそう　んな感じな子
こう言うんだ「餌はどこ？」

吉田　これ、ヤバいですね！　SIMI LABまで出てくる（笑）。
荘子it　おそらく世界最長級の空耳アワーですね。
菊地　出来あがったものがまったくの無意味じゃないっていうね。最初から最後まで空耳でいっても、歌詞がそのままテクストとして成立したうえ、当時ホットだった小保方さんのことを思いながら読むと、一応ある種の文学性のなかでリリックとして成立するってことにわれながら驚いた（笑）。初めはふざけて録っていただけなんだけど、途中から、これはひょっとしたら最後までいくかも……って。
吉田　しかもテーマもぶれずにいける、と。
菊地　「実験なんだろ?」「理科モードに向かえ」って出てきたときには、ヤバいなって思ったよね。STAP細胞はあります！っていう（笑）。このリリックには一切の主観が入ってなくて、韓国語の発音に一〇〇％コンシャスして空耳したら、偶発的に〝小保方コンシャス〟にもなった、という実験結果ね。

吉田　小保方コンシャス（笑）。じゃあ、この流れで続いてDos Monosの〈The Rite of Spring Monkey〉。英語も織り交ぜつつ、内容はたぶん自己紹介的なものなんだけど、一行ごとに逐一注釈を必

〈The Rite of Spring Monkey〉

荘子 it 1st verse
バスキアに憧れたヘンリーダーガー
インナーストリートに引きこもり
たかだか縦ノリのフロアでは誰もがイエスマンとうそぶく
脳なしの知っ鷹は爪を剥ぐ
The symbol in limbo
ゼロ記号に集う土民の国
My libido needs to import
インドの香辛料 from Lisbon
離見沢症候群の『Shock Corridor』
“I am impotent! and I like it!”

荘子 it 2nd verse
「アウシュビッツ以後、詩を書くことは野蛮」らしい
この季語のない
センテンススプリングは
Madlib じゃない Madimpro
5、7、5、7、7 のグリッド越え
啖呵切る in Prose

要とする難解さがある。

荘子it　これは《Dos Siki》（二〇二〇）という、収録全四曲がそれぞれ春夏秋冬の四季を題材にしているEP中の春の曲。曲名はストラヴィンスキー〈春の祭典（The Rite of Spring）〉が元ネタになっている。内容については、「春」といったら何だろう?ということを没と話すなかで、春って頭のおかしい人が増えるよねって話題になり（笑）、じゃあそういうテーマで歌詞を書くかということで出来あがった。そのテーマから連想したのが『Shock Corridor』。これはサミュエル・フラーという監督の撮った精神病棟を舞台にした映画で、邦題では『ショック集団』。韻に関してもいうと、この曲では脚韻はそこまでかっちり踏んでいない。ところどころでリズムをドライヴさせるために使ってはいるんだけど、一聴しただけでは踏んでるように聞こえない程度にしてる。頭韻でも脚韻でもなく、思い出したときに文中で踏むぐらいのかんじ。

吉田　モブ・ディープとかスミフン・ウェッスンとか、ラッパー二人組だと互いに似通るパターンってあるじゃん？　漫然と聴いているとどっちがどっちかわからなくなってしまうような。そんなふうにふたり組の場合は凹凸じゃなくてペアみたいになることもけっこう多いいっぽう、三人組だとそれぞれにキャラ付けが要請されることになるけど、Dos Monos はそこがすごくうまくいっているよね。

荘子it　ほかのふたりはラップ専任だけど、俺はそれにくわえて作曲も担っているから、立場的にはある意味、一歩引いてるんだよね。狙いとしては、異物感が出るように自分のラップを置いてるかんじ。フランク・ザッパのギターソロって、曲に「居る」と表現したくなるぐらい異様に長尺だったりする。彼はコンポーザーでバンドのまとめ役なのに、そんなにおまえのソロ必要？みたいな。でも俺はあの謎のバランス感が好きで、Dos Monos もふたりに比べて自分はヴァースが長いことがままあるんだけど、べつに目立ちたくてエゴでそうしてるんじゃなくて、コンポーザーの視点から、異物感を演出するためにやってる。

来たるべき共闘に向けて

吉田　菊地さんも「文學会」のＪＡＺＺ×文学特集号で対談されたりしていますけど、[*52]ジャズが文芸誌等のメディアで取りあげられる例は枚挙にいとまがないし、筒井康隆の『ジャズ大名[*53]』のようなジャズを題材にした文学作品もあるわけじゃないですか。でもヒップホップはいま、これだけたくさんの人に聴かれているにもかかわらず、そういう両者を架橋するような機会がまだ圧倒的に少ない。文学側がジャズに向ける視線と、ヒップホップに対するそれが天と地ほど違うというか。なんならヒップホップを取りあげることが品位を落とすことにつながると思われているというか、不当にネガティヴな印象をもたれてしまっているんじゃない

52　**山下洋輔×菊地成孔「二つの文化圏のはざまで」**
文藝春秋「文學界」（二〇二〇年十一月号）所収

53　**『ジャズ大名』**
筒井康隆『エロチック街道』新潮社、一九八一年所収

かと……。

荘子it　双方がロマンティックにみつめあう関係になっちゃってて、健全じゃないよね。俺もラッパーの側から理解を深めたいなと思う。

菊地　きょうの議論を、ラップのリリックは文学性をもちうるのか、ってことでまとめてしまえば、結論は当然ながら、もてますよって話です。鬼の〈小名浜〉を挙げるまでもなく、それは自明ともいえるんだけど。ぶっちゃけ、日本の文学者がなにを考えてるかさっぱりわからないよね。二十世紀におけるパリのサロンみたいな場を想定して、そこにみんなで集まってなにができるかって考えたときにどうなるかがまったく想像できない。金原ひとみさんがものすごくウェッサイな方だってこともほとんど知られていないわけですが（笑）、ラッパーが読んだら絶対にわかるから。だからインターテクスチュアリティがどのぐらい働くかとかいうことに関して、きょうおこなったように作る側がみずからリリックに細かい脚注をつけて、説明していくといいかもしれない。こういう世の中だからこそ、ヒップホップをやる人の脇に文学者もいて共闘するような状況が生まれたらいいですよね。

菊地成孔（きくち・なるよし）
一九六三年生まれの音楽家／文筆家／大学講師。音楽家としてはソングライティング／アレンジ／バンドリーダー／プロデュースをこなすサキソフォン奏者／シンガー／キーボーディスト／ラッパーであり、文筆家としてはエッセイスト&批評家であり、映画やテレビの劇伴も多い。「菊地成孔とペペトルメントアスカラール」「ラディカルな意志のスタイルズ」「菊地成孔クインテット」リーダー。二〇二一年、みずからの生徒とともに、ギルド「新音楽制作工房」を立ちあげ、二〇二三年には映画『岸辺露伴 ルーヴルへ行く』の劇伴を担当。

三章

ヒップホップと記名性

J・ディラに学ぶ、テンプレ氾濫時代に抗う
“様子のおかしい”創作のすすめ

「むかしはライブとかでいろんな若手からデモテープをもらっても、かっこいいものってほとんどなかった」と、吉田雅史は自身もラッパーとしてマイクを握っていた往時のヒップホップ・シーンを懐かしむようにして振り返る。それを受けて荘子itは「いまはかっこいいのがあたりまえになってる」と冷静に現状を分析してみせ、さらにこう続ける。「〝様子のおかしい〟曲がほんとうに少ない」

ヒップホップはその起源――DJクール・ハークによるターンテーブルとレコードの二枚使い――から、テクノロジーを独自に洗練させることで表現の幅を広げてきた。八〇年代にマーリー・マールが発明したサンプラーでのビートメイクはその最たる例だろう。ところが技術革新と制作環境の充実化が進んだ果てに、現代では〝スタイリッシュ〟で〝かっこいい〟（だけの？）作品は雨後の筍のごとく生みだされ飽和状態にある。ゼロ年代の終わりにオートチューンの使用が普及・氾濫した際、ジェイ・Zが自作でその〝死〟を宣告し警鐘を鳴らした「画一化」と「無個性化」の趨勢《すうせい》は、AI（人工知能）という新たな破壊的技術を獲得したいま、とどまるところを知らない。はたして今後、作家の記名性はどこに宿るのか？　失われつつある記名性を求めて、天逝《ようせい》のビートメイカー、J・ディラが遺した《Donuts》を聴く。

ビートメイカーよ、短歌を詠め

吉田雅史　俺が翻訳させてもらった『J・ディラと《ドーナッツ》のビート革命』[*1]の刊行された二〇一八年と比べると、いまのディラの評価はどうなんだろう。状況としては、メインストリームではトラップが中心になって久しいけど、流行も落ち着いた。いっぽうで、〝ゴールデンエイジ〟とよばれる九〇年代のヒップホップの流れを汲む「ブーンバップ」を主戦場とするビートメイカーもたくさん出てきている。でも、「ディラの影響下にあるビートメイカー」みたいな話はそれほど聞かない。

荘子it　Dos Monosが二〇一九年にファーストアルバム《Dos City》を出したころは、ディラがいちばん流行ってた気がする。作風はぜんぜん違うんだけど、制作にあたっては「ディラっぽい」のひとことで片づけられないようにしたいと意識した記憶がある。

吉田　《Dos City》とほぼ同時期にリリースされたアール・スウェッ

1　『J・ディラと《ドーナッツ》のビート革命』
ジョーダン・ファーガソン著、吉田雅史訳・解説、DU BOOKS、二〇一八年。本章の初出は、同書の三刷重版出来を記念しておこなわれた対談。

トシャツ[*2]の《Some Rap Songs》（二〇一八）は、すごく《Donuts》（二〇〇六）っぽい作品だったよね。もちろん、あくまでもビートだけ抜きだしたらの話で、アールのラップが乗ることで実質的にはまったくの別物ではあったわけだけど。

荘子it　でも《Donuts》っぽいということは、つまり〝ディラっぽい〟のなかでは〝変わったディラっぽさ〟だということでもある。『J・ディラと《ドーナッツ》のビート革命』にも書かれてるけど、《Donuts》はディラの遺した作品のなかでいちばんの異色作だから。日本でエピゴーネン（模倣）を生みだしまくった、いわゆる〝ディラっぽさ〟っていうのは、音数が少なくて、クリスピーなドラムがつんのめってるタイプのもの。《Donuts》はその特徴がわかりやすく出てるわけじゃない。ドラムが小さめで、ウワモノを聴かせているのが《Some Rap Songs》に通じる部分だけど、それは日本であまり〝ディラっぽい〟とは受け止められていない。

吉田　そうだね。《Donuts》ではストリングスや歌声といったネタ

2　**アール・スウェットシャツ（Earl Sweatshirt）**
米カリフォルニア州ロサンゼルス出身のラッパー。オッド・フューチャーのメンバー。おもな作品に《Some Rap Songs》（一八、左掲）など。

Tan Cressida / Columbia

がある程度の長さのループで鳴っているわけだけど、キックドラムがサイドチェイン[*3]で引っ込んでリズムをつくってるかんじとか、定位のステレオ感とか、現代のビートメイカーたちのあいだでテンプレになっている技法の原型が驚くほど詰まってる。それらはどれも、当時はある種のチャレンジだった。

声ネタの使い方もそのひとつで、《Donuts》の曲はインストゥルメンタルとして過不足なく完成してしまっているから、上にラップを乗せる余地がない。ラップ向きのビートって、ある程度スカスカでないといけない。つまり欠損が主張されているがために、ラッパーたちがライムを乗せたくなるわけだよね。でも《Donuts》は、そもそもサンプリングネタに歌声が多くふくまれてるうえ、ビースティ・ボーイズの声ネタのスクラッチなんかも被さってきていて、欠損がない。

荘子it　アールやマイク以降の最近のビートのスタイルも、ウワモノで埋めつくされてはいるんだけど、くぐもったフィルターを

3　**サイドチェイン（Side Chain）**
コンプレッサー（音を圧縮することで、音量の大小の幅を狭めるエフェクター）の動作方法のひとつ。指定した外部の音声信号が大きいときに、入力音が小さくなるように作動（圧縮）する。たとえば、キックドラム（＝外部の音声信号）が鳴るときにウワモノ（＝入力音）を圧縮することで、キックドラムが強調される。商店で店内放送が流れる際にBGMが小さくなる場合も、サイドチェインの効果が使われている。参考：David Abravanel「コンプレッサーのサイドチェイン機能（前編）：コンセプトと歴史」Ableton、二〇一八年三月二十七日 https://www.ableton.com/ja/blog/sidechain-compression-part-1/

かけることで一枚上にラップを無理やり乗せてる。くわえて、あの人たちはヴォーカルもあえてクリアな音質にせず、高音が強調されたカサカサの音になるよう処理している。だから両方の層が埋まっていても、レイヤーを分けることでラップを乗せられている。これまではビートと声が緻密に空間をオキュパイしあっていたのに対し、マイクたち以降はたとえるならウワモノ全部をまとめてギターにして、弾き語りにおける「ギター」と「声」といったかんじで分けて捉えるようになった。ドラムの引っかかりよりもウワモノとラップの歩幅の大きなズレが強調され、それによって生まれるおおらかなグルーヴがすごく心地いい。

吉田　九〇年代は、たとえばDJプレミア[*4]がプロデュースしたラキムの〈It's Been a Long Time〉のようにもともと歌入りのネタを使うときには、その歌声の部分をカットして取り除くことで、ラッパーの声が引き立つようにしていた。もちろん歌声とラップが音的にぶつかるからという理由もあるけど、サンプリングソースに

4　DJプレミア（DJ Premier）
ビートメイカー、音楽プロデューサー。米ニューヨーク市ブルックリンを拠点に活動したヒップホップ・デュオ、ギャング・スターの片割れ。スクラッチの名手。おもな作品に《Daily Operation》（九二、左掲）など。

Chrysalis

紐づくシンガーやアーティストの記名性とか亡霊性といったものを考えると、やっぱり人の声の使い方にはある種、ケアが必要だったというか。途中でぶった切ったり、ラッパーの声をぶつけたりせずに、ちゃんとなにを歌ってるかわかるようにフック等でフレーズをそのまま使うのがマナー、みたいな認識があのころには存在していたと思う。

　ゼロ年代以降は、早回しのチップモンク・ソウル[*5]に象徴的なように、そういった慣例が転倒して、ぶつ切ろうが、だれが歌ってるかわからなくなろうがお構いなしに、素材のひとつとして使っちゃえって価値観が主流になった。声ネタの取りあつかいについて、荘子itはどう考えてる?

荘子it　そこはあんまり気にしてないかなあ。声かどうこうというよりも、あまりにも気持ちよすぎるネタは使いたくないと思ってる。

吉田　「これをループしたら、まちがいなく気持ちいいだろう」と

5　チップモンク・ソウル（Chipmunk soul）
サンプリングしたヴォーカルのピッチ（音高）を上げて用いる手法。甲高くなった歌声がシマリス（chipmunk）の鳴き声のように聞こえることに由来。新進ビートメイカーだった当時のカニエ・ウェストが得意とし、チャカ・カーン〈Through the Fire〉をサンプリングした〈Through the Wire〉などが有名。

いう反復の快楽からは距離を置きたいってこと？

荘子it　むずかしい話で、ＤＪとビートメイクの違いをどう考えるかにもよるんだけど、ビートメイカーとしてはＤＪ的な快楽じゃないものを作りたいという想いがある。

吉田　なるほどね。ＤＪの機能が、曲単位では反復するビートをつなげて、全体として長時間の物語をつくって楽しませるということだとすれば、ビートメイカーの場合は〝最高の二小節〟だけを作ればいい——そんなビートメイクのいわば原点を俺は最近見つめなおしていて。ディラも日々の営みとしてビートを作りつづけていたけど、それって文学とのアナロジーでいえば、短歌を作るのに近いと思うんだ。というのも、わたくし実は最近、歌詠みのほうを少々たしなんでおりまして。

荘子it　おお。

吉田　ラップのリリックというのは、観念的だったり抽象的だったりするそれぞれに独立したラインでも、韻によってつながっていく様が面白いわけだよね。またいっぽうでは、ストーリーテリングも重視される。そういったリリックは散文詩や短篇小説を書く感覚に近いと思う。いずれにしても、ラップのそれぞれのラインは当然のことながら相互参照的というか、いくつかのラインが連れ立って文脈となり、その文脈のなかでおのおのの行の意味も明らかになる。

でもとくにボースティング[*6]もののラップなんかでは、一行のみで意味を成す「パンチライン」が重要になってくる。で、短歌というのは文脈が一切なくとも、その一行だけで成立するパンチラインを生みだす営みそのものだから、短歌を詠む感覚でピースをひとつ作って、それをフックにして連作のように広げていくと完成度の高い曲ができるんじゃないか、と考えたんだよね。しかも現代短歌は、穂村弘[*7]らに象徴されるニューウェーブ以降、どんどん口語化が加速して、ますますラップ的に見える作品も結構あって。違いはいまのところ「ギャングスタ短歌」がないことかな(笑)。

6　セルフボースティング(self boasting)
(富・財力、腕っぷしの強さ、性的魅力など)自身がいかに秀でているかをラップでまくしたてること。〝boast〟は「自慢する、誇る」などの意。

7　穂村弘
歌人。一九九〇年に歌集『シンジケート』でデビュー。現代短歌を代表する歌人のひとり。

私性を取り払ったナンセンスなリリックも追及したい自分としては、現代川柳もヤバくて、ヒップホップ的デペイズマン[*8]にも近しい川合大祐の作品がマジでドープ。

　短歌の「五七五七七」という制約も、言い回しやフレージングとものすごく向きあうことになるという点で、ラップのリリックを書くときと似ているけど、実はビートメイキングとも共通点がある。たとえば木下龍也という歌人の『天才による凡人のための短歌教室』には、推敲を重ねていく通りものバージョン違いを作る様子が描かれてるんだけど、それはパズルのピースを探して延々と言葉をこねくり回す作業なんだよね。チョップしたサンプリングネタをMPCのパッドに並べてどう組み合わせるかみたいな。表現したい世界のスケッチは十五～三十分くらいでパッと作り、そこからとことん追い込んでいく。明確な完成の基準はないから、どこでやめるかの判断が必要になってくるところも、ビートメイクに近いものがあるなって。Dos Monos のリミックス曲で菊地成

8 デペイズマン（dépaysement）
仏語で「異なった環境に置くこと」の意。モノやイメージを本来の環境・文脈から切り離して別の場所へ再配置したり、互いに関係のないものどうしを出合わせて意外性を生む、シュルレアリスムの手法。

9 「小説を書け」って言ってたけど
Dos Monos〈Ra Cosmicomiche（Race For Space）[feat. JAZZ DOMMUNISTERS]〉《Dos Siki 2nd Season》［二一］収録

孔さんが「小説を書け」って言ってたけど、[*9]「ビートメイカーよ、短歌を詠め」といえるのかもしれない（笑）。

荘子it　DJとビートメイクは「長さ」が異なるほかにも、真正同期／疑似同期の違いがある。DJは、いまでこそ「ボイラールーム」[*10]を好きなときに見たりするけど、基本的には目の前のお客さんと長い時間をかけて同期していく。そこにはお客の足を止めちゃいけないっていう緊張感があるし、興を削《そ》がないためにその場で起きてることを取り入れる即興性みたいなものが求められる。でもビートメイクは疑似同期だから、ビートメイカーが試行錯誤して作ったループを、まったく別の時間軸で顔もあわせずに聴く。しかも、それでノルわけ。

俺もこのまえオムス（OMSB）君の新作を、首を振りながら部屋で正座して聴いた（笑）。そこではお互いの身体性が、フェイス・トゥ・フェイスで向きあってはいないんだけど同期してる感覚がすごくある。DJだと興を削ぐようなことでも、下手したらビー

10　ボイラールーム（Boiler Room）
英オンライン放送局。ロンドン、アムステルダム、ベルリン、ニューヨーク、東京ほか各国でパーティーを開催し、DJプレイを全世界に配信している。左掲は米ビートメイカーのケニー・ビーツがバルセロナの音楽フェス「プリマヴェーラ・サウンド」に出演した際のパフォーマンス。

Boiler Room, “Kenny Beats | Boiler Room x Primavera Sound Barcelona x Cupra,” YouTube（2022/6/10）https://www.youtube.com/live/vc35GjGCVHY

トメイクではできるし、むしろそこでこそ新しい快楽を生みだせるというか。時空間を隔てたところで同期が起きることによって、新しいタイプの欲望が刺激されるのがビートメイクの面白さだと思う。

吉田　ビートメイカーにとってのDJ的な表現舞台として、「ビートライブ」があるよね。

荘子it　ビートライブは、疑似同期的に作られたビートを真正同期の世界にもちこむから、DJほどにはお客の興を削がずにコントロールすることができない気がする。

吉田　作った曲をビートライブで披露して、「これはちょっと実験的すぎたかも……」と気づくこともあったり。

荘子it　そうそう。「箱映えしない」みたいなことはある。

吉田　ディラとかマッドリブは日々どういう感覚でビートを作ってたのかなあ。マッドリブは電子音を使いはじめた《Champion Sound》[*11]（二〇〇三）以降、遅いビートもやってるし、近ごろはトラッ

11　ジェイリブ《Champion Sound》（〇三）

Stones Throw

プ・ビートも作ってるよね。ＢＰＭが速いビートはだれでも同じようなグルーヴが出せてしまうところがあるけど、遅いビートを乗りこなすときには、〝自分のグリッド〟を発明するやりがいがある。たとえばBudaMunk[*12]はそのあたりひじょうに意識的だと思う。

ＢＰＭへのチャレンジについてはどう？

荘子it　やっぱり九〇以上だと簡単に〝それっぽい〟ものが出来ちゃうというのは、とくにブーンバップを作る際にすごくわかる。

Dos Monosはめちゃめちゃ展開するからそこに純潔の誓いを立ててないけど、ヒップホップはループの音楽であることが重要だと思う。ヒップホップにはたんに音楽の構造としてだけでなく、ジャンルの特性としてもループ性がある。要は、ラッパーなら新しいフロウを、ビートメイカーなら新奇なビートを発明して、これがひとつのゲームとして楽しいんだということを提示しつづけ、そこかしこで似たようなフロウないしビートが出てくることで初めて価値が生まれるというか。ほとんど「新しい遊びを開発する」

12　**BudaMunk（ブダモンク）**　ビートメイカー。一九九六年に米ロサンゼルスに渡り、在住中にビートを作りはじめる。ISSUGI、5-lackとのヒップホップ・グループ、Sick Teamとしても活動する。

のに近い。「ヒップホップはエンターテインメント（娯楽）であり、エデュケーション（教育）でもある」という意味の造語をヒップホップに適用していた人がいたよね？

吉田　KRS・ワン[13]がアルバム名にもした「エデュテインメント」。

荘子it　そう、エデュテインメント。ヒップホップはそういう性格が強いと思う。

吉田　ほんとうにそうだよね。トラップでこんなノリ方をするなんて、十年ちょっとまえはだれも思ってなかったわけだし。

　現代はグリッドの提示の仕方が決め手になっていて、そこで新しいことに挑戦しているビートメイカーに惹かれる。俺も最近は自分でビートを作るとき、従来の「小節のグリッド遠近法」みたいなものから離れて、いかに自分のグリッドを発明するかってことをあらためて意識するようになった。むかし、フライング・ロータス[14]がDTMソフトのReasonを使ってたときは、カセットのMTR[15]みたいな録音機能しかない機材と同等あつかいにして、

13　KRS・ワン（KRS-One）
米ニューヨーク市ブロンクス出身のラッパー。MCネームは“Knowledge Reigns Supreme Over Nearly Everyone”（知識はあらゆる者を統べる）の略。別名“ティーチャー”。D・ナイス、スコット・ラ・ロックと結成したヒップホップ・グループ、ブギ・ダウン・プロダクションズでも活動。グループ名義でのおもな作品に《Criminal Minded》（八七、左掲）など。

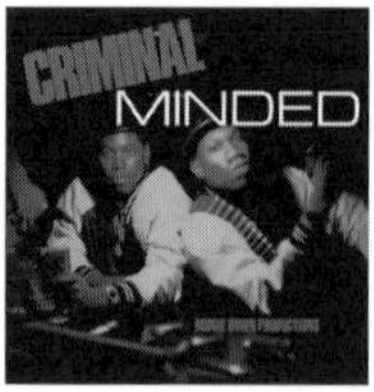

B-Boy

BPMもグリッドも気にせずに手打ちで録った曲もありそうだけど。

荘子it　DTMのループを無視して手打ちでやればグリッドから外れることはできるけど、結局はそれをループさせてゲームとして提示できるようにしなくちゃいけない。ビートの領野を拡張しつつ、ひとつの〝遊び場〟として提示するという両方の側面が求められる。遊んだまま永遠に返って来ないとなると、それはそれでアウトサイダーアートにはなるんだけど……。

吉田　そうだね（笑）。

荘子it　ヒップホップって、いわゆる西洋音楽的な観点からみた意味でのアウトサイダーな部分と、それをゲームとしてみんなで楽しめるようにしてしまうという両極の力が働いてる。

吉田　たとえばフリー小節で、リズムのヨレ方も毎小節違っていて、完全なループが一切ないようなビート作品ってなかなかないよね。あ、でもECD[*16]が《失点 in the park》（二〇〇三）でやっていたことはそれに近い。やっぱりECDは偉大だなあ……。

14　フライング・ロータス（Flying Lotus）
米カリフォルニア州ロサンゼルス出身のビートメイカー。音楽レーベルのブレインフィーダー主宰。アリス・コルトレーンを大叔母に、ジョン・コルトレーンを大叔父にもつ。おもな作品に《Cosmogramma》（一〇、左掲）など。

Warp

不名誉な「ローファイ・ヒップホップの始祖」の称号

吉田　ちまたではディラがNujabesと並んで「ゴッドファーザー・オブ・ローファイ・ヒップホップ」と認知されてるけど、ヘッズ的には「いやいや、一緒にしないでよ！」という感覚があるんじゃないかな。

荘子it　「ゴッドファーザー」はいいけど、「ローファイ・ヒップホップ」ではないってこと？

吉田　ローファイ・ヒップホップをどう定義するかという問題はあるけれど、あえてネガティヴに表現するなら、BGMになる＝スーパーマーケットでかかってる音楽と変わらない、と言うことができるのかなと。ほどよくエモくて、ドラムは後ろに引っ込んでいるビート。そう考えたときに、ディラの音楽の本質とは違うんじゃないか。

荘子it　俺もローファイ・ヒップホップみたいなものはまったく

15　MTR
マルチトラック・レコーダー（多重録音機）。楽器やヴォーカルなどのパートを別々に録音できる機材。現在は、本書にも登場するAbleton Liveほか各種DAW（ダウ：音楽制作ソフトウェア）での録音・編集が一般的だが、かつてはオープンリールやカセットテープなどの磁気テープが録音媒体として用いられた。本章および四章で言及されるECD《失点in the park》（〇三）は、4トラックのカセット式MTR「PORTA ONE」で制作された傑作として名高い。

作ってないし、以前制作を依頼されても断ったぐらい、あまり好きではない。そんなだれが作っても同じようなものは作りたくないっていう想いが素朴にある。でも、スーパーでかかってるような音楽もべつに悪いとは思ってなくて。

吉田　というと？

荘子it　たとえば、このまえ行った美容院では、KANDYTOWN[*17]とかPUNPEE[*18]がかかってたの。天井埋め込み式のスピーカーだから、キックのロー（低域）が出てないスカスカの音で聴かされるわけだけど、それでもすごくよかった。さっき言ったようにゲームとして浸透させるのなら、「芸術的ですごいだろ？」と空威張りするのでなく、スーパーで流れてこそ作品としてメイクセンスしてる気もするし。

吉田　うんうん、エレベーターミュージックの価値というかね。

荘子it　Dos Monosはいま名前を挙げた人たちよりあとの世代だから、そういうのがあたりまえにあるうえで、それをもう一度、

16　ECD
ラッパー。本名：石田義則。一九九六年に日比谷野外音楽堂でおこなわれた伝説的ヒップホップ・イベント「さんピンCAMP」の発起人。おもな作品に《失点 in the park》（左掲）、著書に『失点・イン・ザ・パーク』など。

Final Junky

非日常的な音楽にしようとしてる。だから、こっちのほうがよっぽど倒錯してるわけ。キャリアを積んだ年長世代が「もっとアートとしての音楽をやれ」って、下の世代の〝カフェでかかってるような音楽〟を馬鹿にするのはわかりやすい構図だけど、俺はそういうのもふつうに好きで聴いて、それを再魔術化しようとしてる。要するに、サブカルチャーをカルト宗教の教義に使っちゃおうみたいなことで、その意味ではオウム真理教と同じ。

吉田　うーん、なるほど。

荘子it　陰謀論に関しても、真正の深淵に触れてるわけではなく、世俗のカルチャーの末端を摂取してるだけのやつらが、それを再魔術化して新しい教義をつくっちゃうことでヤバいテロリストとかカルト集団になる。でもそれって必然的なことだと思うんだよね。Dos Monosでやってるような音楽を俺が作りたいと思う根源にも、そういう欲望が確実にある。その試みを自覚的にやることによって、オウム真理教みたいなカルトをふたたび生みださない

17　KANDYTOWN（キャンディータウン）
東京出身のヒップホップ・グループ。おもな作品に《KANDYTOWN》（一六、左掲）など。

Warner Music Japan

ように歯止めをかけている、と言ったら、ほんとうかよ？ってかんじかもしれないけど（笑）、わりと本気でそう考えてるところはあるかなあ。

吉田　そういわれてみれば、たしかに「ちょっとついて行っちゃおうかな」って気にさせられる荘子itのステートメント[*19]には、そういう潜在的な企みが表れているよね。Dos Monosの場合はそういったメッセージ性をもつステートメントがありつつ、リリックを追っていくと意外とナンセンスだったりするわけで、解釈が聴き手に開かれている。

　さっきの話とつなげると、実はローファイ・ヒップホップにも解釈の多様性はあると思っていて、面白い部分もある。ローファイ・ヒップホップの受容メディアとしてYouTubeの二十四時間チャンネル[*20]があるけど、世界中で同時接続できて、孤独な夜や勉強しなきゃいけないときにはみんながあれを通して疑似同期しているというコンセプトには、けっこうやられていて。典型的なローファイ・

18　PUNPEE（パンピー）
ラッパー、ビートメイカー。GAPPER、実弟5lackと結成したヒップホップ・グループ、PSGとしても活動。二〇〇六年、フリースタイルラップバトルの大会「ULTIMATE MC BATTLE」の東京大会で優勝。ソロ名義でのおもな作品に《MODERN TIMES》（一七、左掲）など。

Summit

19　ステートメント
Dos Monosの第二期始動を告げるステートメントを採録した本書収録コラム「放蕩息子のロック帰還」を参照。

ヒップホップのビートが、身体に働きかけるリズムよりもノスタルジーや孤独感に訴える〝エモさ〟に特化しているのはまちがいない。かつてロックが得意としたエモの表現をラップが担ってるといわれる時代にローファイ・ヒップホップがもてはやされてることにも、同時代性を感じる。

で、そのルーツにディラがいるとしたときに、《Donuts》はたしかに遺作だからエモは不可避だし、収録曲のなかには泣けるネタ使いの〈Time: The Donut of the Heart〉なんてのもあるにはある。

荘子it　速くなったり遅くなったり、伸縮する曲だよね。

吉田　ほかにもコモンの〈So Far to Go〉〈The Light〉とか、使っているネタがエモくて泣けるのは何曲かある。けど、ディラの特徴として「エモい」がいちばんにくるという印象はあまりないと思う。そういう意味でも、ローファイ・ヒップホップの始祖っていわれるのはやっぱりちょっと違和感があるかな。

荘子it　ノリとしては、ヒップホップ特有の「勝ちにいくぜ、獲

20　lofi hip hop radio（ローファイ・ヒップホップ・ラジオ）
仏YouTubeチャンネル、Lofi Girl（旧ChilledCow）によるライブ配信動画。ローファイ・ヒップホップの楽曲を二十四時間、流しつづけている。配信開始当初は、『耳をすませば』の主人公・月島雫が音楽を聴きながら机に向かっている一場面を映像に使用していたが、スタジオジブリから著作権侵害の申し立てがなされ、現在のジブリ風アニメーションに変更された。

Lofi Girl, “lofi hip hop radio - beats to relax/study to,” YouTube（2020/2/23）https://www.youtube.com/live/5qap5aO4i9A?feature=share

りにいくぜ」みたいなマインドの人だもんね。

吉田　ビートメイカーとしての側面を見て、なんとなくやわらかいイメージをもったあとにラップの歌詞を聴くと、めちゃめちゃイケイケじゃん！ってなる（笑）。

荘子it　俺はJ・ディラのラップって、LIL KOHH[*21]みたいだなと思う。サグいことをかわいく言ってる（笑）。

吉田　スラム・ヴィレッジ[*22]は、2ライヴ・クルー[*23]とトライブ[*24]の合体版って当時いわれたぐらいで、表現とか言葉づかいは下品で卑猥だからね——ディラはメンバー三人のなかでは控えめなほうだけど。『J・ディラと《ドーナツ》のビート革命』のなかにも出てくるエピソードとしては、バックパッカーとかネイティヴ・タン[*25]一派みたいなイメージでくくられたことが、ディラには心外だった。〈Fuck the Police〉って曲を出してるぐらいで、彼のパーソナリティとしてはギャングスタ・ラップの代表格N.W.A.に共感できてしまうところさえある。だからもし生きていて、「ローファイ・

21　LIL KOHH（リル・コウ）
ラッパー。KOHHの実弟。〈Young Forever〉（一二）では、まだあどけなさの残る少年の声で、金銭欲（「お金大好き」）や大人の女性への思慕（「芦田愛菜より大島優子」）が歌われる。

22　スラム・ヴィレッジ（Slum Village）
米ミシガン州デトロイトでラッパーのバーティン、T3、J・ディラが結成したヒップホップ・グループ。おもな作品に《Fantastic, Vol. 2》（〇〇、左掲）など。

Good Vibe

ヒップホップの始祖」あつかいされたら、たぶん「ふざけんなよ！」って言ってたんじゃないかと。

荘子it　その手のものを口汚く罵《ののし》っていた可能性はありそう。ツイッターに流れてくるインタビューの和訳でいつも文句を言ってる、みたいな未来はあったかもしれない。

吉田　タリブ・クウェリ[*26]みたいなご意見番になってたりして。

荘子it　Dos Monosですら、コンシャスっぽいイメージを押し付けられるかんじはあるもん。世の中がコンシャスじゃなさすぎて、ちょっとアーティスティックなやつが出てくると〝立派な人〟みたいになるのはマジで終わってると思う。

吉田　Dos Monosは「意味と無意味のあわい」とかちゃんと言ってるにもかかわらず、やっぱり「意味」のほうに引っ張られるリスナーも多そうだね。

荘子it　Dos Monosみたいな尖った音楽は一陣の涼風となって生きづらいこの世の中を生きやすくさせてくれるためにある、と思っ

23　2ライヴ・クルー（2 Live Crew）
米フロリダ州マイアミを拠点に活動するヒップホップ・グループ。性的にひじょうに露骨な内容の歌詞で知られる。おもな作品に《As Nasty as They Wanna Be》（八九、左掲）など。

Luke Skyywalker

てる人が少なからずいるんだけど、そうじゃないんだよね。生きやすくするためでなく、世の中をぶっ壊すためにやってる。カフェの音楽だけじゃ人間は満足できないから、ありがたいことにDos Monosの音楽が好きな人が一定数いるのはわかるんだけど。

吉田　ラッパーに対峙する場合、とくに最近はそのラップの発信者がどんな人間なのか、なにを考えてるのかをある程度知ったうえで聴いていることも多いと思うんだよね。Dos Monosの場合も、いわゆるコンシャスなメッセージに対してというより、自分たちがやっていることにコンシャス（自覚的）な人間が作っているっていうところに、救いを感じるのかもしれない。俺はDos Monosの活動を近くで見させてもらって、ヒップホップのリスナーというのは生き方や姿勢に共感できるラッパーの言葉に救いを見出すのだと再確認した。

24　ア・トライブ・コールド・クエスト（A Tribe Called Quest）
一九八五年に米ニューヨーク市クイーンズで結成されたヒップホップ・グループ。メンバーはラッパー／プロデューサーのQティップ、ラッパーのファイフ・ドッグ、DJのアリ・シャヒード・ムハンマド。サンプリングネタにジャズを採り入れたビートで新風を吹かせる。おもな作品に《The Low End Theory》（九一、左掲）など。

Jive

批評家 vs. 考察厨

吉田 『J・ディラと《ドーナツ》のビート革命』の巻末に付録としてつけたアルバム二十枚のレヴューを読みなおしたら、「元ネタが〜」みたいな話をしてるのがいくつかあって。キング・クリムゾン[*27]とか意外なところからサンプリングしてたり、冨田勲[*28]を使ったのもディラが最初だった。でも最近は、ヒップホップのビートがサンプリング主体ではないから、元ネタを挙げて批評するケースは少なくなってきてる。もちろん、だからこそ山下達郎を引用したタイラー[*29]のように、ヒップホップ・カルチャーへのリスペクトとしてサンプリングを使った作品が目立ったりするわけだけど。とくに日本のシーンはそもそも〝大ネタ〟みたいなものに対する考え方もアメリカとは背景が異なるぶん、余計にそういう語り方がしづらい。ただ考えてみると、ディラはDJプレミアらと並んで、元ネタに目を向けさせる潮流をつくった張本人だったりもする。

25 バックパッカー(Backpack rapper)
カネ、女、ドラッグといった派手な話題を好まず、日常の出来事などについて歌うラッパーの俗称。「レッテルを貼られるのはおかしなことだったよ。皆が自動的に僕らをトライブのカテゴリーに押し込めるんだ。実際は、それこそが僕らが入れられたくないカテゴリーだったんだよね。(中略)リリックを聴かなきゃならないってことなのさ。僕らはビッチたちにフェラチオさせる話をしてた。でもネイティヴタンの連中は絶対にそんなこと言わないだろ。(中略)僕自身はデトロイトのいつものやつらとつるんでた。バックパックを背負ってるようなタイプじゃなかったのさ」(『J・ディラと《ドーナツ》のビート革命』一〇〇–一〇一頁)。ネイティヴ・タンは、ア・トライブ・コールド・クエスト、デ・ラ・ソウル、ジャングル・ブラザーズなどからなるヒップホップ・コレクティヴ。

こんな使い方してるのか！っていう。

ヴァルター・ベンヤミンの〝星座〟的に捉えて、「このネタとこのネタがこういうふうに重なって、リズム面でも和声面でもこういう効用が生まれてます」といった語り方ができないトラップの場合だと、一音一音の打ち込みの結果、現象としてなにが起きているのかを言語化しなくちゃいけない。いっぽうでネタの背景にある文脈だけで語るのも現象を取りこぼすことになるけど、他方でビートのヴァイブス自体の言語化だけにフォーカスするのも限界があって、とどのつまり印象批評になりかねない。

荘子it　雅史itがいうように、サンプリングソースについて触れなくなってきていることは、たしかにひとつの憂うべき事態かもしれないけど、元ネタを言い当てることにたいした価値はない。

吉田　とくにヒップホップには「WhoSampled」[*30]も整備されてるからね。俺が見つけた！と名乗りをあげるまえに、ネットの集合知によって解明されるという。

26　タリブ・クウェリ (Talib Kweli)
米ニューヨーク市ブルックリン出身のラッパー。同郷のモス・デフ（現ヤシーン・ベイ）とのヒップホップ・デュオ、ブラック・スターとしても活動。デュオ名義でのおもな作品に《Mos Def & Talib Kweli Are Black Star》（九八、左掲）など。二〇二〇年、ツイッター（現X）上で口論になったアクティヴィストに執拗に絡んだサイバーハラスメントのかどで、永久追放処分となった。

Rawkus

荘子it　映画の元ネタ探しとか『エヴァンゲリオン』の考察動画とたいして変わらない。それを踏まえたうえで、作品背景や作者⇅観客のコミュニケーション空間といったものの外部に接続するのが批評だから。最近は批評家と考察厨が、どちらが偉いかをめぐってよく喧嘩してるよね。「批評家はヴァイブスのことだけ言っていて考察ができてない」「考察厨は考察してるだけで、その外の文脈に開かれてない」って双方が言いあってる。
吉田　その場合の批評家のディスられ方というのは、印象批評になってるってこと？
荘子it　多くはそうかな。さっきベンヤミンの話が出たけど、ベンヤミンもひとつひとつの文脈の背景が連なっていると言ってるわけじゃない。空間も時空も違う一個一個の星は、地上からは二次元的に見えてるんだけど、実際には奥行きがあって、無関係なものがたまたま平面上に並んでいるように見えてるだけ。それを、ひとつの図像を成していると人間的に解釈することでいろんな神

27　キング・クリムゾン（King Crimson）
英出身のプログレッシブロック・バンド。一九六九年に《In the Court of the Crimson King》でデビュー。ディラはファット・キャット〈Microphone Master〉でクリムゾンの〈Moonchild〉をサンプリング。

28　冨田勲
作曲家、シンセサイザー奏者。おもな作品に《月の光》（七四）、《イーハトーヴ交響曲》（一二）など。ディラはファット・キャット〈Nasty Ain't It?〉で冨田勲の〈Daphnis Et Chloé: Suite No. 2〉をサンプリング。

話的な意味が投影されたりするわけだけど、実はなんの関係もないっていうのがベンヤミンの言う〝星座〟。そういうふうにして作品を読み解くのが批評だと思う。『J・ディラと《ドーナツ》のビート革命』も、《Donuts》の元ネタとかリリックへの言及が随所にあって、それはある意味で考察厨的な試みだと思うんだけど、それだけでは解き明かせない。

（ここで、対談収録の翌日に控えるZoomgalsとの対バンライブの準備にやってきたDos Monosの没が飛び入り参加）

没　でも、この本はそういうところもあるけど、著者の解釈によるところがでかい。

荘子it　うん、めちゃめちゃでかい。考察と印象批評の両方を押さえてる。だから、よく日本でいわれる「印象批評 vs. 考察厨」みたいなのは疑似問題というか。

吉田　この本は両者がけっこう同居していて、前半は関係者のインタビュー中心でファクトを拾っていくよね。後半で楽曲分析に

29
タイラー・ザ・クリエイター（Tyler, The Creator）
米カリフォルニア州ロサンゼルス出身のラッパー、ビートメイカー。アール・スウェットシャツやフランク・オーシャンらを擁するヒップホップ・コレクティヴ、オッド・フューチャーの中心人物。おもな作品に《Goblin》（一一、左掲）など。〈GONE, GONE / THANK YOU〉で山下達郎をサンプリングした。

XL

入っていくと、読む人によっては〝妄想〟の部分が多いって言うけど、そういう豊かな想像力が発揮された批評は現状、どんどん失われていってるように見える。

荘子it　どちらを失われてるとするかはむずかしい問題で、「エコーチェンバー」なんていわれるように、居る環境によってその人の目に映る世界が変わるから喧嘩が起きてる。いまこそ批評が必要だ！って思ってるやつもいれば、いや、考察が大事なんだ！って言ってるやつもいる（笑）。

吉田　考察というか、分析として、これってなんなの？なにが起きてるの？っていうのを言語化して共有することによって、もしかしたら作家のほうでも意識していなかったことに気づけるようになるかもしれない。ラップのフロウの分析にしても、精緻におこなうことで共有可能なツールになりうる。ネット上では、作家の意図を汲まずに鑑賞者の主観で〝妄想〟を述べる批評は風当たりが強いけど、そもそも批評単体での読み物としての面白さが

30　WhoSampled（フーサンプルド）
オンラインのサンプリングネタ事典。サンプリングした／された曲を検索すると、だれがどの曲のどこの部分を使っているかを調べることができる。左掲は前項のタイラーの例。

WhoSampled, "Tyler, the Creator's 'GONE, GONE / THANK YOU' sample of Tatsuro Yamashita's 'Fragile'" https://www.whosampled.com/sample/648339/Tyler,-the-Creator-GONE,-GONE-THANK-YOU-Tatsuro-Yamashita-Fragile/

求められていないところもある。逆にいえば、強度のある面白い批評であればちゃんと評価されてるケースもある。

荘子it　いっぽうで、これだけサブカルチャーの文脈が多岐にわたると、考察なしの印象批評だけでは二十世紀ほどに芸術を語ることができないのもたしか。批評に居直ってると、取りこぼすものがたくさんある気がする。結局、同じ穴のむじなどうしが褒めあってる状況がいちばんつまらないのだから、それを乗り越えるためにも批評と考察どちらも使えたほうがいい。たとえば蓮實《はすみ》（重彦）厨のシネフィルたちにはひとつの〝美学〟が共有されてるわけだけど、そこでも考察を経ることによって、「デヴィッド・フィンチャーも面白いよね」ってなる可能性がある。[*31]

吉田　なんらかの外部につながる回路を開くのが批評のひとつの効能だとすると、『J・ディラと《ドーナツ》のビート革命』にもそういった側面はある。さまざまな文献からの引用や参照があって、たとえばエドワード・サイード[*32]は著書『オリエンタリズム』

31　「デヴィッド・フィンチャーも面白いよね」ってなる可能性がある

「私［引用者註：蓮實重彦］は彼［デヴィッド・フィンチャー］の映画に一度も心から惹かれたことがない。前作の『ドラゴン・タトゥーの女』（一一）も駄目でした。お前さんのやりたいことは分かるけれども、上映時間（百五十八分）のうち三十分は無駄じゃないの、という感じがして」蓮實重彦・青山真治・阿部和重「特別鼎談 映画三狂人、アメリカ映画を大いに語る」「文學界」二〇一五年五月号、文藝春秋、二七 - 二八頁で知られるポスコロ理論家としてのイメージが強くて、彼の音楽批評にはあまり光が当たらないかもしれないけど、『J・ディラと〜』では彼の音楽批評の延長にある『晩年のスタイル』が取りあげられている。それから精神科医のキューブラー・ロスが死について考察する『死ぬ瞬間』[*33]は、有名な本だけど未読だったので翻訳にあたって熟読した。最近はこの二冊の影響で、自分には少ない時間しか残されていないことを意識しながらの創作活動について考えさせられた。なんだか「いつまでもマイペースで創作できると思うなよ」と言われているようで焦燥感がすごい（笑）。でも、そういう飛躍こそが批評の醍醐《だいご》味《み》でしょ。ディラのビートの話をしていたはずが、芸術作品と死の関係について考えさせられている。

批評の言葉について話を戻すと、このまえ「ユリイカ」でレイハラカミについて書かせてもらったんだけど、[*34]彼の音楽も「サンプリングソースが〜」といった語り方ができない。だから、彼が

32 エドワード・サイード (Edward Said)
米文学研究者、批評家。主著『オリエンタリズム』では、アラブ世界への理解が西洋中心史観によってなされてきたことを論じた。左掲は本文中の『晩年のスタイル』（大橋洋一訳、岩波書店、二〇〇七年）。

アレンジとリミックスを手がけているUA[35]の〈閃光〉を久々に聴き返したりして、MIDIデータのパラメータに宿る作家性について考えた。レイハラカミの音ってSC-88Proという音源さえあれば、MIDIデータだけで再現できちゃうんだよね。

荘子it　へえ〜。

吉田　そうなったとき、この人の記名性はMIDIデータなのかという話になる。ディラもリズムの打ち方を譜面に起こせば、ビートの揺れしかり、当時としては革新的だった。でもその「揺れ」とは具体的にどういうことだったのかを言語化できないと意味がない。でないと、レイハラカミとUAの「閃光」に対して「透明感がなんとか〜」とか「UAが描いていた閃光と彼のイメージがスパークして〜」とか言ってるだけなのと変わらない。書き手としては、実際に音を聴いたときの百分の一でもいいから、なにかふつうではないことがリアルタイムで起きているんだという興奮を読者に感じてほしい。かつ、そのリアルタイムの現象を「こう

33
『死ぬ瞬間　死とその過程について』
エリザベス・キューブラー・ロス著、鈴木晶訳、中公文庫、二〇〇一年

いうことが起こってました、終わり」で済ませるのでなく、さらに議論するために批評的な見立てがあるわけで、そういう意味でも考察と批評は不可分だよね。

荘子it　批評のための素材を提供するのが考察の作業だと思うんだよね。なんの考察もなく批評だけしたら、それは印象批評になっちゃう。それこそ「透明感」としかいいようがない。とはいえ、曲のコード進行を分析することによって「わかった」としてしまうのは、あまりにも安直だけど。俺の好きなジョン・コルトレーン[36]《Blue Train》（一九五七）のジャケ［図表3－1］の話をしてもいい？（右手を口元に、左手を後頭部にもっていき）こうやってる、顔が青いやつ。

34　吉田雅史「架空のサンプリングミュージックを設計する——レイ・ハラカミとリミックス」
「ユリイカ」二〇二一年六月号、青土社所収。レイハラカミは日本の電子音楽家。おもな作品に《lust》（〇五、左掲）など。二〇一一年に急逝。享年四十。

Sublime

35　UA（ウーア）
歌手。おもな作品に《11》（九六）など。

吉田　（同じポーズをとって）ああ、これね。
荘子it　あれ、神妙な面持ちで曲でも作ってるのかなって思うんだけど、実はアメを舐めてるんだよね。
吉田　そうなの!?　知らなかった。
荘子it　そのことを知るだけで、音楽から受ける印象が一気に変

図表 3-1
ジョン・コルトレーン《Blue Train》

Blue Note

36　ジョン・コルトレーン（John Coltrane）
米ノースカロライナ州出身のサックス奏者。マイルス・デイヴィス、セロニアス・モンクらと共演し、数々の名録音を残す。

わったりするわけじゃん。些細なことかもしれないけど、そこで初めて外部が開ける。集中して曲だけ聴いて外部を求めるのは、〝外部ファン〟みたいな人が「外部っていいよね」って言ってるだけの状態。あんなに神妙な顔をしてるけど、ただアメを舐めてるだけっていうのがほんとうの外部だから。そこは考察厨の侮れないところかな。

吉田　外部ファン（笑）。考察厨は作品外のコンテクストもふくめネタを引っ張ってきて、すべてを白日の下にさらそうとするわけだよね？

荘子it　まあ、考察厨にそんな尊い意図はないんだろうけど（笑）。でも、尊い意図がない考察にこそ批評を超えた外部性が宿るということは認めるべきだと思う。最初から外部が好きな人って、やっぱりどこかヴァイアスがかかってる。それは人間の性《さが》としてしょうがないし、再度、外部性を権威化しようとする欲望も絶対に生まれてくる。そういう意図がない、ネット民とかの考察によって外部がもたらされることはあると思う。

吉田　そうだね。本書の基にもなっている、荘子itと一緒に開催させてもらってるゲンロンのトークイベントは、外部のオーディエンスに向けて、なんなら音楽にことさら興味がない人たちに向けているところもあると思うんだけど、あそこに集まった専門外というか外部からの質問にハッとさせられる場面も多いよね。

荘子it　あずまん（東浩紀）は「ニコニコ動画のコメント文化*37がいちばん批評的で先鋭的だった」というようなことを一時期言ってた。いまはその立場を捨てたかもしれないけど、そこで言わんとしていたクリティカルさはあると思う。つまり、知識人の深い話と同時に民の愚かなコメントが流れてるっていう状況が批評的だということ。

《Donuts》に対しては、ともすれば世紀の傑作として神秘化してしまいそうだけど、『J・ディラと《ドーナツ》のビート革命』はその点に関して禁欲的で、冷静に書かれてるように思う。

37　ニコニコ動画のコメント文化
「ニコニコ生放送においては、視聴者の声が一種の抑制力として機能しているのである。パネラーは決して視聴者の意向に従うわけではない。彼らの質問にいちいち答えるわけでもない。しかし視聴者の欲望とあまりに離れた討論はできない。（中略）パネラーには完全に発言の自由があるのだが、大衆の欲望がそこに強弱の抵抗を与えている」東浩紀『一般意志2・0　ルソー、フロイト、グーグル』河出文庫、二〇一五年、二一二頁

吉田　《Donuts》が神格化され、ローファイ・ヒップホップのゴッドファーザーとして崇められたり、ビートメイクのひとつのクリシェみたいになってるところまでふくめて、いまディラに外部性がもたらされてるかんじもするね。
荘子it　たしかに。J・ディラがローファイ・ヒップホップの始祖といわれてるこの状況がある意味、とてもクリティカル（危機的）な状況かもしれない。

テンプレ化した快楽的な美を脱構築せよ

吉田　ディラはビートメイクとラップのほかに楽器もできて、自分のなかにいくつもペルソナをもってた人だけど、最近はそういう〝なんでもできるマルチプレイヤー〟って多いよね。
荘子it　うん。

吉田　ディラとマッドリブは、ヒップホップが根底にありつつも、そこから楽器を弾いたりいろいろ作っていくトム・ミッシュ[*38]のようなビートメイカーの走りだったと、遡行的にはみえる。でも、そういう器用で一人何役もできることってどうなんだろうね。音楽的に洗練されることでヒップホップ・ビートとしての魅力が出るかっていうと、両立しない場合もあるわけで。

YamieZimmer[*39]は「ピアノはできないしコード進行もわからないからポップミュージックには憧れるけど、できたとしてもすぐにはやろうとは思わない」といったことをインタビューで言っていて。おそらく理論を理解してしまうことで失うものがあるから、逆にそっちには行きたくないってことだと思う。オムスも最近言ってたんだよね、ベテランが音楽的に洗練されることでドープじゃなくなってしまうことが多いんじゃないかって［図表3－2］。

荘子it　九〇年代のヒップホップがヤバいのは音楽として優れてるからではなく、ヴァイブスだけでやってるからって話だよね。

38　トム・ミッシュ（Tom Misch）
英音楽家。おもな作品に《Geography》（一八、左掲）など。

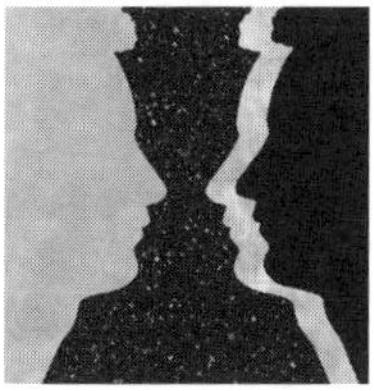

Beyond the Groove

39　YamieZimmer（ヤミージマー）
ビートメイカー。おもな作品に《Arsonist Under》（一八、左掲）など。

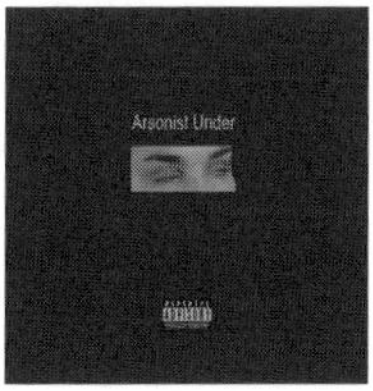

1%

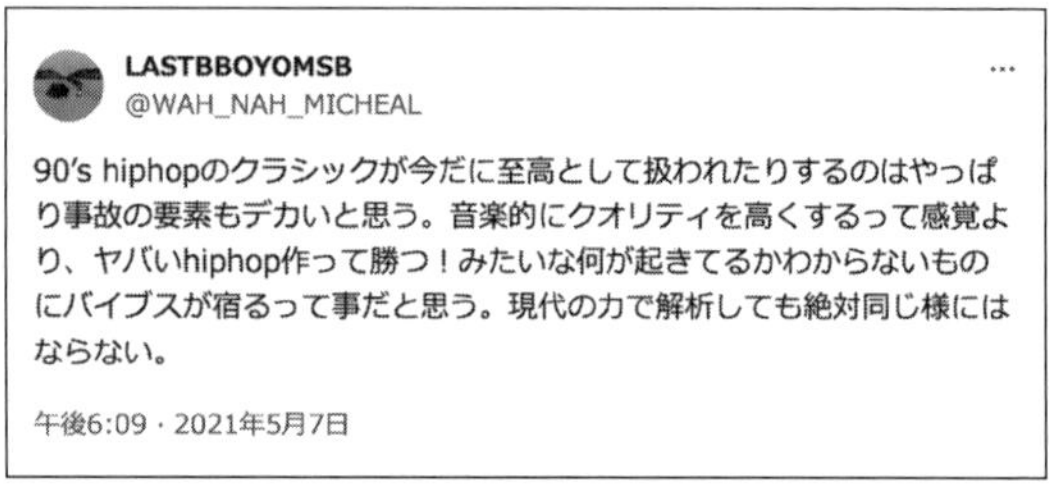
LASTBBOYOMSB
@WAH_NAH_MICHEAL

90's hiphopのクラシックが今だに至高として扱われたりするのはやっぱり事故の要素もデカいと思う。音楽的にクオリティを高くするって感覚より、ヤバいhiphop作って勝つ！みたいな何が起きてるかわからないものにバイブスが宿るって事だと思う。現代の力で解析しても絶対同じ様にはならない。

午後6:09・2021年5月7日

図表 3-2　OMSB のツイート

https://twitter.com/WAH_NAH_MICHEAL/status/1390594509629628422?s=20

ほんとうにそのとおりだと思う。

吉田　だから、そういうなんでもできちゃう人がいまヒップホップをやったときに、たしかに洗練されたかっこいいものはできるかもしれないけど……。

荘子it　〝できる〟ことって、そんなに重要じゃないからね。ヴァイブスだけで面白いものを作れてしまうのが、ヒップホップの大事なところだと思う。

吉田　ただ、のめり込めばのめり込むほど音楽のいろんなことがわかってきて、そっちも探求したくなるのは理解できる。

荘子it　エデュテインメント的にもね。

吉田　美術の世界でもさ、歴史に名を残してる作家って、なにか通底するものをもちながらも「○△□期」と区切られるように、かなり変節があるんだよね。ピカソでもクレーでもだれでもいいんだけど。そんなふうに作風がガラッと変わったビートメイカーも少なくない。たとえばDJシャドウ[*40]は《Endtroducing.....》(一九九六)を作ったあと、ダブステップなんかを採り入れて、音質的にローファイじゃなくなっていった。世間からは《Endtroducing.....》の続編を求められつつも、彼本人としてはクリエイティヴなことができなければやってる意味がないと。その変節の背景に、楽理の理解による音楽的な進化というのもあるわけで。ただし、それとトレードオフで失われる牧歌的なドープネスがある。

　ディラの場合は初期から音楽的だし、リズムも際立っていてバランスがいいかもしれないけど、マッドリブとともにその時々の

40　DJシャドウ（DJ Shadow）
米カリフォルニア州ヘイワード出身のビートメイカー。アブストラクト・ヒップホップの先駆者。おもな作品に《Endtroducing.....》（九六、左掲）など。「俺は『Endtroducing.....』パート2を作る気はない、それを受け入れるか、拒絶するかそれは彼ら次第」（ユニバーサル ミュージック ジャパン掲載バイオグラフィより）

Mo' Wax

変節も経ていた。だからこそ「ディラが生きていたらいまごろは……」って想像せずにはいられないよね。マッドリブはフレディ・ギブス[*41]との仕事とかでいままた評価されてるけど、荘子itのいちばん好きな時期はどのあたりなの？

荘子it　それは二〇〇四年あたりでしょ。

吉田　《Madvillainy》だ。

荘子it　あの時期はヤバいよね。神としかいいようがない。

吉田　なにがヤバいんだろうね？

荘子it　やっぱりヴァイブスが出てる。雑だもん。そこがいい。

吉田　亡くなったあとに発掘されまくってるディラの未発表ビートは、結構ちゃんとしてるというか、八割がた形になってるんだけど、マッドリブの場合は四、五割ぐらいの出来で良しとして次のビートに行っちゃってるかんじが出てる。

荘子it　雅史itが『J・ディラと《ドーナツ》のビート革命』の訳者解説で的確に指摘されているように、マッドリブは世界観を

41　フレディ・ギブス (Freddie Gibbs)
米インディアナ州ゲーリー出身のラッパー。二〇一九年、マッドリブとのコラボアルバム《Bandana》（左掲）を発表。

Keep Cool / RCA

提示する人だから、ラフ画で魅せちゃう。アニメーターというよりアニメ監督に近くて、あまり絵が得意でない巨匠が描いたラフ画のよさみたいな魅力がある。

吉田　イエスタデイズ・ニュー・クインテット*42でのマッドリブの楽器演奏って、一般的なうまさとは違うよね。ただ録音の仕方とサウンドづくりがめちゃくちゃ達者。Kデフ*43もそうだけど、生楽器をネタからのサンプリングのように違和感なく聴かせられるという。

荘子it　マッドリブは器用になんでもやってるようでいて、ほんとうに音楽的センスがあるのはJ・ディラという気もする。音楽的とはなにかという話にもなるけど、マッドリブは世界観を提示するための道具としてサンプラーと楽器を等しく使ってるだけなのかなって。ディラはサイン波*44のベースを重ねて、最少限の音で最大効果を生むセンスに長けてる。

吉田　ディラのそういうミニマルさは、Dos Monosの楽曲の二小

42　イエスタデイズ・ニュー・クインテット（Yesterdays New Quintet）
マッドリブの数ある変名のひとつである架空のジャズ・バンド。その実態は、全楽器の演奏を独力でこなす〝ひとり五重奏（クインテット）〟。

43　Kデフ（K-Def）
米ニュージャージー州出身のビートメイカー。ローズ・オブ・ジ・アンダーグラウンド《Here Come the Lords》（九三）のプロデュースをマーリー・マールとともに手がける。

44　サイン波（sine wave）
正弦波。倍音のない音。純音。音の波形は綺麗な放物線を描く。

節のループにも感じる。ウワモノが流れて渾然一体となっているというよりは、骨格となるフレーズやリフがあって、その配置を詰めていくかんじ。

荘子it　Dos Monosは俺がけっこう日本的で、それこそ菊地成孔さんからも影響を受けてるから、マッドリブの箱庭的世界観の統一というよりは、各パートがバラバラに動くかんじになってる。ミニマルな要素を複数並走させて複雑さを出してる。だから個別のパーツ単位ではディラの影響もあると思う。

吉田　あらためて考えると、音がマッドリブっぽいビートメイカーっていうのも意外といないよね。そもそも「マッドリブっぽさ」ってなんなのかって訊かれたら、答えるのがむずかしい。

荘子it　ある種の〝神秘的な雑さ〟があるよね。

吉田　いろんな楽器ができて音楽性が豊かになっても、決して洗練されることのないラフさみたいなことか。しかも意識してるわけでなく、天然でやってるかんじ。所詮〝養殖〟だとあれはできないよなあ……。機材を問わずiPadでも作れちゃうし、そもそもがどれもたぶん四、五割の出来で完成にしちゃってるから、過剰に聴き返して作り込んじゃうこともなく、どんどん出来てしまう。

荘子it　さっきのオムス君の話でも言った、九〇年代ヒップホップのヴァイブスだけで作るヤバさを大事にしてる。このあいだ観た『シン・エヴァ』[*45]にもいえることだけど、そういう精神があらゆる文化から失われていると感じる。うまくなってもしょうがないだろって。

吉田　サウンドクラウドにしろYouTubeにアップされてるタイプビートにしろ、ダサいものがないもんね。むかしはライブとかでいろんな若手からデモテープをもらっても、かっこいいものってほとんどなかったのに（笑）。

荘子it　いまはかっこいいのがあたりまえになってる。

吉田　最近はUnison MIDI Chordみたいなコード進行のMIDI

45　**『シン・エヴァンゲリオン劇場版:||』**
庵野秀明総監督、二〇二一年

46　**プラグイン・エフェクト（Plug-in effects）**
DAW上で音に変化を加えることができるエフェクターの総称。任意の周波数帯域を調整できるEQ（イコライザー）、音を圧縮して音量のばらつきを均すコンプレッサー、残響音を加えるリバーブなど。本文中のディレイもその一種で、音にやまびこ効果をつけることができる。

データがあったり、自動演奏ですぐにループを作れちゃうプラグイン[*46]を使えば、ものの数秒でかっこいいものが出来る。「Aにしますか、Bにしますか?」ぐらいのところまで来ていて、たったのツーステップくらいで売れてる最新曲に似た雰囲気のビートを作れてしまう。そうなったときに、どういうところに価値が生まれるのか、どこに記名性が出て作家として残れるのかという議論が加速してしかるべきだと思う。いっぽうでテクノ的な世界――OPN[*47]とかアンディ・ストット[*48]、フローティング・ポインツ[*49]でもいいけど、彼らのシンセ音からは、アナログ機材でパラメータやディケイをいじって音色をつくるという文化がしっかり残っていることを確認できるし、その細部へのこだわりが作家の記名性にもなってるよね。

荘子it　テクノは名前の由来になってるくらいで、〝テクノロジー〟で音楽を作ることにすごく自覚的。これはかならずしも悪いことだけじゃないんだけど、ヒップホップはよくわからないままやっ

47　OPN（オー・ピー・エヌ）
ワンオートリックス・ポイント・ネヴァー（Oneohtrix Point Never）。米ニューヨーク市ブルックリンを拠点に活動する音楽家、ダニエル・ロパティンのソロプロジェクト。実験精神に富む音楽性が高く評価されている。おもな作品に《R Plus Seven》（一三、左掲）など。

Warp

48　アンディ・ストット（Andy Stott）
英マンチェスター出身の電子音楽家。

てるから、簡単にアーキテクチャに負けて同じものを作りだすわけ。テクノに比べたら、ゼロから作る意識が希薄なのはあるだろうね。

吉田　こうなったらディラに復活してもらって、いまのオートマティックになってるヒップホップのビートメイク・シーンに喝を入れてもらわないと。

荘子it　〝様子のおかしい〟曲がほんとうに少ない。大丈夫？って心配になる曲がない（笑）。

吉田　たとえばヒップホップの内部だけ見ても、建設的な交通がないわけではないと思うんだけどね。トラップ側ではローファイ感とかノイズをうまく取り入れてたりするし、反対にノイジーなブーンバップを作ってるやつがそのままのノリでトラップを作ると面白く感じる。作家が自分のフィールドを決めてしまって、そのなかでひたすら反復してスタイリッシュなものを生みつづけるっていう傾向が、技術の簡便化によって加速させられているの

49 **フローティング・ポインツ(Floating Points)**
英マンチェスター出身の電子音楽家。宇多田ヒカル《BADモード》(二〇二二)では表題曲をふくむ三曲を共作。

が問題なのかと。

だとすれば、外部へ出て行って異物に出合ったときの衝撃みたいなものが重要だよね。現状としては、ネットでどんな音楽にでもアクセスできる環境下にいるため、かえって未知のものを発見することが少ない気もする。レコード屋で出合ったりＤＪプレイに教えてもらったりして、異世界への扉が開かれる、ということが頻繁にあった時代に比べると、たとえばスポティファイのプレイリストなんかはそうした新たな出合いに向けて設計されてなくて、むしろ好みのタイプの同じような曲が延々と見つかるわけだよね。

俺の8th wonder[50]時代を思い返しても、KENSEI[51]さんに自分たちの音源を渡したときは、テクノやサイケから童謡、宗教音楽までなんでも聴いて吸収していってほしいってアドバイスをもらったしね。ＫＲＵＳＨ[52]さんには「そのままでいてくれ」って言われたけど（笑）。さっきの話でいえば、初期衝動や朴訥《ぼくとつ》なドープさという

50 8th wonder（エイス・ワンダー）
Fake?、KSK、MAAHI（吉田雅史）の三人からなるヒップホップ・グループ。おもな作品に《ヴァルハラ》（〇九、左掲）など。

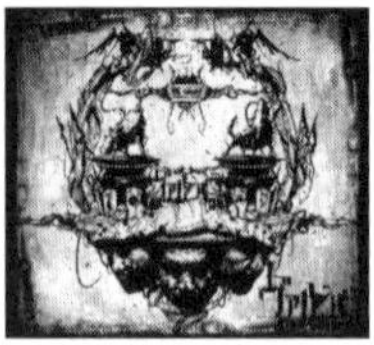
Aphasic Tone

51 DJ KENSEI（DJケンセイ）
日本のDJ、音楽プロデューサー。エンジニアのD.O.I.、レーベルオーナーのnikとのプロダクションチーム「INDOPEPSYCHICS」や、DJ YAS、刃頭、DJ HIDEとの「KEMURI PRODUCTIONS」などでも活動。

のを忘れないでくれ、っていうメッセージだよね。

荘子it　なんでもできるなかから最適解をみつければ、かっこいいものが量産されるのはあたりまえ。音楽の世界に限らず、たとえばメイクでも量産型の美人はあふれてるわけだし。

吉田　その方法論がメイク動画とかで共有されるからね。

荘子it　ビリー・アイリッシュ[*53]でもカーディ・B[*54]でもだれでもいいけど、様子がおかしいメイクというのは、たとえばサインペンでアイラインを引いちゃうみたいなことだと思う。

吉田　香椎かてぃ[*55]的な（笑）。テンプレじゃないビートメイクが必要ってことだね。

荘子it　メイクとビートメイクはかなり似てる。

吉田　オチはそれでいいんじゃない？（笑）

荘子it　TikTokとかを見てると、かっこいいビートならぬ、かっこいい美顔が無限に出てくる。とはいえ、古典的な意味でのアヴァンギャルドなものは時代遅れだとも思う。泥臭いフリージャズを

52　DJ KRUSH（DJクラッシュ）
日本のDJ、音楽プロデューサー。一九八〇年代後半にヒップホップ・グループのB－FRESH3を結成し、原宿のホコ天にてブレイクダンサーと一緒に活動。そこで知り合ったMURO、DJ GOとともにKRUSH POSSEを結成。おもな作品に、英音楽レーベルのモ・ワックスよりリリースされた《STRICTLY TURNTABLIZED》（九四、左掲）など。

Mo' Wax

いまやってもしょうがない。

没　それがすでにテンプレ化してるよね。

荘子it　そうそう。いかに美少女を様子のおかしいものにするかみたいな話で、現代アートの世界とかではおこなわれてると思う。快楽的な美は完全にテンプレ化してしまったわけだから、それを脱構築する方法を提示するのが、いまのポップミュージックの核心なんじゃないかなあ。

没　J・ディラはそこにずっと挑戦していた気がする。

荘子it　病室で手を動かせなくても、「ちょっとそれ、三ミリセカンド後ろにズラして」って指示すればいいかんじになることを頭のなかで完璧に理解していながら、わざともっとズラすことで様子のおかしいものを作ってたのがディラ。そういうところこそを学ぶべきだよね。

吉田　《Donuts》も当時は様子がおかしいアルバムだったけど、表層的な部分だけ見てローファイ・ヒップホップ扱いされてるよう

53　ビリー・アイリッシュ (Billie Eilish)
米カリフォルニア州ロサンゼルス出身のシンガーソングライター。二〇二〇年の第六二回グラミー賞では、史上最年少となる十八歳で、最優秀アルバム賞ほか主要四部門を受賞。おもな作品に《When We All Fall Asleep, Where Do We Go?》（一九、左掲）など。

Darkroom / Interscope

に、もういまは共有されていない。

荘子it　スネアの音が気持ちいいとか、こういうネタってエモくていいとか、みんな最大公約数的にもっとも快楽的な部分だけ吸収して影響を受けてるけど、《Donuts》ってもうちょっと変なアルバムだから。後世に影響を与えていない部分のほうが面白い。

吉田　そうそう、そうなんだよ！　きょうもさっきまで《Donuts》をカセットテープで聴いていて、あらためて音像や音の定位にビビったところ。ドラムも、ダブリング[*56]するみたいにステレオの定位を広げたりしていて、DTMだからこそできることを積極的に採り入れてる。病床に伏し、MPCを操作できないという不自由な環境がそうさせたっていうのは美しい話だけど、ディラは心の赴くままにできることを試しまくってる。その探究心をいまあらためて多くの人に味わってもらいたいよね。

荘子it　『J・ディラと《ドーナッツ》のビート革命』にくわしく書かれてるように、ディラは最期、病室にいて体を動かせないから

54　カーディ・B（Cardi B）
米ニューヨーク市ブロンクス出身のラッパー。SNSの投稿動画やリアリティショーへの出演で注目を集め、ラッパーデビューをはたす。デビュー作《Invasion of Privacy》（一八、左掲）は、グラミー賞で女性ソロアーティストとしては史上初となる最優秀ラップアルバム賞受賞の栄誉をもたらした。

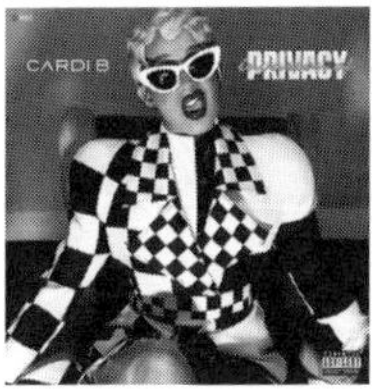

Atlantic

55　香椎かてぃ
日本のモデル、タレント。シンガーソングライターの大森靖子を中心に結成されたアイドルグループ、ZOCの元メンバー。二〇二一年、KATYに改名。アイライナーに油性ペンを使用していた。

コンピュータで音源をいじった。その過程で《Donuts》は大きく変わった。ベッドの上でポチポチ編集してトライ・アンド・エラーを繰り返すあいだに《Donuts》の様子のおかしさが生まれたってことは大事だよね。

56 ダブリング（doubling）
同一パートのヴォーカル・演奏を複数回録音し、それらを重ねることで音に厚みや広がりを加える技法。

column

放蕩息子のロック帰還

荘子it

「飯塚、ラップしねえ?」と、僕がメンバーのTaiTan（当時ラップ未経験どころかヒップホップ未聴状態）を誘ったのは大学卒業も間近のころだった。Dos Monosは当初、お互いヒップホップに夢中だった僕と没のふたりで組んだグループで、そこに引き入れたかたちだ。そのときからすでにDos Monos（直訳すれば「二匹の猿」）とグループを命名済みだったのだから、蛇足のようだが、いまの姿を見れば明らかなように、間違いなく画竜点睛であった。我ながら英断だ。かくして、Dos Monosは二匹の猿という一般名詞を超えた、ドスモノスという異形の固有名詞となったのだ。

やがて、1stアルバム《Dos City》をリリースした二〇一九年三月から四年が経ち、コロナ禍やAIの急速な進化といった地球規模の目まぐるしい変化のなかで、僕たちの生活世界もまた、予想もしないかたちで様変わりした。僕は昨年結婚し、今年の三月に子どもも産まれた。ほかのふたりの状況（というか見た目すら）も結成当時から大きく変わった。

1stのコンセプトであった〝もうひとつの街(Dos City)の音楽〟（生まれ育った東京の街にずっ

と違和感を抱きつづけながら、同時に愛してもきた自分たちにとっての、最も空想的で最もリアルなオルタナティヴ・シティ・ミュージック〉は提示できたと自負している。自分たちのなかだけにあって、世界中のどこにもなかったこの音楽を、もっと世界に響かせ、より大きな社会との接点をもちたいと願うようになった。

「シティからネイションへ」の拡張についてぼんやり考えていたある日、僕の脳内に電流が走った。「世界に数多潜む未発見の結びつき」のひとつを発見してしまったときにだけ走る、あの独特な電流だ。荘子itという名前を「発見」したときや、曲づくりや作詞のときにもかならず訪れた。しかも今回は、活動全体のシーズンを入れ替えるほどの概念的なインパクトの大きさでそれがきた。

残り二作品のリリースをもって〈Dos Monos 第一期〉の活動を終了することにした。

ひとつめのリリースは、サンプリング・ヒップホップのマエストロたちに薫陶を受けてビートメイクを始めた僕が、これまで培《つちか》ってきた第一期Dos Monosのサウンド・シグネイチャーを捨て、一切のサンプリングを使わずに制作した〈Theater D (Encore)〉を収録した《Dos City (Deluxe)》だ。原曲の〈Theater D (Encore)〉は1stアルバム《Dos City》の一曲め、いわばDos Monosの原点で、今回のバージョンはずっとライブオンリーで披露してきた。というのも、まったく作り方の異なるこのバージョンをほかのDos Monosの楽曲と並列することに作り手としてどうしても違和感があったからだ。

ふたつめは第一期の集大成としてのライブアルバムで、最近のDos Monosのライブに足を運んでくれた方々はご存知だろうが、僕がギターを弾き、サックスの松丸契を筆頭としたバンドメンバーを加えて既存の曲をアップデートした現状を伝えるものだ。ここに収録されたライブのMCでも話しているように、バンドや生演奏を加えることにさえ、当初はかなり逡巡があった。

これらのリリースが急に自分的に〝アリ〟になったのは前述の「発見」があったからだ。「ヒップ・ホッブスの闘争状態からジョン・ロックの社会契約へ」。この一文が閃《ひらめ》いたあと、僕の頭のなかの風景は一変した。

「オーガナイズド・コンフュージョン」という言葉などに代表されるような、〈闘争状態＝ホッブス〉をDos Monosのこれまでの音楽では表現していたが、その状態はリヴァイアサンを必要とした。むろんリヴァイアサンになりたいわけではなかったのだが、全楽曲の制作者としての僕はかなり自意識を肥大化させてしまっていた。だんだんとDos Monosの音楽活動はメンバー間でフェアなものではなくなり、そこにフラストレーションや苛立ちがつのることもあった。

もっと王権神授説的なものではない、個々人のための〈社会契約＝ロック〉を音楽として表現してみたいと思うようになった。そもそも僕と飯塚（TaiTan）と没は中高時代にロックバンドをやっていたのだが、あらためて「ロックがやりたい」と素朴に思った。放蕩息子のロック帰還である。第二期から、Dos Monosはヒップホップ・クルーを経て、ロックバンドになる（戻る）。

第一期最後のふたつのリリースを架け橋として、1stから五年めとなる二〇二四年三月に、Dos Monos第二期を始動する。

二〇二三年四月二十八日
Dos Monos第一期終了、第二期始動にあたって

四章

ヒップホップと道化

社会的抹殺《キャンセルカルチャー》が跋扈《ばっこ》する時代に

オルタナティヴな表現は可能か？

feat. 後藤護

アメリカ黒人がおもな担い手となって発展したヒップホップには、いまなお不当な差別に虐《しいた》げられる彼らの反骨精神が息づいている。

古くはボム・スクワッドの絨毯爆撃サウンドに乗って体制に反旗を翻《ひるがえ》すパブリック・エネミー〈Fight the Power〉（八九）から、近年ではブラック・ライブズ・マターの応援歌として抗議運動の参加者に歌われたケンドリック・ラマー〈Alright〉（一五）まで、音楽を通じた抗議の意志の表明は、ラッパーひいてはアフリカン・アメリカンのミュージシャンたちが代々受け継いできたひとつの伝統である。

しかし、ヒップホップや黒人音楽とアンガージュマンを等号で結ぶのは早計だ。プラカードを掲げ街路を練り歩く者たちの陰に目をやると、そこでは道化者が独りひっそりと自分だけのミクロコスモスを育んでいる。太陽の光を受けた月が闇夜に皓皓《こうこう》と輝いている。暗号が蠢《うごめ》く「奇想の宇宙」が拡がっている――。

〝暗黒批評家〟の後藤護を案内人にして足を踏み入れる、黒人音楽の最奥部。本道から外れることへの抑圧が強い時代にオルタナティヴ／アンダーグラウンドでいることの意味とは？

吉田雅史　きょうは『黒人音楽史　奇想の宇宙』[*1]を二〇二二年に上梓された後藤護さんをゲストにお招きしています。俺たちヘッズにもおなじみのラッパーたちから、話を聞くだけで仰天してしまう奇想天外な人物まで取りあげた『黒人音楽史』を基に、ヒップホップもふくむブラックカルチャーの精髄を探っていければと思っています。また、後藤さんが標榜されている美学「マニエリスム」についてもお話をうかがわせてください。

荘子it　個人的には、『黒人音楽史』で「アフロ・マニエリスム」の最高到達点に位置づけられているウータン・クランをDos Monosが超えるにはどうすればいいか、後藤さんとお話しするなかで考えてみたいです。

後藤護　よろしくお願いします。まず簡単に自己紹介をさせてもらうと、「暗黒批評家」という肩書きで執筆活動をおこなっています。僕はもともと、日本語で「暗黒小説」と訳されるような文学作品が大好きだったんです。フィルム・ノワールとよばれる犯罪

1　**『黒人音楽史　奇想の宇宙』**
後藤護著、中央公論新社、二〇二二年

ものの映画も好きで、こちらも訳すと「暗黒映画」です。そういうダークな文化をこよなく愛していますが、ほんとうに暗黒美学を追求なさってる方々からしたら、キャンプ感覚あふれるダークポップ派くらいの立ち位置が僕ですね。一冊めの単著『ゴシック・カルチャー入門』[2]は文学や映画をはじめ、音楽、ファッション、建築といったさまざまな領域における暗黒美学についてまとめた本です。この本を出した二〇一九年当時はちょうど暗黒啓蒙《けいもう》[3]やダークエコロジー[4]といった言葉が現代思想の界隈でもてはやされていて、〝ダーク〟に関することがちょっとしたブームにもなっていました。そしてこのたび、「アフロ・マニエリスム」という概念を軸に、黒人霊歌からブルース、ジャズ、ヒップホップまで、黒人音楽の精神史をひもといた二冊めの著書『黒人音楽史』を刊行しました。

2 『ゴシック・カルチャー入門』
後藤護著、ele-king books、二〇一九年

3 暗黒啓蒙
啓蒙思想へのアンチテーゼを標榜する、反民主主義的・反平等主義的な思想運動。新反動主義。

4 ダークエコロジー
美しい自然を追い求めるディープエコロジーに対して、核廃棄物といった消そうにも消せない醜いもの・不活性なものをもちあわせた自然を、ありのままに受け入れ、赦す倫理的態度。ティモシー・モートンが『自然なきエコロジー　来たるべき環境哲学に向けて』で提唱した。

マニエリスムってなに？

吉田　『黒人音楽史』の鍵概念であるアフロ・マニエリスムと響きの似たものにアフロ・フューチャリズムがあるけど、日本ではここへ来て再発見されている印象があります。専門の研究書も最近になって翻訳されて[5]、認知が高まりはじめている。日本でアフロ・フューチャリズムを大々的に紹介したのは、やっぱり大和田俊之さんでしたっけ？

後藤　大和田さんの著書『アメリカ音楽史』[6]の第九章「プラネタリー・トランスヴェスティズム」で紹介されていますね。ただ、僕はアフロ・フューチャリズムのキラキラ感があんまり好きじゃないんです。〝われわれは進歩しているのだ〟という建前のもと、自分の見たくないものには後ろ足でササっと砂をかけて見えなくしているように思えてしまって。多くの気づきをもたらしたムーブメントだとは思うけど、サン・ラー[7]やラメルジー[8]はそんな次元

5　**『アフロフューチャリズム　ブラック・カルチャーと未来の想像力』**
イターシャ・L・ウォマック著、押野素子訳、大和田俊之解説、フィルムアート社、二〇二二年

をはるかに超えて音楽家・思想家として屹立している。サン・ラーは神智学やルネサンス魔術を語るし、ラメルジーは「ゴシック・フューチャリズム」だと言ってヨーロッパ中世のゴシックについて語る法外な存在なわけです。だから、アフロ・フューチャリズムという枠で彼らを語るのは、そう名付けている側がみずからの理解の及ばないものを理解可能なものとして矮小化している気がしてならない。まあ、『金枝篇』という人類学・宗教学書の訳文校正の仕事を国書刊行会で手伝ってるのもあって、「新しさ」より「古さ」からアプローチすることが好きというのもあるんですよね。

DOMMUNEで『黒人音楽史』の特集番組を組んでもらったときには、ラメルジーにインタビューした経験もあるライター／DJの荏開津広さんに出演いただいて貴重なお話をうかがったんですけど、「やっぱりヒップホップといったらラメルジーだ」といったことを盛んにおっしゃっていた。つまり、ラメルジーをちゃんと評価できないと、ヒップホップの訳のわからなさも理解できない

6 『アメリカ音楽史 ミンストレル・ショウ、ブルースからヒップホップまで』
大和田俊之著、講談社、二〇一一年

7 サン・ラー（Sun Ra）
米アラバマ州出身のジャズ作曲家、鍵盤奏者、詩人、思想家。独自の宇宙哲学を信条とし、みずからを土星人と称した。ジャズの範疇に収まらない前衛的な作品を数多く発表している。

ということだと思います。

吉田　それは間違いないですね。でもそのことはいまではなかなか認知されていない。そういう意味ではずーっと「いまこそ再発見されるべき」って言われつづけている存在ですよね。

後藤　ラメルジーはガンダムみたいなユニフォーム*9を自分の手で作って、時代に先駆けて〝ひとりヒップホップ〟をやっていたわけですから。DOMMUNEの宇川直宏さんによばれて来日した際には、あのお手製の衣装を忘れてしまったらしいのですが、彼をドン・キホーテに連れていったら、ものの二、三時間で作りあげてしまったそうです（笑）。ブリコラージュとはまさにこのことかと。天才です。

吉田　というか、そんな大事なものを忘れるなよっていう（笑）。

後藤　あと寿司屋にラメルジーを連れていったら、光り輝く銀シャリばかり食べていたからフューチャリストだ！と宇川さんは言ってましたね（笑）。それはさておき、『黒人音楽史』はいま言った

8　ラメルジー（Rammellzee）
米ニューヨーク市クイーンズ出身のアーティスト、グラフィティ・ライター、ラッパー、ゴシック・フューチャリスト、偶像破壊武装主義者。二〇〇三年にはDJ KENSEIとD.O.I.のプロデュースによる《This Is What You Made Me》を発表。

9　ガンダムみたいなユニフォーム

Maxwell Wolf編『Rammellzee: Racing for Thunder』Rizzoli、2024年

ようなアフロ・フューチャリズムの可能性とともに限界を暴きた てた本になっているんじゃないかなあ。この本はいうなれば〝アフロ・アナクロニズム〟みたいなもので、黒人霊歌やブルースという、きょうび若者が聴いているのか怪しい音楽をこんなにも大々的に取りあげたのは、そういったアフロ・フューチャリズムでは捉えられない部分をぶつけたかったからなんです。

吉田　俺は七〇年代とかの批評が好きでずっと読んでいたから、後藤さんのことを、恩師である高山宏さん[*10]や澁澤龍彦[*11]のあとを継ぐ者という立ち位置で見ているけど、近年はめっきり少なくなってしまったこういう情報量過多でぶっ飛んだ想像力が発揮された批評に今回初めて触れる人はどう感じるのかなって素朴に思ったんですよね。荘子itは『黒人音楽史』をどう読んだ?

後藤　そもそも荘子itさんは、澁澤龍彦やその周辺文化の本は読まれますか?

荘子it　澁澤龍彦は全然通ってないんですよね。

10　高山宏
批評家、翻訳家。通称「学魔」。おもな著書に『アリス狩り』シリーズ、『近代文化史入門』、訳書にルイス・キャロル『不思議の国のアリス』など。

11　澁澤龍彦
小説家、仏文学者、エッセイスト。おもな著書に『夢の宇宙誌』、訳書に『マルキ・ド・サド選集』など。

後藤　それは、いわゆる〝澁澤スクール〟的なもののなんだか気取ってるかんじが嫌だったりするんですかね。

荘子it　嫌だとかはなく、単純に不勉強なだけです。でも『黒人音楽史』からうかがい知れる世界観は俺も好きだし、自分のスタンスに近いものを感じた。この本で書かれているような、猥雑だという意味での〝美意識〟は俺が曲を作るときや、作品のコンセプトを考えるときにかならず根底にあって、素朴に自分のなかに備わっているものだから積極的に本で読んだりはしないんだけど、すごい共感しました。

後藤　Dos Monosの作品を聴いて、「日本の音楽シーンでマニエリスムを体現されている方々だ」と僕は感じましたよ。

吉田　ほんとにそうですよね！

後藤　Dos Monosのことを菊地成孔さんの一派と言ってしまってはあまりにも大雑把かもしれませんが、菊地さんがつくったポストモダン歌舞伎の系譜というのは、全体的にマニエリスムだなと思っています。

荘子it　菊地さんからはもちろん多大な影響を受けているんだけど、クリエイションの面では、菊地さんの音楽はドロドロとした暗黒系のフェティシズムみたいなものをあまり感じさせないタイプだと思うんだよね。いっぽうで菊地さんの相棒の大谷能生さん[*12]のアルバムにはドロドロ感がかなり濃厚に出ていると思う。だからそういう意味では大谷さんの系譜でもあるかもしれない。BLACK SMOKERってレーベルがあるじゃん。あれも、大谷さんが関わっている。後藤さんは、俺のパフォーマンスをBLACK SMOKERのイベントで観てくださったんですよね？

後藤　「ブラック・オペラ」の劇評寄稿の依頼を受け、そこで荘子itさんがラップされているのを初めて観ました。めちゃくちゃかっこよかった。その公演では共演者の大谷能生さんが「人間の内臓を全部ひっぱり出したらテニスコート一面に広がる」みたいな僕好みの話をされていました（笑）。

12　大谷能生
音楽家、批評家。おもな作品にBLACK SMOKER RECORDSよりリリースされた《Jazz Abstractions》（一一、左掲）、著書に『歌というフィクション』『憂鬱と官能を教えた学校』（菊地成孔との共著）など。

BLACK SMOKER

荘子it　ブラック・オペラはBLACK SMOKERが例年主催している舞台芸術で、出演者が大勢いるんだけど、いわゆるタイバン形式で三十分演ったら次の人の出番、とかじゃなくて、演者に「役」が与えられている。出番は五分で入れ替わり立ち替わりだったり一斉に出たり、独奏もあればセッションもある。あのときの公演では俺にもいくつかのタスクが与えられていて、構成台本の指示に従って自分の役をまっとうするのが務めだった。

後藤　あの舞台を観て、大きな衝撃を受けたとともに、あまりにも総合芸術的な作品だったので分析するのはむずかしいなとも思いました。

僕は菊地さんも大谷さんもたいへん尊敬していますが、おふたりが著書などでよく使う「アナリーゼ」つまり〝分析する知性〟に対して、天の邪鬼的に逆の概念の言葉として「ジンテーゼ」つまり〝綜合《そうごう》する知性〟を強調したんです。べつにディスっているとかではなくて、僕はこっちでいきますよというステートメントです。ブラック・オペラも、演劇なのか音楽なのか詩の朗読なのか、いまひとつわからないという曖昧性をもった作品ですが、人間が世界から受けとる印象というのは本質的にサイマルテイニャスで無継起的なカオスなわけで、六〇～七〇年代初頭ぐらいまでは残っていたそういう文化をもうちょっと見直すべきなんじゃないか、というのが僕の認識でして、綜合する知性のほうを戦略的に称揚しています。中沢新一さんの『レンマ学』[*13]の知見を借りれば、分解・分類・分析するヨーロッパのロゴス的知性の行きすぎに対して、直観的・総合的な華厳経のレンマ的知性でバランスをとることが大事。

吉田　総合芸術的なブラック・オペラがそうであるように、全体を直感的に把握することが困難なものにこそ、やっぱりドープさとかイルの魔力は宿ると思うんだよね。たとえばウータン・クラン。彼らは大所帯グループだから、ライブでは大人数で登場して一応順番にマイクを回していくわけだけど、ステージ上で起こるすべ

13　レンマ
「『レンマ』とは何か？　哲学者山内得立が著書『ロゴスとレンマ』で提出した概念によっています。『ロゴス』は『自分の前に集められた事物を並べて整理する』ことを意味しています。その本質は時間軸にしたがう線形性にあります。それに対し、『レンマ』は『直観によって事物をまるごと把握する』という意味です」（中沢新一『レンマ学』講談社、二〇一九年内容紹介より）

ての動きに焦点をあてるのはむずかしく、かならずこぼれ落ちるものが出てくる。でも、それらを綜合したインスタレーションのようなかたちで彼らはライブをやっている。

ところで、Dos Monosのファーストアルバムのブックレットではサン・ラーやセロニアス・モンクにリスペクトが捧げられていて、後藤さんの本との符号を感じるね。

荘子it　メンバーの没はＵＣＬＡ（カリフォルニア大学ロサンゼルス校）でサン・ラーを研究していたからね。

後藤　僕の本は章立てや取りあげているミュージシャンの名前を見れば、〝この著者はこういうかんじのやつ〟というのが即座にわかってもらえるはずです。

吉田　『黒人音楽史』は第一章からいきなり耳なじみのない「Ｍ・ラマー」[*14]とかいう人が出てきて、「だれですか?」って戸惑う（笑）。

後藤　ひとことで説明すると、ケンドリック・ラマーの一億分の一ぐらいの知名度のラマーですね（笑）。

14　M・ラマー（M Lamar）
米アラバマ州出身の音楽家。おもな作品に《The Lordship and Bondage: The Birth of the Negro Superman》（一九、左掲）など。

Negrogothic

荘子it　音楽の本を読んでいて知らない固有名詞が出てきたら、いまどきはサブスクとかYouTubeで実際に音源を聴きながら楽しむのがセオリーだけどさ、M・ラマーはサブスクで検索しても出てこない（笑）。

後藤　『黒人音楽史』は、「アフロ・マニエリスム」という観点から黒人音楽の歴史を読み解いたらどうなるかという試みとして書いたんだけれど、〝マニエリスム〟が何なのかをほぼ説明していないので、その点ではひじょうに不親切な本であるともいえます（苦笑）。この場を借りて説明すると、マニエリスムはドイツの文化史家グスタフ・ルネ・ホッケが拡張させた概念です。美術史的には、十四世紀にルネサンスが始まり、そのあとにバロックの時代が到来するというのが定説となっていますが、その中間では下等な徒花《あだばな》とみなされたマニエリスムという芸術ジャンルが興《おこ》っていて、一九二〇年代ごろに再評価が起きる。そのような元祖キッチュ／キャンプみたいにいわれていたマニエリスムですが、実は時代にかかわらず、そして国を超えて現れうるある種の兆候なのではないかといわれはじめます。それを五〇年代に初めて大きく取りあげたのがグスタフ・ルネ・ホッケです。

そんなホッケがとあるインタビューで「マニエリスムとはなにか?」と訊かれて、「マニエリスムとはマニエリスムである」って答えてるんです。禅の影響らしい(笑)。思わず爆笑しましたが、僕はそのトートロジー、天の邪鬼精神がひじょうにマニエリストだなと感銘を受けまして、彼に倣《なら》って本のなかではあまり説明しなかったんです。なんですけど、きょうは説明します(笑)。

吉田　でもやっぱりそこがこの本の魅力になっている。マニエリスムはなにかということをこの一冊を通して徐々に読みほぐしていこうって最初に書いてるんだけど、頁が進むごとにその都度いろいろな定義が与えられて、結局その正体は一語で説明できるようなものではないということが担保されながら最後までいく。

後藤　マニエリスムとはなにかと問われて、マニエリスムというのは……と説明する人はマニエリストとしては二流でしょう。だから、『黒人音楽史』では韜晦《とうかい》（自分の本心や才能・地位などを包み隠すこと）をテーマに論じたけれど、肝心要のマニエリスムを説明しないこの本じたいが韜晦に包まれているともいえます。

荘子it　俺はマニエリスムって、そもそも対象を批判する言葉として使われるのが一般的だと思ってた。

後藤　英語でいうところのマンネリズム（Mannerism）ですからね。でもさっきも言ったように、二〇年代にまず一回めの価値転換が起きました。いわゆるアーティストというのは、「アルス・ノヴァ（*ars nova*）」すなわち「新しいものを発明する」ってことがクリエイションだと思われがちなのですが、アーリーモダンの一六〇〇年前後から、もはや新しいものは出つくしてしまったとする考え方が支配的になっていく。そこで、これからはアルス・ノヴァではなく「アルス・コンビナトリア（*ars conbinatoria*）」すなわち「順列組み合わせ」で世界をつくっていくしかないんだという価値観が芽生えてくる。既存のものの組み合わせによってなにか新しいものを提示してみせるという考え方で、マニエリスムとほぼイコールですね。

　マニエリスムの精神をわかりやすく表現した例として、ここでは「ヴンダーカンマー（驚異の部屋）」を見てもらいましょう〔図表4－1〕。ヴンダーカンマーは、みなさんがあたりまえのように行く美術館や博物館の原型といわれるもので、大金持ちの王侯貴族が世界中の珍品を自分たちの欲望に忠実に、権力の限りをつくしてひとつの部屋に集めたものです。ヴンダーは英語の「ワンダー（wonder）」ですね。写真を見てください。天井にワニがいる！

吉田　ヒトデみたいなのもいっぱいいる。

後藤　貝殻も多いですね。海の幸から山の幸まで、珍しいものをいろいろと集めた部屋を作り、客人たちを驚かせて楽しんでいたんです。この蒐集《しゅうしゅう》の原理というのが、さっき話したアルス・コンビナトリアとも響きあう。見たとおりゴチャゴチャしているのですが、この約六十年後に遠近法の概念が導入されると、一元論的なシステムに則って、集めたものを整理・管理していくようになる［図表4－2］。それで徐々に現代のミュージアムの形態に近づい

図表 4-1
ナポリのフェランテ・インペラートの最古の「ヴンダーカンマー」（1599）

パトリック・モリエス『奇想の陳列部屋』市川恵里訳、河出書房新社、2012 年、10-11 頁

図表 4-2　ミラノのマンフレッド・セッターラの驚異博物館（1666）

同前、38-39 頁

ていくんですけど、僕の本はどちらかというと――

吉田　ゴチャゴチャのほうですよね（笑）。

後藤　はい（笑）。ヴンダーカンマーは英語で「キャビネット・オブ・キュリオシティーズ」といいます。キャビネットは「棚」なので、基本的には収集と同時に分類・整理がおこなわれる。後者もたしかにマニエリスム的な身振りなんだけれど、僕の本ではやはり希薄でしょうね。ちなみにいま見てもらった写真はともに、パトリック・モリエスの手になる『奇想の陳列部屋』という本――帯には、マニエリスム界の最大のアイドルのひとりである荒俣宏さんのお顔とともに推薦コメントが載っています――からの引用です。

荘子it　だから「コレクション」がキーワードになってくる。

後藤　好事家やディレッタントとよばれるような人がいますよね。たとえば、なんの役にも立たないようなものを集める趣味人の交友会である「我楽他宗《がらくたしゅう》」の設立者に三田平凡寺という人がいます。

この人はマンガ研究者の夏目房之介さんの母方のおじいさんなんですけど、蒐集に没頭するあまり、戦争を知らずに戦後を迎えたというすごい人物です。イギリスの神智学サークルともつながっていました（笑）。

吉田　ヤバい！

後藤　マニエリストの鑑《かがみ》のような人です。ただ、僕はそういう好事家やコレクターの存在がもっともアナーキズムに近いんじゃないかと思ってて。国家が提唱する、いわゆるイデオロギーとかオピニオンに一切コミットしないわけです。自分のミクロコスモス（小宇宙）をつくって、そのなかで生きていくということ。澁澤龍彦も「私は選挙もしなければ署名運動もしません。昭和二十年八月十五日から、団体行動をしないことを信条とするようになりました。この決意を変えるつもりはありません」と言っていました。*15あるいは僕が『ゴシック・カルチャー入門』であつかったゴスロックも、もともとパンクロックが政治性を孕《はら》んだ音楽だったから、

15
澁澤龍彦ほか「文学者の反核声明＝私はこう考える〈アンケート特集〉」「すばる」一九八二年五月号、集英社、四二頁

それに対するアンチテーゼとして政治にコミットしないゴスロックを作りはじめたという背景があります。僕はどちらかというと、そちらの可能性を探りたいんです。社会に対して大きな声をあげる人は黒人ミュージシャンにも多いんですけど、やたらコレクター的だったりディレッタントな雰囲気のミュージシャンが、政治的なことはいっさい言っていないはずなのに社会を映しだしてしまうということが往々にしてある。太陽の光を受けて反射する月みたいなものですね。そのルナティックな方向の黒人音楽を僕は掘り下げたかった。

荘子it　『黒人音楽史』はサブタイトルがメインなんじゃないかってぐらい「奇想の宇宙」のほうに重心があって、極端な話をすると、ふつうに黒人音楽の歴史を学びたいと思っている人に図書館で手にとられちゃまずいわけじゃないですか。

吉田　「シン・黒人音楽史」というわけではないからね。

後藤　この機会に弁解させてもらうと、僕自身としてはこのタイトルにしたくなかったんですよね。担当編集の方が、これぐらい射程の広い書名にしないと売れないからということで決めました。先日も大阪在住の読者から手書きのお便りが届いたんです。さてはファンレターだなと思い、ウキウキしながら封を開けたらですね、それがなんと便箋八枚にわたる批判文で、最後に「『黒人音楽史』ってタイトルでもなければ、ますます売れなかっただろうな[*16]」と書いてあった（笑）。

吉田　なるほど（笑）。

後藤　まあ、でもちょっとぐらいは欺《あざむ》いてもいいんじゃないかなと思っています。見世物の口上ですよ。

荘子it　だから文字どおり見世物として「看板に偽りあり」といわれてもしかたがない側面がある。それで見せられるものは、黒人音楽のシット（shit）な部分を抽出した、誤解を恐れずにいえば「クソ黒人音楽史」みたいな内容になっている。でもここまでうかがったお話からもわかるように、そこにはルナティックな方

16　ますます売れなかっただろうな　好評につき、二〇二三年七月二十日に三刷重版出来。

面に光をあてるという明確な意図があったんですね。

その「ブラック」が名指すものの正体とは？

荘子it　呼称に関連して、「ブラック」という言葉を肌の色が黒い人に限定せずに使う場合があるけど、それが政治的に正しいことなのかどうか、俺は黄色人種なりにずっと気になっている。『黒人音楽史』に出てくるのがほんとうに肌の色も黒いブラックメンであるいっぽう、さっき話に挙がったBLACK SMOKERのブラック・オペラに、肌の黒い人はほとんど出ていない。だからあの人たちは「ブラック」という言葉を用いることによって、なにかもっと広範ななにかを名指している。彼らのベースにはヒップホップがあるようだけど、たぶん黒人音楽としてヒップホップを聴いてるわけではないし、後藤さんの『ゴシック・カルチャー入門』に出てくるブラック・サバス[*17]の「ブラック」もまったく黒人とは関係なく、メンバーは全員白人。Dos Monosが二〇二二年にツアーでヨーロッパを回ったときは、ブラック・ミディ[*18]っていうマニエリスムの極北をいくようなバンドと一緒だった。そんな彼らも、メンバーのうち黒人なのはドラマーのモーガンだけで、それ以外は白人。いま挙げた人たちはみんな、ブラックという言葉に人種とは別のなんらかのイメージを投影している。

　いましがた、『黒人音楽史』はサブの「奇想の宇宙」のほうに重心があると言ったばかりだけど、現に世界にはブラック・サバスだとかブラック・ミディだとか黒人ではない〝暗黒人〟みたいなミュージシャンがいっぱいいて、この本はそういう人たちについて書かれているのだと考えると、「黒人音楽史」がメインタイトルであってもなんら違和感ないなとも思う。

吉田　「Black Dos Monos」みたいな音楽をやる可能性はないの？

荘子it　俺も共感をおぼえるというか、「ブラック」って言っただ

17　ブラック・サバス（Black Sabbath）
英バーミンガムでヴォーカリストのオジー・オズボーンらが一九六八年に結成したロックバンド。伊ホラー映画『ブラック・サバス／恐怖！三つの顔』にちなんでこのバンド名に改名。おもな作品に《Paranoid》（七〇、左掲）など。

Vertigo

けで、ふと自分のなかに高揚感がわいてくるみたいな、中二病的な感覚がある。でも、俺はそれを素朴に掲げるのに抵抗があるタイプの人間だから、Dos Monos なんていう名前で活動している。

吉田　そのアガってしまう感覚はわかる。

後藤　僕なんて「暗黒批評」だからね（笑）。馬鹿にされることも少なくないです。

荘子it　俺も子どものころからダークなものが好きだったの。たとえばカードゲームでも、火・水・光……っていくつか種類があったとしたら、迷うことなく「闇」を選ぶ（笑）。デュエル・マスターズにしろマジック・ザ・ギャザリングにしろ、だれだって闇とか黒のカードがいちばん好きに決まってる、って俺は確信しているんだけど、実際はわりと各種均等に売れてるらしい。色にしても、絶対に黒がいちばん人気のはずなのに、世の中にはこんなにもいろんなカラーバリエーションが存在していて、みんなおかしくないか？って（笑）。俺はこの「黒こそが至高である」という考えを

18　ブラック・ミディ（black midi）　二〇一七年に英ロンドンで結成されたロックバンド。おもな作品に《Hellfire》（二二、左掲）など。

Rough Trade

胸の内に秘めながら、そう悟られずにそのすばらしさを啓蒙しなきゃいけないという使命感をもって生きている。みんなだってほんとうは闇がいちばん好きなはずなのに、でも「闇が大好き」とか言うと〝そういう人〟としてくくられちゃう。だから、俺はそうならずとも済むように周囲を密かに闇好きにさせていく責務を負っていると思ってるんだよね。

吉田　アハハハハ（笑）。

後藤　ニルヴァーナとか好きだったんじゃないですか？（笑）

荘子it　大好きでした。なにしろ音楽を始めて最初に組んだのがニルヴァーナのコピーバンドだった。

後藤　やっぱりそれって中二病的なフェティッシュなんですよね。ある段階で人間は乗り越えていく。といいつつ、このとおり僕は黒眼鏡をかけて活動していますが（笑）。「ほかの色たちに向かって否《ノン》を言いつつひとり炸裂する《反逆》の黒」というソニア・リキエルの言葉を肝に銘じてます。

荘子it　逆に、俺がきょうみたいに透明色の眼鏡をかけたり、髪を明るい色にしてるのも、自分の欲望に反してあえてやっているわけ。

吉田　黒髪で紫のメッシュが入ってたころは、〝ダーク荘子it〟ってかんじだったよね。

荘子it　うん、だからあのときは秘めたるフェティッシュが漏れ出てしまっていた（笑）。わくわくしながら美容院に行って、染め終わったらいの一番に写真を撮った……。でもやっぱり自分の使命を忘れてはいけないと思って、すぐやめたんだけど。

「リアル」はキケンな言葉？

荘子it　澁澤龍彦とかを読まないのも、自分のフェティシズムの世界に耽溺《たんでき》していくみたいな感性が俺自身にもあるから、わざわざ他人のものまで積極的に摂取したくないという気持ちがあってのこと。対して俺が蓮實重彦を好きなのは——あの人も似たようなものでフェティッシュなのかもしれないけど——自分の好きなものを、それがさもその外部につながっているかのように批評するから。蓮實は、ふつうに人々が褒めている映画を〝凡庸〟と斬り捨てる反面、世間的にはB級映画とよばれている作品に潜むアクションのワンシーンとか、大江健三郎[*19]の小説のなかの本筋とまったく関係のない過剰な描写を特権化して、批評的に少なくともなにか意味があることとして提示できているかんじがする。

後藤　まさに荘子itさんのおっしゃるとおりで、「外部」につながらないのが澁澤の弱さですね。内面の結晶構造の強さでもあっていちがいに悪くは言えないですが、僕もそれにイライラしてたから、無理やり黒人音楽の濃ゆ〜いエキスを美しい小宇宙に注ぎ込んでみた。そしたらみんなにディザスター扱いされた（笑）。ところで、僕の場合はハスミ大魔神や浅田彰[*20]をほとんど通っていないい

19　大江健三郎
小説家。おもな著書に『万延元年のフットボール』『燃えあがる緑の木』など。

20　浅田彰
批評家。おもな著書に『構造と力』『逃走論』など。

（フリをしている）ので、そのことは自分の書き方にけっこう影響しているのかなという気がしています。

荘子it　『黒人音楽史』では、本文中の「現代思想」という単語にルビで「あさだあきら」とふってあって、そんな馬鹿な！って驚いた（笑）。後藤さんの場合、現代思想という言葉が名指すものの背後に浅田彰がいたり、黒人も〝暗黒人〟みたいなニュアンスで捉えているし、独特の定義づけをされますよね。

後藤　そうかもしれません（笑）。ニューアカデミズム[*21]といわれた時代には、浅田さんが哲学、蓮實さんが映画、そして柄谷行人さん[*22]が文学においてそれぞれ権威になったわけですよね。ところが蓮實さんより三歳上の、要するにほぼ同世代に、夭折《ようせい》してしまった宮川淳という批評家がいたんですよ。著書に『引用の織物』などがあります。あの人が四十代なかばで亡くなったことが僕は結構大きな問題だと思っていて、「詩」が死んでしまったのではないかという気がしています。詩は別の言い方をすれば、ヴィジョン

21　ニューアカデミズム
一九八〇年代の日本で興った思想潮流。八三年、浅田彰の『構造と力』が異例のベストセラーとなる。同年には思想家・人類学者の中沢新一による『チベットのモーツァルト』も話題に。浅田が次著『逃走論』で提唱した「スキゾ」「パラノ」は八四年の第一回新語・流行語大賞の新語部門で銅賞を受賞。

22　柄谷行人
批評家。おもな著書に『マルクスその可能性の中心』『日本近代文学の起源』など。二〇〇二年、浅田彰らと雑誌「批評空間」を編集。

や総合性といえるかもしれない。宮川淳は浅田彰の仕事の先駆けみたいなことをある部分ではしていたのですが、実は種村季弘[*23]と一緒に、ホッケのマニエリスムの本の読書会をおこなっていたんです。

吉田　それはアツい話だ。

後藤　表象だのなんだのフランス的な知性といったものをあつかっていたはずの宮川淳が、ちゃっかり種村季弘や澁澤龍彥の系譜にもいたということですね。しかし彼が夭逝してしまったばかりに、そのあたりがほとんど語られないままニューアカデミズムというものが蓮實・浅田・柄谷の路線で発展してしまった。ニューアカから続くフランス的知性の系譜は、いまでも日本の批評シーンの中心を貫いています。東浩紀さんや千葉雅也さんも大筋そこに連なる方々でしょう。そちらがメインストリームとしてあるなかで、僕は失われた宮川淳の亡霊をちょっと意識しています。浅田彰は「宮川淳なんて所詮マイナー・ポエットだよね」と批判し

23　種村季弘
ドイツ文学者、評論家。澁澤龍彥とともに日本における「幻想文学」の普及に貢献。おもな訳書にグスタフ・ルネ・ホッケ『迷宮としての世界　マニエリスム美術』（矢川澄子との共訳）など。

24　カンパニー社
二〇一七年設立の出版・音楽レーベル。おもな刊行物にジョン・コルベット著、工藤遥訳『フリー・インプロヴィゼーション聴取の手引き』、細田成嗣編『AA　五十年後のアルバート・アイラー』など。

てるんだけど、この「マイナー」の倫理や美学が失われて久しい。友人の工藤遥さんがやってる前衛音楽レーベルのカンパニー社[24]は同時に「p.minor」という通販サイトをやってて、これは大里俊晴さんの遺稿集『マイナー音楽のために』から来ている。マイナーであること、つまり小さなものの可能性が、バブルの巨大資本発のニューアカに食いつくされてしまったんです。かつて浅田彰が自身の先行世代にあたる山口昌男[25]と吉本隆明[26]を批判したときに、「僕とか中沢新一は別だから」といったことを書いていたんですが、中沢新一は思いっきりそのふたりの弟子筋にあたるんです。この話を読んだとき、浅田彰のようなＩＱの高い人がこんなに単純なエディプス・コンプレックス[27]に陥るのか……とショックを受けました。現代思想という言葉に「あさだあきら」とルビをふる暴挙に出たのには、そんな理由があります。

　僕が『黒人音楽史』で書いた結論をうけて、さっき荘子itさんは「Dos Monosがウータンを超えるにはどうすればいいか」とおっ

25　山口昌男
文化人類学者。道化の分析、中心と周縁理論などで知られる。おもな著書に『道化の民俗学』など。

26　吉本隆明
評論家。「戦後最大の思想家」と称される。おもな著書に『共同幻想論』『言語にとって美とはなにか』など。

27　エディプス・コンプレックス（Oedipus complex）
男子が同性である父を憎み、母を性的に慕う無意識の傾向。ギリシア神話のオイディプスが知らずして父を殺害し、母と結婚する逸話にちなんで、精神科医ジークムント・フロイトが提唱した概念。

しゃっていましたが、実をいうと僕はその「超える」という観念が現代思想的だと思っていて。そこに回収されない知性のあり方を探求したいんです。要は「争わない」ってことですね。たとえばコペルニクスは天動説を提唱するにあたり、いまだ地動説を信じる教会権力を刺激しないようにレトリックを駆使して軋轢《あつれき》を回避していました。その処世術がなかったら無駄な宗教裁判に引きずり回されて、大偉業を成し遂げるまえにジョルダーノ・ブルーノみたいに焼き殺されていたかもしれない。そのように無益な争いを回避して、自分の学問や趣味的なものを続けていく知性のあり方を僕は模索しています。これはなんとなくの逃走ではなく、僕なりの意志的な闘争。

吉田　さっき後藤さんが紹介してくれた、戦争にも我関せずで蒐集に徹した三田平凡寺がまさにその好例ですね。ただ、ヒップホップの場合は現実に対してどう反応するかが問われるジャンルでもあるから、自分ひとりの世界に閉じこもっているわけにはいかない。だから現実と個人の内宇宙を織り重ねて、二重露光を現出させるのがひとつの理想的なやり方なのかなと俺は思う。それは言い方を変えれば、リアルなものとフィクショナルなものの二重露光でもある。

後藤　ヒップホップやってるおふたりを前にして言うのはちょっと憚《はばか》られるのですが、僕はみなさんがよく使う「リアル」とか「ストリート」って言葉がどうしても好きになれないんです。シーン全体がそういう本質主義に傾くことは、かなり危険なかんじがしちゃうんですよね。

二重露光というと、アナモルフォーズという画法があります。ハンス・ホルバインの描いた『大使たち』［図表4－3－1］は、正面から見るとふたりのアンバサダーが立っているだけなんですが、立ち位置を変えて斜めから見てみると、ふたりの足元にある物体が骸骨として浮かびあがるんですよ［図表4－3－2］。これはつまり、人間の知覚は裏切るということです。唯一不変のものとして存在しているかにみえるこのリアルも、見方を変えると実は一枚岩ではないことがわかる。
僕の師匠の高山宏が翻訳した、バルトルシャイティスの『アナモルフォーズ』という美術史の本を読むと驚きますよ。デカルト

図表 4-3-1
ハンス・ホルバイン『大使たち』(1533)

Public Domain

図表 4-3-2　斜めから見てみると……

同前

という合理主義精神の精髄のような哲学者がいますけど、この人がパリでなにをやったかというと、アナモルフォーズを研究していたんです。合理主義精神を探求したデカルトはこれを研究せざるをえなかった。斜めから見ただけで、なにか変なものが浮かびあがるなんて許せない！ってことですね。合理というのは、突きつめていったら非合理というものと踵《きびす》を接している。だから、「これはリアルだ」と言った瞬間に歪《ゆが》んでしまうものがやっぱりあると思うんです。

吉田　後藤さんの考えはとてもわかります。俺が言いたかったのは、ヒップホップ・シーン全体は「リアル第一主義」みたいなものによって駆動されているところがあるから、リアル＝現実については触れざるをえないんだけど、同時に澁澤的なアプローチで内宇宙を掘り下げるという方向も採りつつ、それらの二重露光で表現活動をしていくことの可能性です。たとえば、複数のペルソナを使い分けた鉄仮面のラッパー、MFドゥームは実際にそうした《*》やり方で成功している。いっぽう、ケンドリック・ラマーはそれこそ〝リアル度一〇〇％〟のラッパーだよね。でもそんなケンドリックであっても、自身の実体験を作品化して物語として描こうとすると、それは少なからずフィクション性を帯びてメタ・リアルになる。その意味では、彼の表現もまた二重露光的だといえる。

「超える」方法は「ビヨンド」だけじゃない？

後藤　黒人音楽を聴いて、さらに高山宏を読んでいる人というのは、たぶん日本全国で五十人ほどしかいなくて、吉田さんと僕を除いたらあと四十八人ぐらいなものなんですが（笑）、そのうちのひとりがカンパニー社の社主である工藤遥さん。

吉田　断言できますが、カンパニー社の本はどれも問答無用で買うべきっす。

後藤　その工藤さんが二〇二〇年に『ハリー・スミスは語る』[*28]という爆弾みたいな本を出版しました。ハリー・スミスって人はほんとうにヤバい人なんですけど、それまでほとんどだれも紹介していなかった。

吉田　謎に包まれた人物ですよね。

後藤　人類学者にして魔術師、錬金術師、それから、あやとりやイースターエッグや紙飛行機の蒐集家でもあった人です。母親は魔術師アレイスター・クロウリーの愛人（笑）。こう言ったら失礼だけど、そういうくだらないものをニューヨークのチェルシーホテルの一室に集めて人類学的なテーマをあぶり出そうとした。

荘子it　あやとりは『ドラえもん』ののび太の特技のひとつだったりするぐらいで、くだらないものの象徴なんだよね。

後藤　しかもハリー・スミスはインタビュー中、ずっとLSDでラリっていて、なに言ってるかわからないという。端的にいって「アメリカの南方熊楠《みなかたくまぐす》[*29]」みたいなエキセントリックですよね。

28　**『ハリー・スミスは語る　音楽／映画／人類学／魔術』**
ラニ・シン編、湯田賢司訳、カンパニー社、二〇二〇年

29　**南方熊楠**
博物学者、生物学者、民俗学者。植物や昆虫の採集、粘菌の研究などで知られる。採集に夢中になるあまり何日も学校に行かなかったため、山で天狗に連れ去られたとのうわさがたち、「テンギャン（天狗さん）」とあだ名された。

吉田　ますますとんでもない人だ（笑）。ここでガラッと変わるんだけど、ハリー・スミスつながりでマッドリブの話をしていいですか。ハリー・スミスの話を聞くと、マッドリブのことを思い出すんですよ。

後藤　実は件のカンパニー社の工藤さんからも、『黒人音楽史』はなんでマッドリブをあつかっていないんですか？っていわれたところでした。

吉田　マッドリブは《Medicine Show》シリーズ［図表4－4］や〈Beat Konducta〉シリーズといった作品群をこれまでに発表していて、俺はそれがハリー・スミス的だなと思った。この長大なシリーズは作品のまとめ方にふたつのレイヤーがあり、ひとつは二作めのブラジルとか三作めのアフリカのような、サンプリングネタを地域で分類したレイヤー。そしてもうひとつがネタの音楽ジャンル別のレイヤー。ブーンバップ、サイケ／プログレロック、ジャズネタ等々でくくられている。そんなふうにジャンル横断的にさま

1. Before the Verdict（2010/2/2、全17曲） ギルティ・シンプソンとのラップ作品
2. Flight to Brazil（2010/2/8、全9曲） ブラジルネタ
3. Beat Konducta in Africa（2010/3/23、全43曲） アフリカネタ
4. 420 Chalice All-Stars（AKA Son of Super Ape）［2010/4/20、全9曲］ ルーツ・レゲエ
5. History of the Loop Digga, 1990-2000（2010/5/23、全34＋10曲） ブーンバップ
6. The Brain Wreck Show（2010/6/22、全9曲） サイケ／プログレッシブ・ロック
7. High Jazz（2010/7/27、全15＋5曲） ひとりバンド・スタイル
8. Advanced Jazz（2010/8/24、全10曲） ジャズネタ
9. Channel 85 Presents Nittyville（2011/5/17、全14＋12曲） フランク・ニット（フランクン・ダンク）とのラップ作品
10. Black Soul（2010/10/26、全9曲） ソウル／ファンク／フュージョンネタ
11. Low Budget High Fi Music（2011/1/18、全28＋14曲） ラップ作品
12. Raw Medicine（Madlib Remixes）［2011/9/27、全37曲］ リミックス集
13. Black Tape（2012/3/1、全35曲） リミックス集

図表4-4　マッドリブのだまし絵ビート：《Medicine Show》シリーズ

加算記号のあとの曲数はボーナストラック

ざまな音楽を手がけているなか、ここで着目したいのはその並び順で、ヒップホップの伝統的にもっとも親和性が高いソウルやファンクを使ったアルバムは、十作めにしてようやく作られている。そこにはなんの特権性も与えられていない。

後藤　なるほど。

吉田　別人格のカジモト名義の作品では、自分の声をヘリウムガスを吸ったときみたいに変えて、通常時の声とその変声でマイクリレーを披露している。さらにまた別人格であるイエスタデイズ・ニュー・クインテット名義では、自分で全楽器を演奏する「ひとりバンド形式」を採用して作曲している。いまでこそマルチ・インストゥルメンタリストは珍しくないけど、当時はまだ全然いなかった。そのほか、スティーヴィー・ワンダーのカバー集《Stevie》(二〇〇四) のようなブラックミュージックの正統派をやりつつも、フリージャズっぽい曲から、《Slave Riot》(一〇) のようにフリーキーな作品まで幅広く手がけている。こういうハリー・スミス並みに博物学的なことをやっているビートメイカーって、彼以外にいなくて。

後藤　マッドリブを博物学に結びつける視座には「目から鱗五億枚」（宇川直宏）落ちました。膨大なディスコグラフィーを残したサン・ラーやフランク・ザッパに私淑しただけありますよね。

吉田　マッドリブはヒップホップの黄金時代といわれている九〇年代の後半から活動を始めていて、ゴールデンエイジを支えたDJプレミアやピート・ロックといったビートメイカーたちとは世代間ギャップがあるわけだけど、そういう文化史上のひとつの到達点を経て、ひと通りの方法論が出つくしたからこそ、彼のような博物学的な視点をもった人がしかるべくして登場したともいえそうです。

後藤　なるほど、ヒップホップの九〇年代ゴールデンエイジからマッドリブへの流れは、ルネサンスからマニエリスムへの流れと完全にパラレルだ。これはすごいアナロジー（類推）で感服しました。

吉田　『J・ディラと《ドーナツ》のビート革命』の訳者解説では、J・ディラとマッドリブのキャラクターをそれぞれ「数学者」と「野獣」に見立てて対比させたけど、ここであらためて並べて考えてみるなら、J・ディラは過去に聴いた無数のレコードをすべて記憶していて、頭のなかでネタを組み立ててそれをただ再現するだけで作曲できてしまう才人だから、ダイダロス的といえる。対するマッドリブはディオニュソス的。[*30] というのも、《Medicine Show》シリーズのビートってミニマリズムの極地で、わずか五秒ぐらいのフレーズのループで出来てるんだよね。そこに計算高さみたいなものはまったくなく、とにかく蒐集したネタのなかからスイートスポットを切りとって並べていくという手法で作られている。マッドリブのそのやり方をひとことで言い表すなら、〝猥雑〟がしっくりくる。楽曲のクオリティ担保に対する考え方も、ちょっとほかと違う気がする。

荘子it　雅史itの訳したあの本の帯文で俺は「モーツァルトとサ

30　ダイダロス／ディオニュソス（Daidalos / Dionysus）
ともにギリシア神話の登場人物。天才的工人のダイダロスは斧や錐を発明したほか、牛頭の怪物ミノタウロスを閉じ込めるための迷宮を建造したとされる。いっぽうのディオニュソスは豊穣とブドウ酒の神で、陶酔をともなう狂乱の祭儀をおこなった。アポロン神と対置させ、静的で秩序あるものを「アポロン的」、激情的で混沌としたものを「ディオニュソス的」とよぶ。

リエリの喩えはもう古い。本書以降、現代における音楽家の二者関係ドラマの類型は、ディラとマッドリブによって更新される」って書いたんだけど、そこでなにを言わんとしたかというと、つまりはJ・ディラがモーツァルト＝天才タイプだということ。いとも容易《たやす》く針の穴に糸を通すような、ステレオタイプのいわゆる天才型のクリエイターがJ・ディラ。それに対して、マッドリブはなんだか訳のわからないものをいっぱい作っているタイプ。J・ディラとマッドリブを、「天啓を与えられた天才」と「右往左往している凡才」に二項対立的に対置させるとそうなるんだけど、いうまでもなくマッドリブもすばらしい作品をつくるビートメイカーだし、実際にはふたりの関係性は完全に対等で、切磋琢磨する間柄だったんだと思う。

後藤　むちゃくちゃ重要で面白い二項関係ですね！　たしかにJ・ディラはロマン派の時代につくられた、良くも悪くも大衆的な「天才」神話の直系。天才は寡作でなければならない、夭折しなければばならないという信仰。いっぽう、マッドリブはポストモダン社会を反映した「ポスト天才」というかんじがする。マッドリブにも洗練された「天啓の」ビートはあるけど、根本のところに大量消費社会を前提とした「ジャンク」な感性がある人だと思います。じゃなきゃこの量にはならない（笑）。音楽ジャンルは違うけど、中原昌也さん*31のHair Stylisticsに近い、ジャンクの美学を解する人特有の過剰さがある。量はときに質を凌《りょう》駕《が》する、ってのが僕の持論です。

荘子it　「超える」というコンセプトじたいにあまりノレないって後藤さんはおっしゃってたけど、俺にもすごく近い感覚がある。超えるっていうのは「ビヨンド」じゃなくて、目の前の屍を超えられるのであれば、すり抜けるのでも下をかいくぐるのでも何でもいい。いずれにせよ上に行きたいわけではなくて、単純に過去の遺物に対して別のなにかを付け足すというイメージで「超える」って言葉を使った。

31 中原昌也　音楽家、映画評論家、小説家。一九九〇年にノイズ・ユニット「暴力温泉芸者」を立ち上げ、その後はソロ・ユニット「Hair Stylistics」名義で活動。おもな作品に『Custom Cock Confused Death』（〇四、左掲）、著書に『あらゆる場所に花束が……』『中原昌也 作業日誌 2004↓2007』など。

daisyworld discs

後藤　避ける、みたいなことですかね。スターよりトリックスターがかっこいいと思う僕にとっては、荘子itさんの「ビヨンド」へのフレキシブルな動きに親近感もつなあ。

荘子it　そうですね。俺は結婚して名字を変えることを父親から猛烈に反対されたんだけど、そのときのことを説明した際も、「父を説得して」とか「反対を押し切って」とかじゃなく、「逃げおおせて」という表現を使った。父を（比喩的に）殺すのではなく、のらりくらりとすり抜けていくかんじ。そういう意味で、自分も進歩史観をほとんどもちあわせていないタイプの人間だと思う。

アーティストとして、「作品なんかなくたっていいんだ」というアナーキーな立場もとりうるなか俺が作品をつくっているのも、前作を〝超える〟ものを生みだしたくて続けているわけではなく、フェティシズムに耽溺した世界観やマニエリスム的なものをコンセプチュアルに打ちだすことに、たぶんなにかしらのオブセッションがあるから。その一例としてたとえば、決して成就することのない性欲の高まりをかたちにしたマルセル・デュシャンの『大ガラス』[*32]のような、「無意味」を突きつめた作品がある。
後藤　いわゆるインポテンツの芸術、あるいは不断の半勃起ですね。ゴダールもデュシャンも小便器が好きなんだよ。[*33]決して大便器ではない。しゃがむとロダンの「考える人」になっちゃって「意味」が生じちゃうから。
荘子it　デュシャンみたいに、構造じたいを大きな衝撃とともにアートとして提示することにはすごく惹かれる。結局おまえも進歩史観じゃないかといわれたらそれまでなんだけど、同じやり方でそのデカダンスを表現したところで「デカダンスだね」って言われてしまうのに対して、そうではないなんらかの〝技〟みたいなものを編みだしたいという欲望がある。
吉田　そうはいっても、作品を発表しつづけるアーティストにとって、次作でそれまでの自分をどう超えるかというのはつねに頭を悩ませる問題だよなあと俺なんかは思いつつ、いま、ふとケンド

32　**『大ガラス』(The Bride Stripped Bare by Her Bachelors, Even)**
仏美術家マルセル・デュシャンの作品。『大ガラス』は通称で、正式な作品名は『彼女の独身者たちによって裸にされた花嫁、さえも』。上下に仕切られたガラスの上部に「花嫁」、下部に「独身者」が描かれ、永遠に交わることのない両者の欲動を表現したといわれる。

33　**ゴダールもデュシャンも小便器が好きなんだよ**
仏映画監督ジャン＝リュック・ゴダールの『カルメンという名の女』の一場面では、女性主人公のカルメンが男性用小便器で用を足すほか、『ゴダールの探偵』には「男には二種類しかいない。小便したあとに手を洗うやつと洗わないやつだ」という台詞がある。マルセル・デュシャンは署名をほどこした既製品の小便器を『泉』と題して展覧会に出品した。

リック・ラマーのことが頭に浮かんだんだよね。なんでかというと、ケンドリックに付き合っていると進歩史観を信じられる気がしてくるから。日常のなかのとある一日を通して半自伝的物語を描いた《good kid, m.A.A.d city》（二〇一二）、ファンクやジャズをBGMにして内省の旅に出る《To Pimp a Butterfly》（一五）、曲順を逆にして聴くと……という驚くべき仕掛けが施された《DAMN.》（一七）、飽くなき頂上争いのヒップホップ・ゲームから王者みずから降りてみせた《Mr. Morale & the Big Steppers》（二二）というふうに、彼もアルバムごとにアプローチを変えていて、毎回かならず前作の自分の範囲を超えている感がある。

　すでにある様式美を基に、そこにほんの少しでも自分が新しいフレイバーを足すことができれば進歩なんだ、違う引き出しを開けられたんだということで自己肯定できるアーティストが多いなか、ケンドリックや荘子.itみたいな作家はたぶんそうではなくて、まったく別のアプローチとか自分がまだ覗いたことのなかった二重露光の組み合わせを引き出すことを考えているのかなと。

ラッパーはなぜ椅子に座っているのか？

吉田　『黒人音楽史』の第二章「『鳥獣戯画』ブルース」の、とくに「椅子」に着目したところに俺は圧倒されてしまいました……。

後藤　ありがたいことに、ここだけはみんな褒めてくれるんですよ。ハウリン・ウルフの代表作《Howlin' Wolf》[*34]（一九六二）しかり、ブルースのジャケにはなぜか椅子を描いたものが多いんです。またブルースの世界には「椅子」をタイトルにふくむ〈Rockin' Chair Blues〉という伝統曲もあります。さらに、「ブルースが立ち歩いていた」とか「ブルースが朝飯のなかに入っていた」等々、ブルースを擬人化して歌う伝統まである。この写真［図表4－5］は黒人アーティストのリチャード・ダイアルの作品で、アフリカン・アメリ

34
ハウリン・ウルフ
《Howlin' Wolf》（六二）

Chess

カンのヴァナキュラーな芸術を集めた、全二巻からなる馬鹿でかい作品集に掲載されたもの。この本のなかで同じように椅子を擬人化したアートがいっぱい出てくるのを見て、そういうことか、と僕は得心したんです。つまり、椅子というものをただの静物として見ているのではなくて、生命体としてアニミズム的に捉えて

図表 4-5
リチャード・ダイアルの椅子アート

William Arnett, Paul Arnett, "Souls Grown Deep: African American Vernacular Art, Vol. 2," Tinwood Books, 2001, p. 487

いるのではないかと気づいたんですよ。
　ブルースというと、もっぱら音楽ばかりが注目されてジャケは等閑視されがちなんですけど、ハウリン・ウルフの前述のジャケット写真は、かの有名なプレイボーイ誌の専属カメラマンが撮っています。

吉田　ほお、すごい。

後藤　だから表題の「ロッキン」って、〝セックス〟を意味する俗語のほうのロックでもあるわけですね。ついでにこちらはシカゴ大学出版局から出ている『The Art of Blues』[*35]というブルースのジャケや広告を集めたアート本です。この表紙もまさにそうですが、ブルースマンはエレクトリック・バンド編成になるまえは座っているのが基本姿勢ですよね。だから椅子にもっと注目してもいいんじゃないかなと思っています。
　それから椅子といえば、僕が編集人を務めている同人誌『機関精神史』[*36]でアフロ・マニエリスムの特集を組んだ際に寄稿してく

35　**『The Art of Blues: A Visual Treasury of Black Music's Golden Age』**
Bill Dahl, University of Chicago Press, 2016

36　**『機関精神史 第三号』特集＊アフロ・マニエリスムの驚異**
後藤護編、二〇二〇年

れたランシブルという十年にひとりの奇才がいるんですけど、彼が僕の百倍ぐらいのマニエリストなんです。

吉田　後藤さんの百倍って、そんな超人いるの!?

後藤　ミンストレル・ショー[*37]には、「ボーンズ」っていう骨をカタカタ鳴らす役回りの人がいたんですが、ランシブル君はそのボーンズについてだけで一本の論考を書きましたからね。そんな彼から「後藤さん、ブラックパンサー党[*38]の創始者ヒューイ・P・ニュートンがピーコックチェアを愛用していたと知ってましたか？［図表4－6］」って教えてもらったんです。そこからさらに思い当たったのが、アウトキャスト[*39]の名盤として誉れ高い《Speakerboxxx / The Love Below》（二〇〇三）のジャケで、そこに写るビッグボーイもピーコックチェアに座っていた［図表4－7］。いやはや、ランシブルという人にはかなわないなあ、などと思っていたら、彼よりもさらに上手なマニエリストがいまして、それがみうらじゅんさん[*40]。みうらじゅんさんは名著『魅惑のフェロモンレコード』でピー

37　ミンストレル・ショー（Minstrel show）
十九世紀のアメリカで発展した大衆演劇。黒塗りメイクをした白人俳優がアフリカ系アメリカ人の人種的ステレオタイプを喜劇的に演じた。いうまでもなく現在は御法度。

38　ブラックパンサー党（Black Panther Party）
一九六六年に米カリフォルニア州オークランドで結成された急進的な黒人政治組織。黒人に自衛のための武装蜂起をよびかけるなど解放運動を展開した。

39　アウトキャスト（Outkast）
一九九二年に米ジョージア州アトランタでビッグ・ボーイとアンドレ3000が結成したヒップホップ・デュオ。本文中の二枚組アルバム《Speakerboxxx / The Love Below》（〇三）は第四六回グラミー賞で最優秀アルバム賞ほか受賞。

コックチェアにまつわる写真を蒐集していたんです！

吉田　なにそれすごい（笑）。

後藤　半跏思惟像《はんかしいぞう》ってあるじゃないですか。台座に座って脚を組み、指をほおにあてて物思いにふけっている姿の仏像です。みうらさんは、半跏思惟像のうしろに円い後光がさしているようにみえるのを、これはピーコックチェアだと言って、エマニエル夫人と比較しているんです（笑）。さらに驚嘆すべきことに、この稀代

図表 4-6
ピーコックチェアに座る
ヒューイ・P・ニュートン

Public Domain

40　みうらじゅん
イラストレーター、作家、ミュージシャンほか。一九九七年、「マイブーム」が新語・流行語大賞のトップテンに選出される。「ゆるキャラ」の名づけ親。

のマニエリストはなんと「ピーコックチェアに座る松崎しげる」［図表4－8］とかいう見たこともないようなジャケット写真をたくさん披露していた。

吉田・荘子it　アハハハハ（笑）。

吉田　実は俺も、椅子と「座ること」に着目して原稿を書いたことがあるんですね。たとえばビギー*41やジェイ・Z*42といったラッパー

図表 4-7
ピーコックチェアに座る
ビッグボーイ

Arista

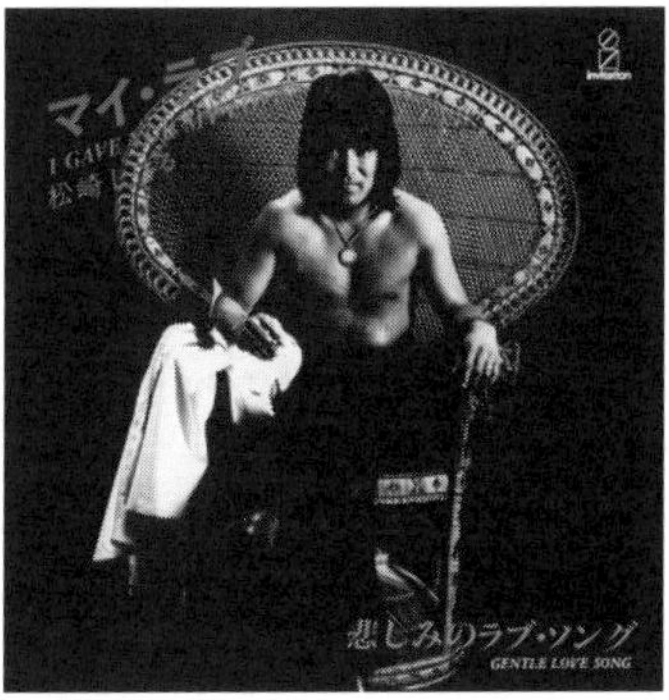

図表 4-8
ピーコックチェアに座る
松崎しげる

Invitation

がミュージックビデオのなかで椅子に座っている姿を思い浮かべることができるかと思うんだけど、ギャングスタ・ラップがおのれの「成功」をヴィジュアルで描く際、ラッパーたちはおしなべてみな座っている。椅子に深く腰かけ、悠然と構えたその姿からは、まさに成功を手にした〝王者〟の風格がただよう。そこで、彼らが座る「椅子」に着目してみたわけです。

椅子の歴史を調べてみると、多木浩二の『眼の隠喩』という本に興味深い研究が載っていた。多木によれば、古来椅子というのは儀式で使われるもので、西欧では中世から十六世紀くらいまでは政治的な意味合いが強かったという。要は、権力者が座る場所だった。極端な例では人間を椅子がわりにして、その上に座ることもあった。逆に、君主に仕える身分の家来たちは基本的に立っている。

後藤　なるほど。人間椅子といえば『家畜人ヤプー』から『チェンソーマン』まで、*43 日本人マゾヒストのお家芸です。

41　ノトーリアス・B.I.G.（The Notorious B.I.G.）
米ニューヨーク市ブルックリン出身のラッパー。愛称はビギー。ヒップホップ界を分断した「東西抗争」が激化の一途をたどる一九九七年二月、何者かに車中から銃撃されて逝去。享年二十四。おもな作品に《Ready to Die》（九四、左掲）など。

Bad Boy / Arista

吉田　でも、あくまでも政治的な役割をもったものでしかなかったから、硬いカチカチの椅子だった。それが、しだいに一般の人々に普及し安楽さが求められるようになり、十七世紀ごろから座面に角度がついたり、柔らかい材質の素材が使われはじめる。当初の儀礼的な役割から、人々の快楽への欲望へ応えるかたちで最終的に俺たちの知るいまの椅子になりましたと。そうした歴史をふまえて、あらためてビギーがどういう椅子に座っていたかをMVで見てみると、まず背もたれが赤い革張りになっていて——

後藤　おお。

吉田　その周りを金色の豪奢な装飾が縁どった——

後藤　おおお！　なんだか興奮してきた（笑）。

吉田　それはそれは立派な椅子に座っているんだよね。ベラスケスが描いてフランシス・ベーコンがサンプリングしたローマ教皇の座る椅子[*44]みたいなかんじで、ラッパーたちは権威というものを実に巧みに映像表現のなかに取り入れている。

42　ジェイ・Z（Jay-Z）
米ニューヨーク市ブルックリン出身のラッパー、実業家。ビヨンセの夫。おもな作品に《The Blueprint》（〇一、左掲）など。

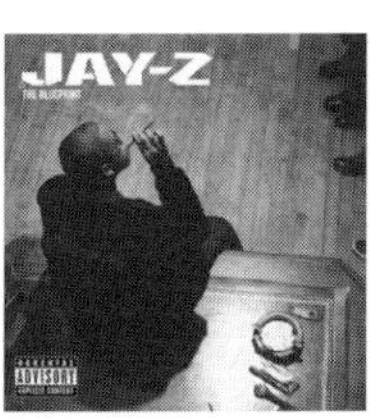

Roc-A-Fella / Def Jam

いっぽう、それとは対照的でこれまた面白いんだけど、デビューまえのまだ十代だったビギーがブロックパーティーで相手をコテンパンにやっつける伝説的なフリースタイルをおさめた動画があって、それを見ると映像中に座った人が何人か出てくる。彼らはそのブロックパーティーに遊びに来ている地元ブルックリンのおじさんとかあんちゃんで、車の上とかゴミ箱の上とかそのへんに自由気ままに座っている。

後藤　それはなにを意味するんですか？

吉田　つまり「座る」という行為は、いっぽうでは権力の頂点にのぼりつめた者のみがとることを許される示威的なポーズであり、他方ではヒップホップ・カルチャーを共有するすべての民衆に与えられた平等な権利でもあるというわけですよね。座ることにはそういう両義的な意味合いがある。

後藤　ほほう、マニエリスト的にはめちゃめちゃ面白い話でした。こういうディテールへの注目は蔑《さげす》まれているかんじがするんです

43　**『家畜人ヤプー』から『チェンソーマン』まで**
右：沼正三『家畜人ヤプー 第一巻』幻冬舎アウトロー文庫、一九九九年
左：藤本タツキ『チェンソーマン 13』集英社、二〇二三年、一四頁

よね。でもドイツの美術史家ヴァールブルクの有名な台詞にもあるように「神は細部に宿る」。批評にはシャーマン的な側面があるというのは中沢新一がよく言うことだけれど、シャーマニックな状態に入るには〝驚愕させてやる〟っていう心意気がないといけない。そのためにも、着眼で驚かせるということを批評家の人たちはもうちょっと意識したほうがいいんじゃないかと思っています。なんだか、あまりにももっともらしい批評になりすぎている気がするんです。

荘子it　それはとてもわかる。本質だけ抽出した批評って端的につまらないし、実はだれにでも言えることになってしまっている場合がある。

後藤　みうらじゅんさんはやっぱりアナロジーの天才で、「松崎しげるは半跏思惟像だ」と言っちゃうわけですよ。

吉田・荘子it　（笑）。

後藤　実証もなにもないんだけれど、僕たちはひとまずそこで問

44
ディエゴ・ベラスケス『インノケンティウス十世の肖像』一六五〇年ごろ

Public Domain

題を提起される。どうして似ているんだろうって。面白い類似を発見した際に沸き起こった衝動やエネルギーをもう少し大事にして批評はやるべきなんじゃないですかね。

吉田　そうだよねえ。俺の執筆中の単著『アンビバレント・ヒップホップ』も、ヘッズ以外の人も多いゲンロンの読者に向けて連載していたときは、ヒップホップの話をするだけではなくて、それこそさっきの椅子の話みたいにさまざまなジャンルを横断しながら批評としての面白さを追求していたはずなんだけど、それを書籍化するとなって加筆・改稿していくうちに、なんだか「ほんとうのことを書かなければ」みたいな観念に囚われて、どうしたものかと隘路《あいろ》に陥ってしまった感があって……。

荘子it　時間をかけすぎて、逆につまらなくなることってよくあるよね。

吉田　ビートメイキングなんかもそうだよね。耳が痛いけど、そこを乗り越えられるように頑張ってます。

後藤　平岡正明[*45]は、批評の善し悪しは直感の三秒で決まると言っていて、僕もわりと素朴にそれを信じています。平岡のもうひとつの名言「インスピレーション独裁」の状態にないと、いくら言葉をこねまわしても大体うまくいきません。

趣味への耽溺が最大のアナーキズム

後藤　『黒人音楽史』の第六章は「ホラーコアの解剖学」と題して論じました。きょうはヒップホップのみならずメタルにも精通している吉田さんにいろいろ訊きたいんですけど、トラップメタルとよばれるジャンルの人たちがホラーコアなテイストの音楽を作っていることに気づきはじめて調べたら、スーサイドボーイズ[*46][図表4－9]に行き着いたんですよ。

吉田　スーサイドボーイズは「トラップメタル」で検索すると、まっ

45　**平岡正明**
批評家。おもな著書に『ジャズ宣言』『山口百恵は菩薩である』など。

46　**スーサイドボーイ($uicideboy$)**
二〇一四年に米ルイジアナ州ニューオリンズでルビー・ダ・チェリーとスクリムが結成したヒップホップ・デュオ。スーサイド(suicide)は自殺の意。

さきに名前の挙がる有名どころですね。

後藤　彼らはエモラップ[*47]の文脈でも語られていますよね。アルバムのジャケを見ても、これはどう考えてもホラーコアの美意識だろうと——字義どおりの「美」というかんじではありませんが。

ホラーコアはやや下火になっているジャンルではあるんですけれ

47　エモラップ（Emo rap）
エモとヒップホップの融合したジャンル。感傷や孤独や憂鬱を題材にしたエモいラップ。作品の世界観を地で行くかのように、若くして不慮の死を遂げる者が多い。代表的なラッパーにリル・ピープ（享年二十一）、XXXテンタシオン（享年二十）、ジュース・ワールド（享年二十一）など。

ど、スーサイドボーイズなどを見るにつけ、最近ではトラップメタルやエモラップといった希死念慮をもてあそぶジャンルに派生しているのかなと思いました。

吉田　そうですね。ホラーコアっていわばメタヒストリー上のメタジャンルで、九〇年代にグレイヴディガズ[*48]が出てきたときも、

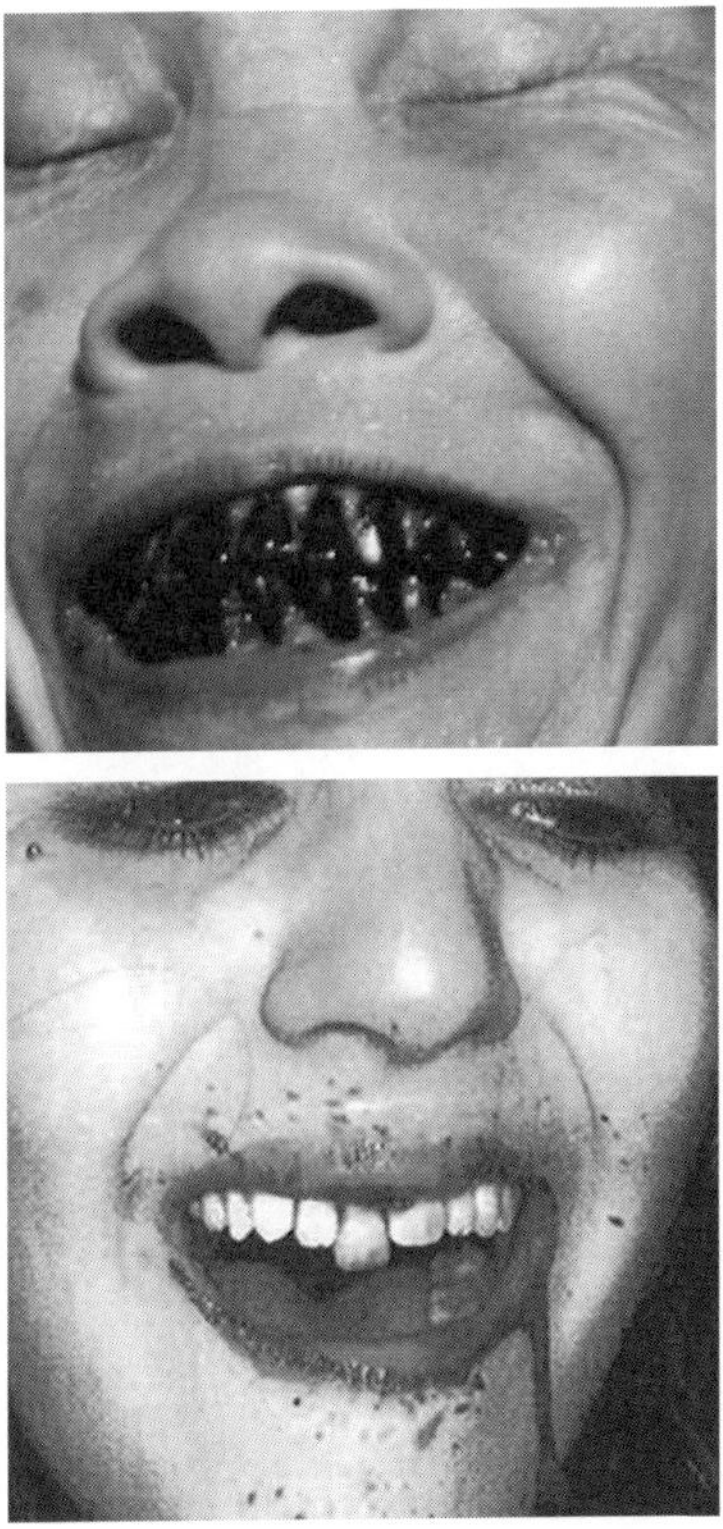

図表 4-9　スーサイドボーイズ作品

右上：《Kill Your$elf Part VIII: The $eppuku $aga》(2015)、右下：《Kill Your$elf Part X: The Re$urrection $aga》(同前)、左上：《DirtyNasty$uicide》(16)、左下：《Dirtier-Nastier$uicide》(17、以上すべて G*59)。

彼ら自身やいくつかの似たようなフォロワーを指してホラーコアという言葉は使われてたけれど、ある程度の規模のシーンが確立されていたというかんじではなかった。デトロイト出身のインセイン・クラウン・ポッシー[*49]なども同様で、事後的に関連づけて語られるようになった。逆に事後的に系譜づけると結構な規模になるから、まかれた種がいろいろな場所で発芽していく引力をもっているのがホラーコアなのだと思います。

ヒップホップの世界では一九九三年前後を境に、サウンドが急にダーク化していく。例を挙げると、サイプレス・ヒル《Black Sunday》、ウータン・クラン《Enter the Wu-Tang》、モブ・ディープ《Juvenile Hell》（以上すべて九三年）等々。この現象はもう少し広い視点で考えてみたほうが面白くて、同時代の八〇年代末から九〇年代初頭にかけては、「汚れた」という意味の言葉を語源にもつグランジも盛りあがっていた。

荘子it　俺の好きだったニルヴァーナの《Nevermind》（九一）が有

48　グレイヴディガズ（Gravediggaz）
一九九四年にプロデューサーのプリンス・ポールらが結成したヒップホップ・グループ。本文で後述するウータン・クランのRZAもメンバーのひとり。おもな作品に《6 Feet Deep》（九四、左掲）など。

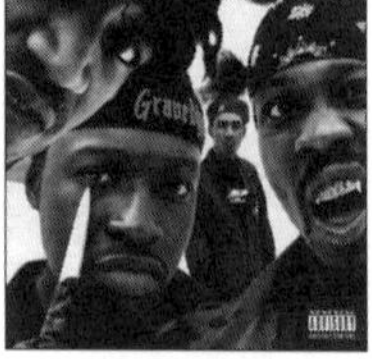
Gee Street / Island

名だよね。

吉田　そうそう。ニルヴァーナ以外にもサウンドガーデンの《Badmotorfinger》（九一）、アリス・イン・チェインズの《Dirt》（九二）とか。このころのヒップホップは商業化を推し進めていく反面、メインストリームの売れ線ラッパーを仮想敵にして「俺たちのヒップホップこそリアル（本物）だ」と主張する対抗的ムーブメントも起きていた。さっき後藤さんが指摘していた「リアル」の悪しき使い方はもうこのときから見られて、「キープ・イット・リアル」というフレーズが九三、四年に大流行し、同フレーズを叫ぶ曲も大量に作られた。そういった気概を言葉だけじゃなくてサウンドでも表現するとなると、必然的にそれはキラキラしたマスなものとは異なる「コア」な方向へと向かうことになる。ただのお気楽なパーティーミュージックなんかではなく、もっと〝ハード〟で〝リアル〟なものだぞ、と。それをもっとフィクショナルなほどエクストリームに推し進めたのが、ホラーコアのダークさだった。

49　インセイン・クラウン・ポッシー（Insane Clown Posse）
一九八九年に米ミシガン州デトロイトでヴァイオレント・Jとシャギー・2・ドープが結成したヒップホップ・デュオ。ピエロのフェイスペイントがトレードマーク。おもな作品に《The Great Milenko》（九七、左掲）など。

Hollywood

ただしRZAのビートのサウンドは、いっぽうではソウルネタ由来の温かみで名を馳せているところもあって、彼のダークさは陰と陽が拮抗した楕円的なものになっている。似たような話でいうと、Gファンクにもメロウな曲とハードな曲があるけど、あれも一種の楕円形になっていて、ドクター・ドレーの〈Nuthin' But a "G" Thang〉のミュージックビデオみたいにギャングスタが庭でパーティーをしているときの陽気なイメージと、敵対するギャングと抗争しているときの殺伐としたイメージをそれぞれ音に反映させているといえる。

荘子it　ダークさは、「不穏さ」とも言い換えられる。

吉田　グレイヴディガズの代表曲のひとつ〈Diary of a Madman〉は、五〇年代に活躍した大衆音楽の歌手ジョニー・マティスが歌う〈No Love (But Your Love)〉の冒頭部分をサンプリングしてるんだけど、当時のR&Bやジャズの楽曲ってイントロが不穏で、歌の始まるヴァースでメインのコード進行に変わるものが多い。これって要は、ダイナミズムや物語性を曲のなかで表現しようとしているんだと思うんだよね。刑事ドラマでも、いきなり犯人の殺人場面から始めてまずは視聴者を釘づけにしたあと、場面が切り替わって主役の刑事が登場、同僚と馬鹿話をしたりと穏やかな日常をしばらく追っていると事件の知らせが舞い込み……みたいな筋運びのパターンがあるように、緩急のダイナミズムを曲のなかでつくっている。ハードコアなヒップホップの連中は軒並み、その不穏な部分に目をつけてサンプリングしている。

荘子it　ドラマに不穏なシーンは付きもので、感情的動きを伴ってその不穏さが解決されていくのが作劇の常道。音楽的にいうと、ドミナントからトニックに帰っていくみたいなこと[*50]で、ドラマ内の緊張状態はあくまでも最後に安心するための準備段階として機能している。にもかかわらず、グレイヴディガズのようにその緊張状態だけをもってきてループさせると、また別の快楽の扉が開かれる。

50　ドミナント／トニック (Dominant / Tonic)
コード（和音）の機能。トニックは落ち着いた響きのコードで、フレーズの始まりや終わりで使われる。対してドミナントは不安定感や緊張感のある響きのコードで、トニックに向かう性質をもつ。

ビートメイカーが目隠しをした状態で選んだ三枚のレコードを使って作曲する企画[*51]があるじゃん？　ふつうの人からすると、なんでそんなことができるのか不思議に思うかもしれないけど、ドミナントの瞬間というのは超素朴なポップソングにもあって、どんなに明るい曲でも不穏な音がかならず鳴っている。そういった瞬間だけうまく抜くことができれば、いくらでも不穏なビートが作れる。

後藤　ホラーの核がどの曲にもあるわけですね。

荘子it　そうです。一見、ずっと気持ちいいだけのようでも、細かく見ていくと不穏な瞬間がどこかしらに織り込まれていて、だからこそドラマとして楽しんでいられる。

あと、いまの話を聞いていて思ったのがさ、グレイヴディガズにしろウータンにしろ、「ダーク」なのに「暗い」ってかんじが全然しないんだよね。不穏さと暗さが直結していないどころか、むしろポップに聞こえる。最近では『NOPE／ノープ』を撮った

51　リズム・ルーレット（Rhythm Roulette）
米メディアのマス・アピールによる名物企画。エル・P、ボーイ・ワンダー、マック・ミラー、ピエール・ボーン、ヒット・ボーイ（左掲）ほか人気ビートメイカーたちが挑戦している。

Mass Appeal, “Rhythm Roulette: Hit-Boy (Guitar Center Edition),” YouTube (2019/06/22)
https://youtu.be/qWLglMGm4QQ

ジョーダン・ピール[*52]の映画もそう。基本的にコメディ感覚と共存しているっていうか。

吉田　たしかに。でも、ウータンの場合は「これは（カンフー映画の）パロディです」って前面に打ちだされてるけど、スーサイドボーイズや最近の鬱系のトラップメタルはガチだよね。子どもには絶対に聴かせられない、みたいな。

後藤　わかります。ウータンでキーワードになってくるのが、荘子itさんもよく口にされる「フール」の概念だと思うんです。数年前に加速主義[*53]とかシオランが流行ったり、みんなが希死念慮がどうとか言ってたとき、僕はそれらにコミットできなかったんですよ。暗い時代には暗い思想がフィットするっていう安直さが受け入れられなくて。実際に加速主義は流行ってましたけど、コロナ禍になってそれがただのポーズだってことが大体わかってしまった。なんだかんだ言って結局、みんな生きたいんじゃないかと。

僕はクールよりフールのほうが強いと思う。とくにいまみたい

52　ジョーダン・ピール（Jordan Peele）
米映画監督。映画を撮るまえは、俳優のキーガン＝マイケル・キーとともに『Key and Peele』というコメディ番組を作っていた。おもな作品に『ゲット・アウト』（一七、左掲）など。

発売元：ＮＢＣユニバーサル・エンターテイメントジャパン

53　加速主義（Accelerationism）
資本主義の行きづまりを克服するためには、あえて資本主義システムを拡大・加速させ、解体に向かわせるべきだとする思想。

な転形期においては、なおさらでしょう。僕には、二〇二〇年代が一九二〇年代の再来のようなかんじがしているんです。メディアは、いまからおよそ百年前にもコロナのように猛威を振るったスペインかぜが流行したことをさんざん報じたけれど、その直後にメイエルホリドの野外演劇が流行ったことについてはまったく教えません。メイエルホリドの野外演劇は日本でも受容され、屋外で人間の活力を発散していく文化がつくられていきました。つまり、抑圧があった時代の次の十年は祝祭のディケイドになったんですよ。だったら生の哲学を模索しようって考えたとき、ウータン・クランは死ななさそうだなと思ったんです。

吉田・荘子it　(笑)。

後藤　僕が『黒人音楽史』で暗号に注目したり、韜晦やらなんやらと回りくどい言い方をしたのは、ポリティカル・コレクトネス[*54]の歪みや抑圧があまりにも強い時代に、思ったことを素直に言えないことへのフラストレーションをどうやって解消すればいいいん

54 ポリティカル・コレクトネス(political correctness)
人種・性別・宗教・年齢・体型などの違いによる偏見や差別をふくまない、中立的な表現や用語を用いること。政治的な(political)正しさ(correctness)。

だろうって考えたとき、黒人の人たちが実にそれをうまくやっていたという事実に思い当たったからなんです。彼ら・彼女らは下手なことを言ったら殺されてしまったわけじゃないですか。そんな状況下でなにをやったか。

二〇一五年、ウータン・クランは世界にたった一枚しかない限定アルバム《Once Upon a Time in Shaolin》*55を競売にかけ、推定二〇〇万ドルで落札されて話題になりました。同作に関してRZAはこんなことを言っています。

> ウータン・クランのオリジナルメンバーは八人だ。二〇一五年を表す数字を足すと〝八〟になる（二+〇+一+五）。オークションをやってくれるブローカーは〝八〟という数字が名前に入っている（Paddle8）。《Wu-Tang Forever》というアルバムにもふくまれていたが、八（8）を横向きにすると無限（8、forever）を指す記号にもなる。数学的な偶然かもしれない

55　ウータン・クラン《Once Upon a Time in Shaolin》（一五）

が、以前から八は俺たちにとって特別な意味をもつ数字だったんだ。*56

RZAのこの発言が依拠しているのは、僕の本のなかでも言及しているファイヴ・パーセンターズの*57「至高の数字」といわれる数秘術の類いですね。このファイヴ・パーセンターズという団体にウータン・クランであるとかジェイ・Zであるとかナズ*58であるとか、だれでも知ってる有名なラッパーたちが影響されていて、歌詞の裏側で密かに数学を構築している。これぞまさしくマニエリスムだと思いませんか?

そこで、はたと気づいたんです。感じたことを率直に口にしただけで迫害されてしまうような時代には、暗号や韜晦といったブラックカルチャーが裏側で築きあげてきた文化や知恵が、切実かつアクチュアルに役立つんじゃないかなと。だからそういう意味で、僕にとってこの本は思想書、実践の書なんですよ。

56 Krissie Ducker, "A Discussion of 'Once Upon A Time In Shaolin...' with the RZA & Cilvaringz," Once Upon A Time In Shaolin... http://scluzay.com/eighteight

57 **ファイヴ・パーセンターズ (Five Percenters)**
クラレンス13Xが創設した秘密結社。〇から九の数字がそれぞれ対応する意味をもつ「至高の数字」(〇:円、一:知識、二:知恵……)、およびそのアルファベット版「至高のアルファベット」はヒップホップに大きな影響を与えた。

荘子it　すばらしい。

後藤　書くまえから、涙するぐらい黒人の人たちの境遇に感動しちゃったんです。SNSの世界では、少しでも不快なことがあったら差別だなんだって大騒ぎになるんだけれど、ブラックカルチャーの人たちは実際の差別を受けながら、命を落とすか否かという極限の緊張状態のなかを生きている。僕はそちらに共感したんです。おかれた境遇こそ全然違うので口幅ったいですが、彼らに自分を重ねあわせることができた。下手なことを言うと社会的に抹殺される時代にアンダーグラウンドないしオルタナティヴでいることの勇気をブラックカルチャーからもらったんですよね。この話はあまりにも直情径行だから本には書かなかったけれど、執筆の経緯にはそのような個人的な想いがありました。

荘子it　本来その話はこうやって著者本人に語らせるよりも、読み手が汲みとってしかるべきなんだよね。『黒人音楽史』の前半で論じられる黒人霊歌やブルースの歌詞が暗号になっているのは、

58　ナズ（Nas）
米ニューヨーク市クイーンズ出身のラッパー。〝神の子〟。おもな作品に《Illmatic》（九四、左掲）など。

Columbia

奴隷の境遇にある黒人が逃亡経路などのメッセージを表立って書いちゃうと殺されてしまうからで、そこには切実な実用性があったわけ。でも章が進むごとに、だんだんそういう韜晦的な仕草は――俺が〝闇〟に耽溺してしまうのと同じように――たんに〝かっこいいから〟やっているように見え、まさにフェティッシュに溺れているだけだとも読めると俺は思ってたんだけど、著者のねらいは別のところにあったということですね。趣味に耽溺することじたいが、ある意味めちゃめちゃポリティカルなんだ、というのが裏テーマになっている。

後藤　さっき言ったことの繰り返しになりますが、僕はそれが最大のアナーキズムなんじゃないかなと思います。なんていうか、ふざけている人間というのが、はたしてほんとうにふざけているだけなのかってことを問いたかった。傍目にはふざけているように見えるんだけど、しかるべき人が読みとったら実は思想になっている、みたいな系譜をきちんとすくいあげるべきなんじゃないのかと僕は思ったんですよね。みうらじゅんさんに対して、この人はどうしてこんなにどうでもいいことばかり言ってるんだろうとも思いますが（笑）、みうらさんってふざけているなかでたまに本質を突くんです。彼は、仏像は祈るものではなく、見るものなんだと言って宗教学を視覚文化論の方向に転換させてしまった。そういう道化の人にしか感得できない気づきがたしかにある。

吉田　その人がフールな表現をしているときには、やっぱりなにかしらの理由があってそこにたどり着いているはず。その表現をつぶさに見ていくと、抑圧された経験とかが背後に存在している場合もある。でもそういう回路が存在することすら、なかなか語られることも顧みられることもなく、ただの〝過剰な人〟として片づけられてしまう。きょう後藤さんのお話をうかがったことで、『黒人音楽史』は表象の裏側に思いをはせることの大切さを教えてくれる、意義深い一冊だなとあらためて思いました。

後藤　サウンド分析も音楽批評の大事な一面ではありますが、

ミュージシャンひとりひとりのストーリーも疎かにすべきではありませんよね。ベル・フックスというジャック・デリダ*59の弟子格の黒人女性思想家は自著『アート・オン・マイ・マインド』のなかで、かならずしも黒人全員が政治的であると思われたくない、と強調していました。たしかにそれはそうだと思う。はたして黒人というのは全員がプロテストしているのかと問うならば、答えはもちろんノーです。「芸術のための芸術」をやっている耽美主義的な黒人の人たちだっている。そういう人の声を拾えていないのに彼らが一枚岩であるかのように主張しているのだとしたら、それはトータルな意見じゃないですからね。僕は、そのような政治的な人たちだけがキラキラみえちゃう状況に対する負のバランスでありたい。声を荒げる〝太陽〟系の人たちの陰にひっそりと、しかし確実に存在する〝月〟側の声に耳を傾けることで、初めてトータルに見えてくる世界があるんじゃないかと。僕の書いた本がすべてとは言わないけれど、こんな世界もあるんだということを示

59 ジャック・デリダ(Jacques Derrida)
仏哲学者。脱構築、散種、差延などの概念で知られる。おもな著書に『グラマトロジーについて』『エクリチュールと差異』など。

したかった。太陽と月の交通──吉田さんの表現でいうところの二重露光──がないと、文化は面白くない。そのへんの定食屋でヒップホップのヘッズとゴスロリちゃんが同じテーブルにつき、食事をともにできて初めてほんとうの「多様性《コラージュ》」が実現されるんじゃないんですかね。

後藤 護（ごとう・まもる）
暗黒批評。blueprint より新刊『悪魔のいる漫画史』が発売中（表紙画：丸尾末広画伯）。シン・マンガ連載「綺想とエロスの漫画史」がケンエレブックスで二〇二四年スタート（書籍化予定）。『黒人音楽史 奇想の宇宙』（中央公論新社、三刷）で第一回音楽本大賞「個人賞」を受賞（渡邊未帆選）。その他の著書に『ゴシック・カルチャー入門』（ele-king books）。近刊予定に魔術師ハリー・スミスを中心に据えたポリマス論『博覧狂気の怪物誌』（晶文社、二〇二四年）、レイバンのティアドロップをかけて日本に降り立ったダグラス・

マッカーサーの衝撃に始まる『日本戦後黒眼鏡サブカルチャー史』
（版元・刊行年未定）がある。

五章

ヒップホップと「良い音」

音を視《み》る魔術

feat. Illicit Tsuboi

現代の音楽チャートにおいてヒップホップは欠かせない存在となって久しく、その音像はジャンルの枠を超えて浸透している。たとえばトラップが生みだした「サブベース」ともよばれる重低音は、あらゆるポップミュージックに援用されている。私たちは、腹の中心に響くような低音がボトムを支えていない世界に戻ることができない。だがその低音の音圧を真に味わうには、ライブ会場やクラブの大型スピーカーないし車載のウーファーが必要となるのも事実だ。

いっぽうで、私たちはスマホやパソコンの貧弱なスピーカーで音楽を楽しんでもいる。音環境によって再生音にここまで差異が生じる時代はいまだかつてなかった。にもかかわらず楽しむことができているとすれば、それは「ミックス」という名の魔術により、その差異が最小化され、あるいは貧弱な音環境にも対応するようハイブリッド化されているからだろう。では、ミックスの良し悪しはどう決まるのか。もっといえば、「音が良い」とはいったいどういうことなのか？

日本のヒップホップのサウンドとレコーディング現場を知りつくすエンジニア／プロデューサーにしてヴァイナル・ディガーであるIllicit Tsuboiが、音を視《み》る魔術を明かす。

吉田雅史　今回は「ヒップホップと〝良い音〞──音を視る魔術」と題して、日本のヒップホップ界のリビングレジェンド、Illicit Tsuboiさんをお迎えしました。ヘッズのみなさんはご存じのとおり、Tsuboiさんはトラックメイカー／エンジニアとして長年、音づくりの現場の第一線で活躍されていますが、目には見えないその〝音〞をどう言語化するかというのは、わたくし吉田の専門領域である音楽批評において積年の課題になっています。きょうはヒップホップのサウンドメイキングにとどまらず、そもそも〝良い音〞ってなんだろう？というところまで話を深められたらと思っています。

Illicit Tsuboi　こういった場でお話しすることはほとんどないので、お声をかけてもらいとても光栄です。たぶん、もうこれで最後なんじゃないかな（笑）。

荘子it　ということは、めちゃくちゃ貴重な機会ですね。俺はDos MonosのレコーディングでTsuboiさんのスタジオにお邪魔する機会があるけど、作業が終わったあとはいつも音楽の話をいろいろしてくださって。しかも、二、三時間でレコーディングが終わって、そのあと五時間ぐらいずっとレコード談義みたいなこともしょっちゅう。Tsuboiさんと一緒に過ごす時間は、間違いなく俺のなかの至福の時間ランキングの上位に来ます。

吉田　Dos Monosの諸作品はTsuboiさんがミックスを手がけているんですよね。俺もOMSB[*1]の《Haven》(二〇二一)や《喜哀》(二三)といったEPにビートを提供した際、レコーディングとミックスをTsuboiさんに担当していただきました。荘子itが言う〝至福の時間〟を自分もそのときに少し体験させてもらったけど、やっぱり制作現場でしか味わえないものがあると実感しましたね。

Tsuboi　ありがとうございます。僕の作業場に来られる人はかなり限られていて、スタジオのスタッフのなかにも足を踏み入れたことのない人がいます。

吉田　そうなんですか？

1　**OMSB（オムスビ）**　ラッパー、ビートメイカー。二〇〇九年に神奈川にて結成されたヒップホップ・グループ、SIMI LABのメンバー。おもな作品に《ALONE》（二二）など。左掲は本文中の《Haven》（二一）。

Summit

Tsuboi　うちは練習スタジオとして、アマチュアの方々にも使っていただいてますが、僕の作業場は「開かずの扉」といわれているような一角なんです。二一年に亡くなったリー・ペリー[*2]の「ブラック・アーク」というスタジオはぶっ飛んだ音楽的実験をやっていたことで有名な場所なんですけど、それにちなんで僕のところは〝日本のブラック・アーク〟っていわれることもあります（笑）。そんな秘密のアジト的な場所です。

理想の〝良い音〟には永遠にたどり着けない？

吉田　荘子itの手元にあるのは、オーディオ雑誌の「ステレオサウンド[*3]」だよね？

荘子it　これは、オーディオファイル――ちなみにファイル（phile）は、〝映画通〟を意味する「シネフィル（*cinéphile*）」のフィ

2　リー・ペリー（Lee Perry）
ジャマイカ出身のレゲエ・シンガー、音楽プロデューサー。一九七三年にジャマイカの首都キングストンの自宅裏庭にレコーディングスタジオ「ブラック・アーク」を設立し、レゲエやダブの名曲を数多く生んだ。

3　「ステレオサウンド（No.220）」二〇二一年九月二日号、ステレオサウンド

ルと同じ――ともよばれるオーディオ愛好家のための由緒正しき雑誌で、俺も普段から読んでるわけではないけど、この号は千葉雅也さん[*4]の新連載「オーディオ存在論　失われた音を求めて」が始まったのと、小林秀雄[*5]の当時のオーディオ談義が収録されていて、文系オーディオファン的にも楽しめる内容になってる。

吉田　オーディオ雑誌の読者層となるマニアの人たちのあいだには「原音主義」という理想主義的な価値観があるといわれてるよね。歴史を遡《さかのぼ》れば、クラシック音楽の初期における室内楽は、もともとお金持ちの貴族が自分たちの宮廷に音楽家をよんで、その演奏を聴いていたところから始まっている。その規模が大きくなってオーケストラによるコンサートに発展したわけだけど、いまのオーディオマニアが再生機器に望むのが、そういったコンサートホールの客席で聴く演奏、すなわち「原音」を極力再現した音ということになる。

そこで思い出すのが、荘子itがもってる「ステレオサウンド」

4　千葉雅也
哲学者、小説家。おもな著書に『動きすぎてはいけない　ジル・ドゥルーズと生成変化の哲学』『オーバーヒート』など。

5　小林秀雄
評論家。おもな評論に「モオツァルト」(四六、『モオツァルト・無常という事』所収)など。

の記事に再録されている小林秀雄の対談に出てくるこんなエピソード。ステージの幕を下ろした状態で音を聴いて、実際の演奏者が鳴らしたものなのか、それともオーディオ装置でレコードを再生したものなのかを当てるという実験をやったところ、百人中十数人しか正しいほうを当てられなかったという。だから現代では、耳の肥えていない人には聴き分けるのが困難なぐらい、オーディオ機器でも原音を再現できてしまっているといえる。

荘子it　ステレオサウンド誌のこの号は、巻頭エッセイで「だからオーディオはやめられない」と謳《うた》っているんだけど、ある意味、その〝やめられない〟ってところがミソというか、たいていの人は理想の音にはたどり着かない。音楽制作者など一部を除いて、そもそも人は良い音というものをなかなか識別できないから、生演奏の原音を求めて高価な再生機材に買い替えたところで、その音にいっこうに満足することができない。それでさらに高性能の新しい機材に買い替えて……と繰り返していくうちに、機材への投資じたいが趣味になっていく。

吉田　投資もそうだし、理想の音にいつまで経ってもたどり着けず、オーディオ設備・環境の増改築に明け暮れるようになると、それはやがて、いわばモノづくりの快楽へとつながってくる。

荘子it　そうそう。さっき雅史itがヨーロッパの室内楽の話をしてくれたけど、日本の文脈でいうと、戦中期にラジオの自作が趣味として流行って、その延長線上にいまのオーディオ文化はあるんだよね。音を聴く以前に、自分で作っていじれるというところが、実は大半の人がオーディオにハマっている理由だったりする。

そういうモノづくりの快楽は俺たちトラックメイカーの仕事にもあって、たとえばミックス作業じたいは楽しいけど、最終的になにが正解なのかわからない、でもずっと続けてしまう、というテレビゲームにのめり込むのとも似た感覚がある。Tsuboiさんほどのプロフェッショナルな方ともなると、毎回イデア[*6]に向けて音づくりをされるわけだけど、大半の人は闇雲にやってて、その暗

6　イデア（idea）
古代ギリシアの哲学者プラトンが唱えた概念で、「理念、観念」などの意。

中模索じたいが快楽になってる。

吉田　Tsuboiさんにも、そういったオーディオファイル的な楽しみ方や快楽はありますか？

Tsuboi　「この機材を使ったら良い音が出る」って提供されるものをみなさんはとりあえず指標にすると思うんですけど、そういうのじゃなくて、自分の最低限の機材環境でいろいろ試行錯誤したすえにすごい音が出たという体験が大事ですよね。僕は大学に入ったころからいまのスタジオにいるので、モニタリング（レコーディング中の音声・MIDI入力を聴いて確認すること）＝スタジオという環境での作業が人生の半分以上を占めてるんですよ。爆音を出せるのをいいことに、思いつくままにいろいろ実験をしてきたから、音の良し悪しなどに関してみんなと全然話が合わない。だいたい「音ちっちゃいね」って思ってしまう（笑）。

荘子it　俺もけっこう大きい音で制作するけど、Tsuboiさんの爆音は比べものにならないぐらいデカい。

Tsuboi　大きい音で聴くと、そうでないときとの差がよくわかるんですよね。レコードに関しても同じで、僕が「値は張るけどオリジナル盤のほうが音が良い」って口酸っぱく言いつづけているのも、やっぱりその差を知ってるから。知ることで経験値がひとつ上がるんです。

荘子it　千葉雅也さんはステレオサウンド誌の連載で、自身の好みのサウンドの原点は父親のオーディオ機器で聴いた音だと書いている。千葉さんには意識しはじめるまえからトラウマ的に理想の音が存在していて、でもその音じたいがどういうものだったかは思い出せない。だから、Tsuboiさんが若いころからずっと続けられてきたという実験にもいえることだろうけど、オーディオをめぐる体験というのはたんに音を聴くだけでなく、各々が自分なりのやり方で理想に近づけていく作業やその過程全体もふくまれるんだと思う。さっきは、オーディオマニアといえどもほとんどの人は違いがわからないからお金の無駄づかいをしてるんだ、みたいな乱暴な言い方になってしまったけど、ある意味それもオーディオ文化を享受するにあたって欠くことのできない大事な一側面になってる。

俺も友だちの家で初めてエレキギターを弾かせてもらったときは、てっきりジャラ〜ン♪って鳴ると思ってたのに、アンプが歪《ひず》んでいて、いきなりドヒャーン！とか鳴って驚いた（笑）。ただ同時に、うわあ、俺はこんなにかっこいい音を出せるのかって感動もしたんだよね。やっぱりその原体験の驚きを求めて、ずっといろんなことを試行錯誤してやってるところはある。

吉田　なるほどね。音がトラウマ的に存在するということに関連して、さきほども取りあげた小林秀雄の対談では「聴覚空間」と「幾何学空間」を対比させて、いくらエビデンスを示して幾何学空間があると主張したところで、究極的には受け手側の感性とか精神状態とかいろんな要因によって音の聞こえ方は変わってしまうと言っている。つまり「生きた耳」に対応する聴覚空間があるわけだから、当人が納得してそこに違いがあると信じているのに対して、外部からはなにも差し挟むことはできないよねと。

Tsuboi　同じ音を聴いても、体調が悪かったりしたら「きょうはこっちの音のほうが良いな」みたいなことは僕も全然あるし、基本的には音の再現性が一〇〇％だといわれるデジタルでも、日によってまったく違うふうに聞こえることはありますね。

汚れた音こそ良い音である

吉田　さて、ここまで「原音」とひとくちに言ってきましたが、技術の進歩にともなって音楽の世界に「電子音」が登場すると、それまでのように楽器で演奏した音が空気振動となって、それをマイクで集音するというのとは別に、シンセやドラムマシンといったハードウェアに内蔵された音だったり、さらにはPro ToolsをはじめとするDAW上のソフトウェアの音だったりというふうに、音の在りようが多様化していく。じゃあ、そうなったときの原音とは何なのか？　とりわけヒップホップの場合、サンプラーを介して取り込んだネタにおける原音は、サンプリングに使ったレコードの溝に刻まれた音を指すのか、それともそのネタが録音されたときの演奏なのか？という話になってくる。いやはや、原音の世界は奥が深い……。

Tsuboi　僕はそもそも、原音ってそんなにいい？って思ってしまうんですよね。もちろん生の演奏もたくさん聴いてきてますけど、レコードに録音されていたりサンプリングされたかたちで聴いたときのほうが、僕的には同じ音でも「かっこいい」と感じるんですよ。ライブを観に行っても、音が良いなと思ったことがあんまりなくて。例外的によかったのが、ザ・ルーツ[*7]のライブです。

吉田　ほぉ〜。

Tsuboi　ザ・ルーツのライブは、PA[*8]がガッツリ自分の理想の音

7　ザ・ルーツ（The Roots）
ラッパーのブラックソートとドラマーのクエストラヴが一九八七年に米ペンシルベニア州フィラデルフィアで結成したヒップホップ・バンド。俳優ジミー・ファロンが司会を務めるNBCのトークバラエティ『ザ・トゥナイト・ショー』の座付きバンドとしても親しまれている。おもな作品に《Things Fall Apart》（九九、左掲）など。

MCA

8　PA
Public Address（公衆伝達）。音響設備およびそれをあつかう技術者・エンジニアのこと。

に編集しているんです。彼らが日本に来たときにPAの卓[9]の設定を見せてもらったんですけど、もうレベルが違うというか、ガンガンいじってて。僕の好きな音はこれだなと。

吉田　俺は一九九五〜九六年に米オレゴン州の田舎町に滞在してて、そこは音楽がとても根付いた地域ということもあり、ほぼ毎週末ライブを観ていた。フィッシュボーンとかレイジ・アゲインスト・ザ・マシーン、ベン・ハーパーやメデスキ・マーティン&ウッドからJBsまで、錚々《そうそう》たるアクトをたくさん見たなかで、たしかにザ・ルーツは——当時まだ《Illadelph Halflife》（一九九六）のときだったから、Tsuboiさんが目の当たりにしたレベルに達していたかどうかはわからないけど——出音が一線を画していたのをはっきりおぼえています。そうかあ、あれはPAの音づくりの賜物だったんですね。

荘子it　原音を実際に聴いても、こんなもんなの?って拍子抜けしてしまうぐらい、実はしょぼい。マイルス・デイヴィス[10]がミュー

9　卓
ミキサー、ミキシング・コンソール。入力された音声の音量・定位の調整、プラグイン・エフェクトの適用等を施す機材の呼称。

10　マイルス・デイヴィス (Miles Davis)
米イリノイ州アルトン出身のトランペット奏者。ジャズの帝王。おもな作品に《Kind of Blue》（五九）など。左掲の《Aura》（八九）のジャケット写真でもみられるように、トランペットにミュートを付けて演奏した。

CBS

ト（弱音器）を使ってトランペットを吹いていたのもそうだけど、良い音って原音を削ってつくられてるわけだよね。アナログシンセも、基となる原音をフィルターで削る作業によって音づくりをしている。ピー、ピーっていう病院の心電図のような味気ない原音を削ったり混ぜあわせたりすることで、濁りをふくんだ〝良い音〟に近づいてくる。

たぶん、人は加工された音を通して原音のイデアを想像することで「良い音だな」って感じるんだと思う。ぐちゃぐちゃに歪《ゆが》ませた音を聴く――それはそれでフェティッシュな聴き方としてありなのかもしれないけど――というのとも違くて、ちょっとくぐもった音のなかにこそ、クリアな音以上に原音をかき立てられるというか。聴きとれそうで聴きとれない、見えそうで見えない……みたいなのがいい。

Tsuboi　僕と一緒で完全に変態ですね（笑）。

吉田・荘子it　アハハハハ（笑）。

荘子it　専門家じゃないから雑なアナロジーになってしまうけど、写実的に描かれてたり、一点透視図法[*11]のような遠近法を駆使した古典的な絵画よりも、近現代以降の印象派とか抽象絵画の超平面的で距離感もないような作品のほうが、むしろ作者の目に映った感覚をそのままのかたちで鑑賞者も感じられて、よりリアルだと思う。反対に、いわゆるリアリティのある絵を見ても、べつにそれは「うまく描けた絵」だと思うだけ。一見ヘンテコな絵なんだけど、それを通して景色が見えるっていうほうが、良い音を良い音たらしめている定義には限りなく近いんじゃないかな。ヒップホップがやってることも、抽象画やマイルスの弱音器と同じで、サンプラーを経由することで加工されて適度に汚れた音になっていて、それがむしろ良い音なんだっていうふうになってる。

Tsuboi　汚れた音といえば、ウータン・クランですね。あの人たちはとにかく音が悪い。

荘子it　RZAが作るウータンのビートは、まさに薄汚れている

11　一点透視図法
遠近法の一種で消失点をひとつもつ構図で描かれる。奥行き方向の線はすべて消失点に収束するように放射状になる。

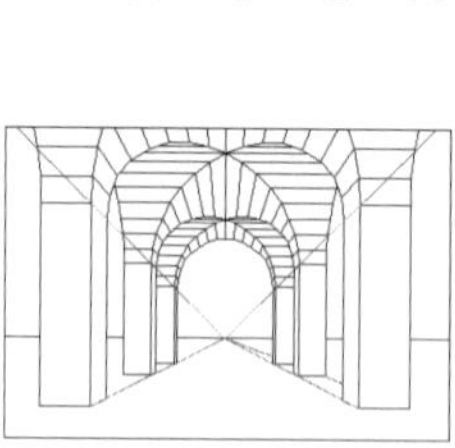

©Wolfram Gothe CC BY-SA 3.0

という表現がぴったりの音ですよね。

Tsuboi　デビューシングル曲の〈Protect Ya Neck〉がリリースされたとき、「これ、どう考えてもエラーでしょ」ってなりましたもん。僕はこういうの大好きだけどさ、いくらなんでもこの音の汚さは絶対にプレスミスだから交換してくれってお店の人に言ったら、レコードを取り替えてくれたんですよ。

吉田・荘子it　(笑)。

Tsuboi　ところが交換してもらったのも同じ音だから、ふざけんな！ってなった(笑)。フィルター*12うんぬんじゃなくて、なんか音が悪いんです。音が悪いっていうか、ちょっと間違ってないか？って。これだけ知りつくしている自分がこんなにも頭を抱えるからには相当ヤバいやつだなって当時思った記憶があります。まあ、わけを知ったいまとなってはめちゃめちゃ良い音ですけど。

荘子it　そもそもどうしてヒップホップの音が汚れているかを説明すると、ビット数の低いサンプラーで他人のレコードから無理

12　フィルター（Filter）
特定の周波数帯域のみを通過させ、それ以外をカットするエフェクター。音のろ過器。

やり抜いてたから、音が悪いのは当然だった。当初はサンプラーを使っていたために、不可抗力的に汚かったのが、時代を経ていつしか〝汚さ〟そのものがフェティッシュ的に愛されるようになった。

吉田　それから、サンプラーの内蔵メモリーは当然ながら記憶させられる容量が決まっていて、サンプリングできる時間に制限があった。たとえば八七年発売のSP－1200はいちサンプルあたり二・五秒（合計一〇秒）、MPC60はいちサンプルあたり五・三秒（合計一三・一秒）といったかんじ。一秒でも長く時間が欲しいビートメイカーたちはそこで知恵を絞り、三三回転のレコードを再生速度を上げた四五回転でサンプリングしたうえで、再生時にまた遅くするという手法を編みだしたんだけど、それにともなって音質の劣化が起きた。その劣化もヒップホップ特有の音の汚さを生むのに一役買っている。

いま言ったようなイデアとしてのダーティさといった音色とは

また別に、ヒップホップのサウンドメイキングにおいてはフェティッシュ的に親しまれている音がたくさんあるよね。たとえば、TR－808だったらスネア、カウベル、ハンドクラップとか。

Tsuboi　TR－808を使っていたランDMCやビースティ・ボーイズ[*13]といったデフ・ジャム[*14]の周辺が、八六年ぐらいから急に拍頭のキックでブゥーンと鳴らすようになったんですけど、あの音のかんじは808からは出ないんですよ。ふつうはあんなに伸びない。これは通説としてDUB MASTER Xさん[*15]から聞いたことですが、オルガンのいちばん下の音を足すとあの音になるそうです。

吉田　おお〜。

Tsuboi　僕の場合は、ビースティ・ボーイズ〈The New Style〉の途中で展開が変わるときに鳴る〝ブゥーン〟一筋です。あれを二十年ぐらいずっと使っています――こんなこと言ったら、ほんとうは怒られるんだけどね（笑）。でもみんなそう。後ろに「うおお」っていうガヤの声がうっすら入ってるんですけど、フィルター

13　ビースティ・ボーイズ (Beastie Boys)
米ニューヨーク市で一九七八年に結成されたヒップホップ・グループ。メンバーはマイク・D、MCA、アドロック。おもな作品に《Licensed to Ill》（八六、左掲）など。

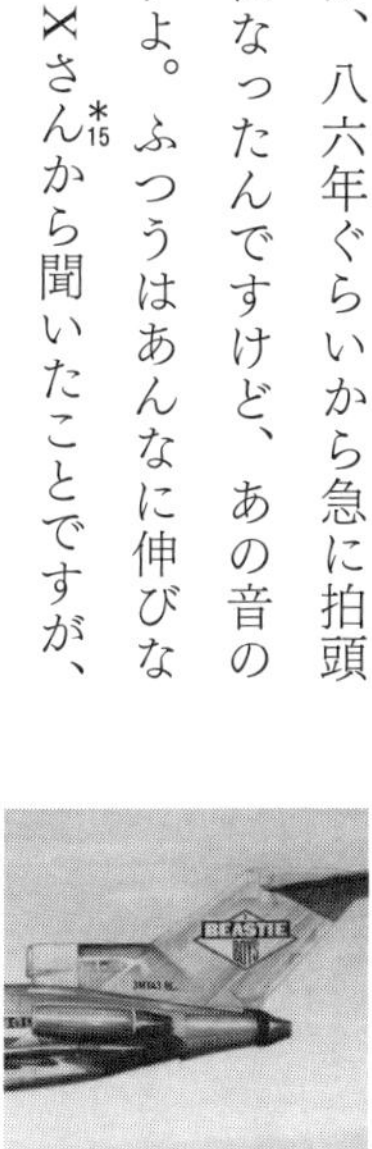

Def Jam / Columbia

14　デフ・ジャム・レコーディングス (Def Jam Recordings)
一九八四年にリック・ルービンとラッセル・シモンズが設立した米音楽レーベル。ヒップホップやR&Bを得意とする。

で加工しています。SHINCO[16]をはじめ、当時の日本のヒップホップのトラックメイカーはみんなあれを使ってたんじゃないかな。

吉田　マジかあ。

Tsuboi　あとトレンズ・オブ・カルチャー[17]の曲にもいい鳴りの〝ブゥーン〟があって、日本の九〇年代初期ヒップホップのブーミングはこのふたつで成り立っていたといっても過言じゃないです。

荘子it　すごい耳寄り情報だ。

吉田　ちなみにボム・スクワッド[18]のハンク・ショックリーは律儀に808の原音を使っていたという情報があります。

Tsuboi　だからパブリック・エネミーのキックってサステイン（音の持続）が異様に短いじゃないですか。かわいそうだけど、正直者は馬鹿を見るってことですよね（笑）。

荘子it　ハンク・ショックリーは馬鹿正直な原音主義者だった（笑）。

15　DUB MASTER X（ダブマスターX）
PAエンジニア、レコーディングエンジニア、DJ、アレンジャー。

16　SHINCO（シンコ）
一九八八年結成のヒップホップ・グループ、スチャダラパーのトラックメイカー／DJ。メンバーのANIは実兄。おもな作品に《5th WHEEL 2 the COACH》（九五、左掲）など。

東芝EMI

17　トレンズ・オブ・カルチャー（Trends of Culture）
米ニューヨーク市ハーレム出身の三人組ヒップホップ・グループ。一九九三年に《Trendz...》を発表。

聞こえないけど、体で感じる音

Tsuboi　むかし、近田春夫さん[19]はミックス作業をするとき、エンジニアに「ブレイクビーツ[20]には絶対に触るな」と言っていたらしいです。ほかの部分はいくらでもイジっていいけど、ブレイクビーツだけはコンプ[21]もEQもかけずに、それで成立するミックスを作ってくれって注文していたと聞きました。担当したエンジニアの人は、もうとにかく大変だったと言ってましたが。でも、それって理論的にはすごくわかる話で、ビートの土台となるブレイクビーツが絶対にぶれないから、上にネタとかが乗っかってきても最後までテイストが保たれるんですよね。

吉田　きょうの話に引きつけて言い換えるなら、〝原音には触れるべからず〟ってことですね。ビートメイカーやミキシング・エンジニアはつまるところ、ブレイクビーツをいかに効果的に、かっこよく鳴らせるかを日々考えているともいえる。だから近田さん

18　ボム・スクワッド (The Bomb Squad)
ハンク&キースのショックリー兄弟、エリック〝ヴェトナム〟サドラー、カール・ライダー(チャックDの変名)の四人からなるプロダクション・チーム。チャックD率いるパブリック・エネミーの諸作のほか、アイス・キューブ《AmeriKKKa's Most Wanted》(九〇、左掲)などのプロデュースを手がけた。なお、TR-808についてハンクはインタビューで、AKAI社のS900のテストトーン(サイン波)を808的なベース音やキック音として用いていたことも明かしている。Torsten Schmidt, "Hank Shocklee," Red Bull Music Academy (2015/4/21) https://www.redbullmusicacademy.com/lectures/hank-shocklee-art-brut

Priority

の考えはよく理解できます。かつては《Ultimate Breaks & Beats》[*22]（一九八七）という海賊盤ブレイクビーツ集が定番で、ヒップホップ・コミュニティ内におけるある種の公共財みたいなかんじで多用されていた。オンラインのサンプリングネタ事典「WhoSampled」によれば、《Ultimate～》収録の一曲〈Amen, Brother〉はなんと、六三〇〇曲（！）に使われてる（本書刊行時）。

Tsuboi　《Ultimate～》は僕にとってもバイブル的な一枚です。エンジニア的に聴き逃せない点をいうと、《Ultimate～》に入っている〈Impeach the President〉に関しては、ハニー・ドリッパーズのオリジナルにはないノイズが頭に乗ってるんです。〈Impeach the President〉がサンプリングされているときは耳を傾けて、「……これはちゃんとオリジナルからとってるな」って確認しています（笑）。さらに付け足すと、オリジナルのほうは音が良すぎて、あんまりかっこよくないんですよね。

吉田　〈Impeach the President〉使いの曲だと、たとえばDJプレミ

19　近田春夫
ミュージシャン、作曲家。七〇年代から、近田春夫&ハルヲフォン、近田春夫&ビブラトーンズなどの名義で音楽活動をおこなう。一九八六年にはヒップホップ・レーベル「BPM」を設立し、President BPM 名義でも活動を開始。TINNIE PUNXらとともに日本語ラップの黎明期を築く。

20　ブレイクビーツ（Breakbeats）
往年のファンクやジャズやR&Bからサンプリングした、ドラムやパーカッションのみの〝ドラム・ブレイク〟で出来たビート。曲中の間奏部分を「ブレイク」とよぶ。DJクール・ハークは、ブレイクで観客がもっとも盛りあがることに気づき、二台のターンテーブルと二枚のレコードを使って交互にかけつづける技法「メリー・ゴーラウンド」を編みだした。

21　コンプレッサー（Compressor）
音を圧縮することでダイナミックレンジ（音量の大小の幅）を狭めるエフェクター。音の均し機。

アのプロデュース曲〈Unbelievable〉（ノトーリアス・BIG）がよく知られていますね。

Tsuboi　プレミアのビートは例のノイズが乗ってるから《Ultimate～》を使っているはず。機会があったら本人に訊いてみたいです。

吉田　即答とは、さすがTsuboiさんだ（笑）。DAWやテクノロジーの進歩によって、いまや音源そのもののサンプリングだけでなく、そのリズムを取りだすことまでできてしまうから、《Ultimate～》のMIDI版みたいなものまで出ていて、同じリズムパターンでドラムサウンドを自由に変えられる。

Tsuboi　僕が高校生のとき、《Ultimate～》は渋谷のZEST[*23]とかにしか売ってなくて、忘れもしないけど一枚三六〇〇円でした。

吉田　高っ！　当時は十二インチが七百円ぐらいでしたよね？

Tsuboi　そうですね。あのころは入荷情報を聞きつけるやいなや、高木完さん[*24]とかと連れ立って、みんなで買いに走ってました。ほんとうに全然置いてなくて、始発の電車で買いに行ったり。

22　V.A.《Ultimate Breaks & Beats》（八七）

23　ZEST（ゼスト）
渋谷区宇田川町にあった輸入レコード店。二〇〇五年閉店。

24　高木完
ミュージシャン、DJ、音楽プロデューサー。一九八六年に藤原ヒロシとともにヒップホップ・グループ、TINNIE PUNXを結成。八八年、日本初のクラブミュージック・レーベルMAJOR FORCEを藤原ヒロシ、屋敷豪太、K.U.D.O.、中西俊夫と設立。

吉田　レコード屋に並びましたよねえ。ディスクユニオンのセールとか。

Tsuboi　ただ、《Ultimate～》は所詮イリーガルなものなので、書いてある住所も適当でしたね。そんなふうにバッタもんみたいなかんじで作られてはいたんですけど、実はエディットしていた人がマントロニクス[*25]を手がけたやつだったり、けっこう業界の内部の人も絡んでいました。また、《Ultimate～》にはファーストプレスとセカンドプレスがあって、ファーストのほうが断然音が良いんですよ。僕は判りますけど、ほとんどの人は聴き分けられないんじゃないかな。もし機会があったらファーストプレスを探してみてください。

吉田　現代のビートメイカーたちはYouTubeからもサンプリングできちゃうし、ネットでいくらでも音源を手に入れられる。だからレコード屋でディグしてネタに出合うということがひとむかしまえに比べるとはるかに少ないと思うんだけど、荘子itはレコー

25　マントロニクス（Mantronix）
DJ／プロデューサーのカーティス・マントロニックとMCティーによるヒップホップ／エレクトロファンク・グループ。一九八五年にデビュー作《Mantronix: The Album》を発表。

ドから抜いてるんだよね？

荘子it　基本的にはそうだね。でもそれは、べつに良い音を追求してるからというわけではない。レコードからサンプリングすることのなにがいいかって、たとえば録音時に自分が発した物音が部屋のなかで鳴っていたら、その音が空気振動でターンテーブルに返ってきて影響するわけ。超微細な差異だけど、それがフィードバックループみたいなレベルで起きてて、やっぱりデータから抜いたときとは違う。YouTubeは基本的にMP3化ソフトさえあれば、たとえ音質が悪くても、まったく同様に複製可能なデータとして音が得られるんだけど、レコードからとった音はその存在自体が記名になってるというか、存在の名残が残った音になる。

吉田　レコードからサンプリングするときは、セッティングや録音レベルふくめ毎回一回限りの再生音だもんね。

Tsuboi　荘子it君がいま言ったのは「ニードル・フィードバック」とよばれる手法で、僕もフィードバックさせたいときは爆音でサンプリングしています。

吉田　いかにモニター環境が重要かという点でいえば、アメリカのトラップのアーティストたちはストリップクラブで出音を確かめているって話が有名ですが、それはやっぱりロー（低音）の響きがトラップにおいては肝だからですよね。

ポップミュージック全般において低音は、六〇〜七〇年代のジャズとかファンクとかソウルに入ってるウッドベースから始まって、その後エレクトリックベース、シンセのベース、サイン波などへとヴァリエーションが増えていき、二〇二〇年代以降になると「サブベース」とよばれる周波数が60Hz未満の重低音を強調した曲が目立ってくる。余談ながら、図表5－1は動物の可聴域とさまざまな音の周波数を大まかに表したものです。魚はサブベースが聞こえる特殊な生き物だったりする。ベースをめぐる事情が変われば、当然ながらミックス作業にも少なからぬ影響があると思うんですけど、Tsuboiさんは低音についてどう考えていますか？

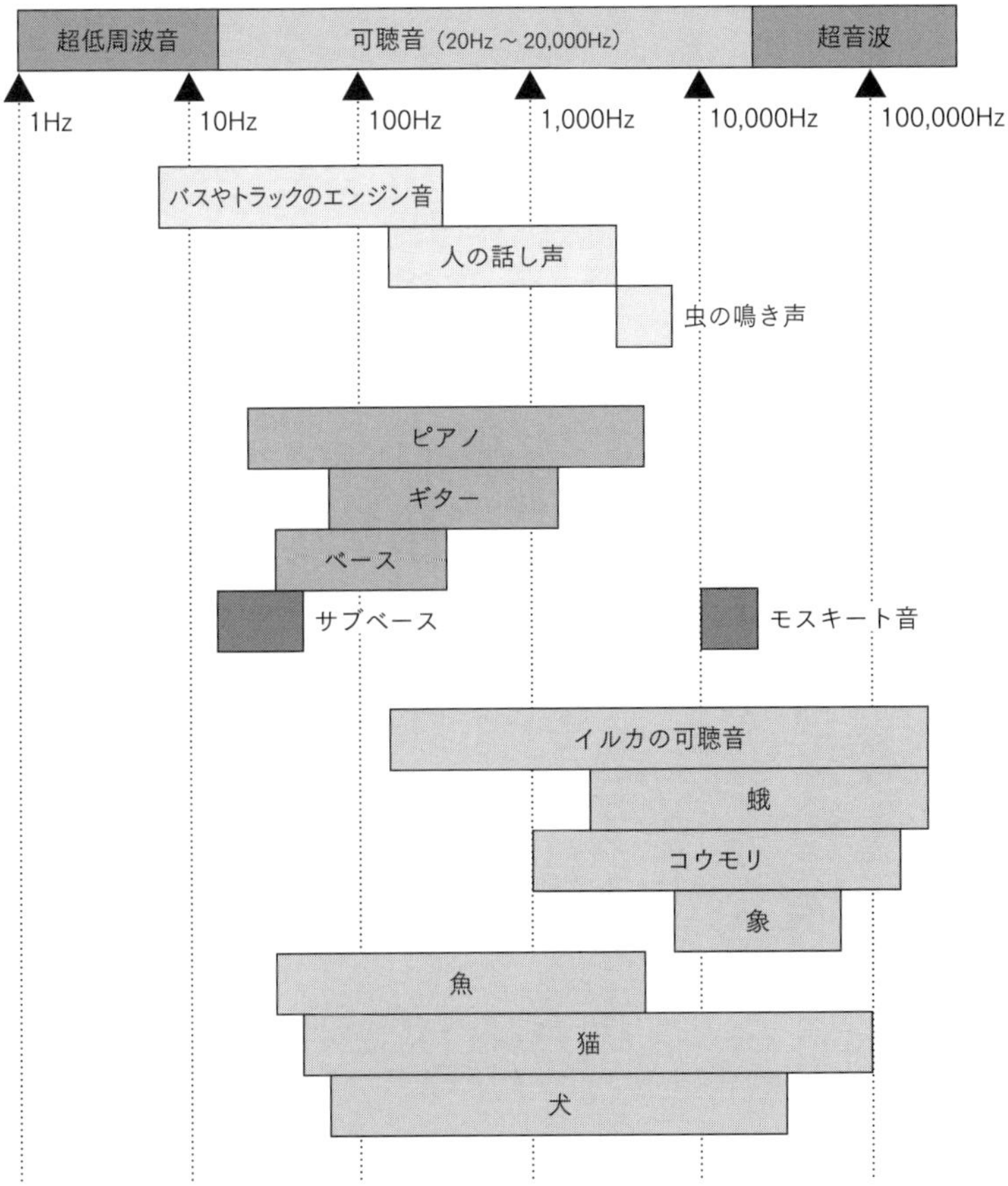

図表 5-1　動物の可聴域と周波数

Tsuboi　僕は「自分の好みを貫き通す」という考え方が強いです。でも人間には聞こえない帯域もモニターできないとダメだと思っています。僕のスタジオでは作業中、音の風圧で飲み物が倒れたり、高いところの物が落ちてきたりするんですよ。どれぐらいの音を出すとなにが倒れるっていうのが僕のなかではわかっていて、だからわざと置いておくんです。実際に倒れるのを見て、「よし、いいかんじ」と確認するひとつの指標になっています。たとえ聞こえなくても、体で体感する音ってありますよね。

荘子it　クラブだとそれが顕著で、たとえば10Hzの音なんて人の耳には聞こえやしないんだけど、バーカウンターのグラスが空気振動を受けてガラガラと音を立てはじめる。

吉田　俺は、いまは無き新宿のリキッドルームのスピーカーに両腕を開いて抱きついて、サブベースを全身で感じていました（笑）。

Tsuboi　間違いないです（笑）。よくある「クラブミックス」というのは、クラブでかけやすいように単純に時間を長くしてるって

26　カニエ・ウェスト (Kanye West)
米イリノイ州シカゴ出身のラッパー、音楽プロデューサー、ファッションデザイナー。二〇一〇年に発表した《My Beautiful Dark Twisted Fantasy》はローリングストーン誌が選ぶ「二〇一〇年代ベストアルバム百選」にて一位を獲得。おもな作品に《The College Dropout》（〇四、左掲）など。

Roc-A-Fella / Def Jam

ことですけど、むかしは小さい音でかけても大丈夫なように調整したり、環境に合わせてミックスを変えるようなこともやってましたね。

荘子it　カニエ・ウェスト[*26]は《Donda》（二〇二〇）のリリースまえに、収容人数が七万人超えの巨大スタジアム[*27]でリスニングパーティーをやってた。あれはだから、あのスタジアム環境でミックスのバランスを測ってたってことだよね？

Tsuboi　モニター環境という意味では、あれがいちばんヤバい。ショーのフィナーレで宙づりになって天に昇っていく最中にも「うーん、あそこのシンセ、もうちょっと下げたいなあ……」とか考えてたんだと思います（笑）。

吉田・荘子it　アハハハハ（笑）。

荘子it　そんなやつはカニエのほかにいないだろうけど、「スタジアム用ミックス」を作ってる。でも、たしかに空間が人で埋まってる状態だと音はデッド（無反射）になるから、それでミックス

27　巨大スタジアム
ジョージア州アトランタのメルセデス・ベンツ・スタジアム。

チェックするというのは理にかなってるといえる。
吉田　あのショーは壮大なミックス作業の一環だったのか……。
荘子it　音が反響するスタジアムでは、たとえばDos Monosみたいに音数の多いトラックだと映えないんだよね。だから《Donda》はものすごくミニマルな音づくりをしている。なんの絵柄もない漆黒のジャケットもふくめ、もちろん美的な観点からミニマル志向なのもあるだろうけど、スタジアムのような広い環境でどういう音がよく鳴るかを考えた結果、《Donda》はああいう極端に音数の少ないサウンドになったという。聴取環境は音楽の内容にも影響する。
吉田　聴取環境の差異による音楽内容の違いでいえば、おもな移動手段が地下鉄と徒歩の米東海岸では、そういった環境がとくに八〇～九〇年代当時の曲の速さと対応していて、BPMが人の歩行速度に近い一〇〇前後の曲がリスナーにフィットしたという見方がある。たとえばランDMCの代表曲〈Walk This Way〉は

BPM一〇五で、パブリック・エネミーの〈Fight the Power〉は一〇六。まあそもそもヒップホップのBPMはディスコラップからブーンバップ、ダーティサウス[28]へとスタイルごとにどんどん遅くなっていく流れもあるので、これはあくまでひとつの見方ですが。いっぽう、西海岸は車社会だから、九〇年代のギャングスタ・ラップはカーステレオで聴くのに合わせてドンシャリ[29]な音像が好ましかった。たとえばスヌープ・ドッグ[30]のファーストアルバム《Doggystyle》（一九九三）がめちゃくちゃドンシャリで、どんなに乱暴な運転をして騒音をたてようとも、あれならハイ（高音）が聞こえないということがない。

《2001》と《Voodoo》

吉田　そのスヌープの兄貴分で、《Doggystyle》のプロデュースも

28　ダーティサウス（Dirty south）
アトランタ、ニューオリンズ、ヒューストンほか米南部のヒップホップを指して使われる通称。

29　ドンシャリ
低音と高音の強調された音の俗称。ドンドン＝低音、シャリシャリ＝高音。

30　スヌープ・ドッグ（Snoop Dogg）
米カリフォルニア州ロングビーチ出身のラッパー。ヒップホップ界随一の大麻愛好家としても知られる。おもな作品に《Doggystyle》（九三、左掲）など。

Death Row / Interscope

手がけているドクター・ドレー[*31]をはじめ、西海岸では九〇年代前半あたりから、それまでのサンプラーのみによる作曲からキーボードも採り入れた制作体制に移っていくとともに、ハイファイ寄りの音が目指されていく。そのなかで生まれたのがヒップホップ史に残る金字塔《2001》（一九九九）。

Tsuboi　《2001》を嫌いな人はいないですよね。これはどのスタジオに行ってもかならず置いてあったし、もちろん僕のところにもあります。

吉田　やっぱりそうなんですね……。

Tsuboi　たぶん、本人でもここまでのレベルの音をもう一度再現するのはむずかしいでしょう。レコードやCDなどいろんなフォーマットで出てますけど、どれも鳴りがよくて、僕も理論的にはまったく説明できない。まさに神の領域。たまにそういう奇跡みたいな盤がありますが、ことヒップホップに限っていえば、《2001》は完璧ですね。

31　ドクター・ドレー（Dr. Dre）
米カリフォルニア州コンプトン出身のラッパー、音楽プロデューサー、実業家。一九八七年にイージー・E、アイス・キューブらとともにギャングスタラップ・グループN.W.A.を結成。ソロデビュー作《The Chronic》（九二）では「Gファンク」サウンドを打ちたてる。〇六年、インタースコープ・レコードの共同創業者ジミー・アイオヴィンとともにオーディオ機器ブランド、ビーツ・エレクトロニクスを設立。左掲は本文中の《2001》（九九）。

Aftermath / Interscope

吉田　シングル曲〈The Next Episode〉は冒頭、デヴィッド・アクセルロッドがプロデュースした〈The Edge〉をサンプリングしてモノラルで流してから楽器によるメインリフの弾きなおしが始まるという、なんとも贅沢なつくりになっている。あと、《2001》は音の分離がいいんだよなあ。

荘子it　分離のよさは、そのまま「音の良さ」に結びつけて語られがち。でも、たとえばビートルズはステレオとモノラルのどっちがいいのかみたいな話で、かたやジョージ・マーティンがプロデュースしたステレオサウンドはいわゆるハイファイな良い音に近いけど、かたやモノラルのほうがやっぱり曲の印象としてはよかったりする。だから本来そのふたつは切り分けて考えるべき。

Tsuboi　そうですね。《2001》の場合、エンジニアのクレジットにはリチャード"シーガル"フレディアの名前が載ってますけど、あのアルバムは彼がどうこうというよりもドレーの手腕なんですよね。カニエもドレーと一緒に仕事したいってラブコールを送っていましたが、それも結局、一般的な意味合いでのプロデュースを依頼したいんじゃなくて、彼の「耳」を借りたがってるんです。うわさによれば、べつにドレーが実際に卓をいじってるわけではなく、指示を出していて、それがずば抜けて的確らしいです。ただの好みで言うだけならだれにでもできますが、ドレーの耳にかかるとちゃんと良い音に仕上がるからすごい。

逆に、ハイファイ寄りでなく生演奏が優れた作品を挙げるなら、ディアンジェロ[*32]の《Voodoo》も、《2001》と同じくあの音に対してだれも文句をつけられない一枚ですね。録音されたのはニューヨークの有名なエレクトリック・レディ・スタジオで、全部アナログのマルチで録ってたり、機材も古いものが使われています。そういった昔ながらのやり方と、クエストラヴやJ・ディラがこのころに結成していた「ソウルクエリアンズ[*33]」という勢いのある若いやつらの方法論を掛け合わせて出来たのが《Voodoo》で、機材やコストの面もふくめ、やっぱりこれも二度と同じものは作れ

32 ディアンジェロ（D'Angelo）
米バージニア州リッチモンド出身のシンガーソングライター。エリカ・バドゥやマックスウェルらとともに、八〇年代～九〇年代初頭に勃興したR&Bの新しい流派「ネオソウル」を先導。おもな作品に《Voodoo》（〇〇、左掲）など。

Cheeba Sound / Virgin

33 ソウルクエリアンズ（Soulquarians）
ディアンジェロ、クエストラヴ、J・ディラ、ジェイムス・ポイザーらからなる音楽家集団。メンバーの多くがみずがめ座（アクエリアス）だったことが名前の由来。

ないと思います。エンジニアのラッセル・エレヴァードが基本的にはロック畑の人ということもあり、アナログ機材を通したときのよさを熟知したうえで作られている印象です。

吉田　《2001》はドレーみずからが手腕を発揮した特殊な例だとしても、「良い音」の陰にはラッセル・エレヴァードのような優れたミキシング・エンジニアがいるのが常ですよね。図表5－2は、九〇年代ヒップホップの良い音を担ったエンジニアたちとその代表的な仕事です。トロイ・ハイタワー、クリス・コンウェイ（チャンキン・スタジオ）、イヴァン・ドク・ロドリゲス（パワー・プレイ・スタジオ）などがいる。もちろんDJプレミアとエディ・サンチョのタッグも忘れちゃならないです。とくに九〇年代中盤以降、ある程度予算をかけてプロダクションがしっかりした作品における良い音の特徴としては、各サウンドの分離がはっきりしていること、モコモコしたローファイの雑味がないこと、現在のサブベースにつながるくらいローがはっきり出ていることなどが挙げられると思

トロイ・ハイタワー
ザ・ビートナッツ《The Beatnuts》(94)
コモン《Resurrection》(94)
レッドマン《Muddy Waters》(96) w/ デイヴ・グリーンバーグ
クリス・コンウェイ
ロード・フィネス《The Awakening》(95) w/ トロイ・ハイタワー
ビッグ・L《Lifestylez Ov Da Poor & Dangerous》(95)
ビッグ・パン《Capital Punishment》(98) w/ トロイ・ハイタワー
イヴァン・ドク・ロドリゲス
ブギ・ダウン・プロダクションズ《By All Means Necessary》(88)
EPMD《Business Never Personal》(92) w/ デイヴ・グリーンバーグ
ダス・エフェックス《Hold It Down》(95)

図表 5-2
90年代ヒップホップの「良い音」づくりを担ったミキシング・エンジニア

います。

Tsuboi　僕的にはみんなおなじみですね。俗にいう「エンジニア買い」する人たちです。クリス・コンウェイが参加しているショウ&A.G.[*34]の《Goodfellas》（一九九五）は僕の愛聴盤で、レコードを十枚も所持しているほどです。

吉田　十枚!?

Tsuboi　というのも、このアルバムからシングルカットされた〈Next Level〉は、ブッダ[*35]の〈人間発電所〉のリファレンス（参照元）なんです。

吉田　ええー！　そうだったんですか。

Tsuboi　あの曲にはDJプレミアのリミックス版もありますが、参照したのはジョージ・ベンソンを使ってるオリジナルのほうです。「同じSP（E-MUシステムズ社製のサンプラーシリーズ）を使えば、同じ音が出せるだろう?」っていうコンちゃんの無茶振りのもと研究してやってみたのが〈人間発電所〉。なので音は結構くぐもっ

34 ショウ&A.G.（Showbiz & A.G.）
米ニューヨーク市ブロンクスを拠点に活動したヒップホップ・デュオ。プロデューサーのショウビズとラッパーのA.G.からなる。左掲は本文中の《Goodfellas》（九五）。

Payday / FFRR

てると思うんです。くぐもってるんですけど、キックとスネアとハットがちゃんと前に出てる。あのかんじを目指して、当時レコードレーベルのカッティング・エッジがいつもお願いしていたところでプロモ盤を切ったら、音がとても良くて。そうして出来たのが青色のレーベルのやつです。そのあと再販されて緑色になったんですが、それは音が全然ダメでした。

吉田　その音の良い青盤がCISCO*36の店頭に並べられるとき、まさに棚に置かれようするそばからお客さんみんなで取りあって、結局置かれたのが二枚しかなかった、という熱狂的な現場に自分は居合わせました（笑）。

Tsuboi　ヤバいですね（笑）。うちに山ほどあったんですけど、みんなにあげていくうちに、気がついたらなくなっていました。

吉田　リファレンスがある曲って、たとえば〈Don't Test Da Master〉のリファレンスがギャング・スターの〈Royalty〉だとか、そのビートのつくりじたいを似せているものもあると思うんです

35　BUDDHA BRAND（ブッダ・ブランド）
一九八九年に結成された日本のヒップホップ・グループ。通称ブッダ。メンバーは本文中のコンちゃんことDEV LARGE、CQ、NIPPS、DJ MASTERKEY。Illicit Tsuboi はエンジニアとして、九五年発表の代表曲〈人間発電所〉（左掲）を手がけている。

Cutting Edge

36　CISCO（シスコ）
東京の宇田川町にあった輸入レコード店。店の前の坂はヒップホップの聖地「シスコ坂」ともよばれた。二〇〇七年に閉店。

けど、そういう場合の参照元となる曲はビートメイカー側が持ち寄るんですか？

Tsuboi　あのころはみんなで相談していました。しかもリファレンスを聴き比べるにも、いまだったらデータで流すところを当時は十二インチでやっていたので、ああでもないこうでもないとか言いながらレコード針を戻しては聴き、戻しては聴きを繰り返してました。だから〈Next Level〉の十二インチはかけすぎて、ボロボロでしたね。それも大事な思い出なので、いまでも手元に残してありますが。あと、リファレンスとまったく同じでもダメなんです。「だって同じにしろって言ったじゃん」「違うんだよ、俺らはもっとかっこいいから」って。あの人はウルトラ（マグネティックMCズ）のミュージックビデオ*37に出たこともあるような、実際に向こうの現場でやっていた人で、同じ土俵にいるやつを超えないと話になんないでしょ？って考え方なんですよ。USへの憧れでやってるわけではない。僕のほうも、そこまでいわれたらこっちも負

37　ウルトラ（マグネティックMCズ）のミュージックビデオ
〈Two Brothers With Checks〉（九二）のビデオ。

けるわけにはいかないってかんじでしたね。

一音＝一クレジットの「集団制作」

吉田　ゼロ年代以降になると、カニエ・ウェストの「チーム・カニエ」を筆頭に、一曲を複数人の協業によって作る、ビートの集団制作が始まる。直接的ではないにしろ、テン年代以降からいまにいたるまでトラップの現場でおこなわれている集団制作にもつながっているようにみえる。

荘子it　カニエ以降は彼を中心にしてひとつの歴史を語れてしまうほど、その存在感は圧倒的。

Tsuboi　クエストラヴがとあるインタビューで言ってましたけど、カニエが〈Jesus Walks〉を発表して、〝自分たちの時代は終わった〟と感じたそうです。それまでは生演奏も交えた彼らソウルクエリアンズの天下だったのが、カニエが登場して、これは敵わないと思い知らされたということだと思います。カニエのファーストアルバム《The College Dropout》(二〇〇四)が出たときは僕も、これは完全に時代が変わったなって思うぐらいほんとうにセンセーショナルでした。カニエの代名詞である「ソウルネタの早回し(チップモンク・ソウル)」もふくめて、トライブ(・コールド・クエスト)以降で初めて感銘を受けたといっても大げさではないくらい、すべてが新しかった。

荘子it　サンプリング・アートとしては、ファーストの時点ですでに完成の域に達してる。そのデビューアルバムから《My Beautiful Dark Twisted Fantasy》*38(二〇一〇)まではサンプリングやコラージュアートの延長線上で捉えられるけど、そのあとの《Yeezus》*39(二〇一三)では一転、のちの《Donda》にも通じるようなミニマリズムの方向に向かうんだよね。

吉田　《My Beautiful ~》は一曲めからいきなりRZAも制作に招

38 カニエ・ウェスト《My Beautiful Dark Twisted Fantasy》(一〇)

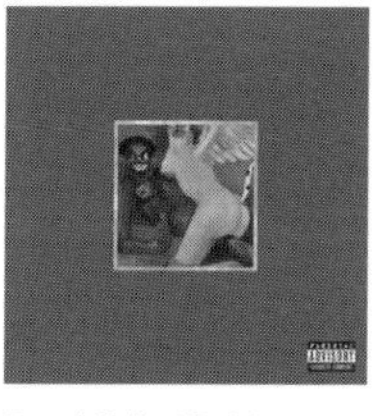

Roc-A-Fella / Def Jam

39 カニエ・ウェスト《Yeezus》(一三)

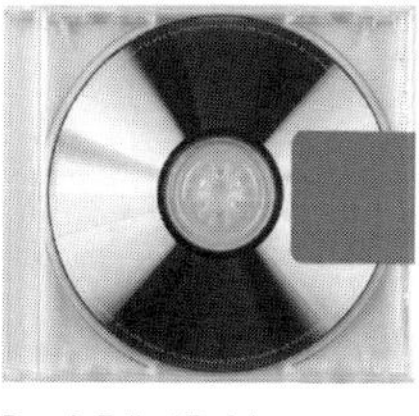

Roc-A-Fella / Def Jam

いたトラックで、ストリングスもあって当時のウータン的なブーンバップのつくりになっているんだけど、十年以上が経ったいま聴きかえしたときにあらためて感じるのは、実はドラムがブーンバップで打っているだけで、ウワモノの各パートの立体的な鳴り方はサンプリングの聴感ではない。にもかかわらずウータン的なのは、カニエはいわばＲＺＡの作風をサンプリングしている感覚があるから。

Tsuboi　カニエの場合、もはやサンプリングしなくても作れるぐらい、彼の周りには優秀な人材がいるはずじゃないですか。それなのに、いまでもサンプリングにこだわってるところがある。だから、サンプリングはこの人の〝良心〟みたいなものなのかなって僕は思っています。そこが失われたらいよいよちょっと恐いんですが、いまのところは安心です（笑）。機材もあいかわらずMPC2000XL*40を使っています。

吉田　収録曲〈Runaway〉の長尺のＭＶやライブパフォーマンス

40　**MPC2000XL**

「サウンド＆レコーディング・マガジン」二〇一二年十二月号、リットーミュージック、八四頁

動画には、MPCのパッドを叩く姿も見られますね。
集団制作と言ったけど、アルバムごとにミキシング・エンジニアが変わったり、曲単位でもメンバーは異なる。たとえば《The Life of Pablo》[*41]（二〇一六）収録の〈Real Friend〉という曲だと、プロデューサーのフランク・デュークスが運営する「キングスウェイ・ミュージック・ライブラリー」というサンプリングネタ音源のライブラリーに収録されている、六〇〜七〇年代っぽいサウンドの楽曲をサンプリングしている。このライブラリーで販売している音源はフランク・デュークスをはじめとするコンポーザーたちが作曲していて、ステムデータ[*42]で提供されるから、それぞれ任意の楽器演奏を自由に使うことができる。そんなわけで、彼の名前はいろんなところで頻繁に登場する。

Tsuboi　みんなが弾き物だと思っている音が、実はライブラリーからのサンプリングだったなんてこともしばしばあります。

吉田　これら一連のライブラリー音源は、購入しさえすればいく

41　**カニエ・ウェスト**
《The Life of Pablo》（一六）

G.O.O.D. / Def Jam

42　**ステムデータ（stem data）**
ギター、ドラム、ストリングスなどの各楽器をパートごとにひとまとめにしたデータ。たとえば「ドラム」のステムデータといった場合、キック、スネア、ハイハットなど個別のトラック（パラデータ）をひとつにまとめたものになる。ステム（stem）は「幹、茎」などの意。

らでも使い放題で、おまけにどのサンプルもめちゃくちゃクオリティが高いという、まさにユートピア的な存在。俺もふくめて、ひとむかしまえのビートメイカーならだれもが一度は夢想したことなんだけど、それがいまや実際に具現化してしまっている。だから考え方によっては、現代版《Ultimate Breaks & Beats》であるともいえるのかなと。

それから〈Real Friend〉は、作曲者として六人も名前がクレジットされてるのに、だれがどこを担当しているかが開示されておらず、推測するしかない。鳴っている音と顔ぶれから推測していくと、たとえばスネアのカンッっていう鳴りはハヴォック[*43]なのかなって。じゃあボーイワンダーがどこを担当しているかというと、もともとこの曲は音数も少ないから、もうベースラインしかないだろうと。そういうかんじで、近年は一音＝一クレジットという時代に変わってきている［図表5-3］。

Tsuboi　たぶんハヴォックのあのスネアはレイヤーなんですよ。

43　ハヴォック（Havoc）
米ニューヨーク市マンハッタン出身のラッパー、ビートメイカー。ラッパーのプロディジーと結成したヒップホップ・デュオ、モブ・ディープとして活動。おもな作品に《The Infamous》（九五、左掲）など。

Loud / RCA

プロデューサー
カニエ・ウェスト：全体とりまとめ、サンプル選択（《Kingsway Music Library Vol.5》より） →ステムファイルでサンプルネタを取得
ボーイワンダー：ベースライン
共同プロデューサー
ハヴォック：ドラム（スネア）
フランク・デュークス：サンプル音源制作者
その他
マイク・ディーン：鍵盤
タイ・ダラー・サイン：ヴォーカル

図表5-3　チーム・カニエの集団制作：
〈Real Friend〉の制作クレジットと推測される役割

実際に彼自身が叩き台を作っているか、あるいは単純に「クレジットに載せるから音源を貸してくれ」っていわれて提供している可能性もある。どちらにせよ、この曲以外でハヴォックの名前は出てこないから、おそらくこのスネア・キットを使いたいときにハヴォックが登場するんだと思います。きっとカニエがあの音を好きなんでしょうね。

荘子it　作業者本人ではなく、その音じたいに記名性が宿っている。

Tsuboi　ゴーストライティング的な丸々買い取りで名前が載らないケースがあってもおかしくないと思うんですけど、ちゃんとクレジットして、ロイヤリティもいくし、うまいことやってるなあと感心します。

吉田　ということで現代は「集団制作」といっても、制作現場でギターなりベースなりを弾いてもらったりする従来的な意味での集団制作と、音を借りて使わせてもらっている場合の二通りがあって、クレジットだけで制作体制を判断するのは至難の業《わざ》になってる。《The Life of Pablo》を筆頭に、そんなチーム・カニエのミックスを多く請け負っているのがマニー・マルキンというエンジニア。

Tsuboi　マニーもさっきの《Voodoo》と一緒で、ミックス作業はすべて基本的にアウトボード（卓）を通すタイプなんですよ。すごく音楽的というか、パンニングの振り方とかバランス感覚はわりと自分に近いなと思っています。

吉田　出自がR&Bにあるから、ヒップホップ専門のエンジニアよりも音楽的なところがありますよね。

Tsuboi　弾き物とサンプリングを同居させるつくりというか。とくにカニエがプロデュースしたコモンの《Be》*44（二〇〇五）は、サンプリング主体で作られているけど実は弾き物も多く、混ぜ方がしっかりしてるんです。あと《Bc》って、けっこう小さい音で構成されているんですが、あれはサンプリング・ダイナミクス*45を殺したくないっていうカニエの意向でそういうふうになっています。

44　コモン《Be》（〇五）

Geffen / G.O.O.D.

45　ダイナミクス（dynamics）
音の強弱のこと。

最初に聴いたときに小さいなと思い調べたところ、全体で聴感が2デシベルぐらい低かった。

吉田・荘子it　へぇ～。

Tsuboi　でもそれが音楽性や内容にも合っていてかっこいいんです。「傑作《クラシック》たるものデカくあるべからず」というね。簡素なジャケットも、なんだか名盤ズラしてるじゃないですか（笑）。だから音の観点でいうと、僕のなかでは、このコモンの《Be》はヒップホップ史上最高峰ですね。これ以上はないと思います。

ECD《失点 in the park》から見通す、良い音の未来

吉田　さきほども BUDDHA BRAND の貴重な制作秘話をうかがいましたが、これまで Tsuboi さんが携わられた膨大なお仕事のなかから、ここではプロデュース作品を中心にいくつか挙げてみまし

ECD《Big Youth》(97)［プログラミング、ミックス］
キエるマキュウ〈Nanjai〉(98)
GO FORCEMEN〈COMBO〉(03)［プロデュース］
ECD《失点 in the park》(03)［ミックス］
漢 a.k.a. GAMI（新宿路団）〈覆水盆に返らず〉(05)［プロデュース］
メシア THE フライ〈Wonderful World〉(10)［プロデュース］
ライムスター〈The Choice Is Yours〉(13)［プロデュース］
CAMPANELLA〈ウワッツラ〉(14)［プロデュース］
JJJ〈Hikari〉(17)［ミックス］
Dos Monos《Dos City》(19)［ミックス］

図表 5-4　Illicit Tsuboi の“イル”ワークス

た［図表5－4］。やっぱりTsuboiさんのプロデュース曲というと、ブレイクビーツがガンガン鳴っていて、セルアウトではないんだけどキャッチーさがあるというか、曲として目立たないといけないという感覚に基づいた、ポップ感のあるネタが常に選ばれている印象です。

Tsuboi　手がけた時期によってそれぞれテイストは違うと思うんですけど、自分のやったものはすべて一貫している気はしています。いちばんわかりやすい特徴としては、ヴォーカルでなに言ってるかわからない曲は絶対にないはずですね。一字一句ちゃんと聞こえるようにしています。全然聞こえなくなってもいいからヴォーカルを下げてくれっていう発注もたまにあるんですけど、僕が携わったものに関してはほぼないに等しいです。

荘子it　ロックとかだったら、なに言ってるか聞こえないのはありかもしれないけど、ヒップホップはやっぱり言葉としてちゃんと耳に入ってくるのが大事ですよね。聞きとれたうえで意味がわからないってのはあるとしても。

Tsuboi　そう。だから言葉を聴かせたいがためにドラムを真ん中から外すこともあります。それが嫌なエンジニアはわりと多いんですよ。やっぱ左右のバランスをしっかりとりたいので。でも僕にはそこへの執着がまったくない。むしろ片方が聞こえなくてもいいんじゃないかぐらいのときも全然あったりします。

吉田　あのー、えっと、これは純粋にいちヘッズの好奇心からお訊きしたいことなのですが……。

荘子it　どうしたんすか、急にもじもじしたかんじになってますよ（笑）。

Tsuboi　どうぞどうぞ（笑）。

吉田　ＥＣＤさんの《失点 in the park》（二〇〇三）の制作エピソードをぜひともうかがいたいのです。

Tsuboi　《失点 in the park》は好きな人と嫌いな人がはっきり分かれると思うんですけど、僕の手がけたなかでも最高傑作のひとつで、あれこそ二度と同じものは作れないんじゃないかなあ。あのときはマルチで録る方法が四トラックのカセットテープしかないという、ほんとうにローテクの極みみたいな制作環境でした。それ以前は、石田さんのネタ出しを受けてツッチー君[*46]がマニピュレーターとして参加してかたちにしていたんですが、メジャーとの契約が切れ、その体制がとれなくなった。自分ひとりでやるとなったときにできることはなんだろうかと考え、実践して編みだした答えがあのアルバムです。

吉田　なるほど。

Tsuboi　作風としては鋭い内容のあのアルバムをどのように聴かせるかってことを念頭に置きながら音の処理をしました。音数じたいはすごく少ないんですが。

荘子it　音数こそ少ないけど、情報量は多いというか。ループ構造なんだけど、サンプラーの手押しによって生みだされるリズムには、いわゆるJ・ディラ的な、フォーマットとしてファッショ

46　ツッチー君
日本のヒップホップ・グループ、SHAKKAZOMBIE（シャカゾンビ）のトラックメイカー、TSUTCHIE。

ン的に流通したものとは異なる正真正銘の揺らぎがある。

吉田　ヒップホップ史において、さまざまな形態があるミニマル・アプローチのなかでも、《失点 in the park》はトラック数の少なさ＝情報量の少なさという定式が成り立たなくて、逆説的に声やレコードからのサンプリング音が本来もっているはずの膨大な情報をリスナーの耳が余すところなくキャッチできるつくりになっている。わずかなノイズさえも聞き逃したくないと思えるような、稀有《けう》な作品です。

荘子it　ガチ名盤ですよね。

Tsuboi　そんなふうに言ってもらえたら、石田さんも喜ぶと思います。四トラックの構成は、ひとつが（ローランド）W－30からのネタ、声のダブルで二トラックぶん、それと四つめはたしか壊れていたかなんかで使わないっていう、よくわからないかんじだった（笑）。

吉田　実質上の三トラック（笑）。

Tsuboi　でも僕は、その四つめのトラックにもなにかが乗ってるかもしれないから生かしてたんですよ。つまり、僕のなかではヒスノイズ[*47]・トラックという扱いでした。ノイズを生かしたいので、ミックスはもちろん全部ドルビーオフでやりました。無音の部分も多くて、そのままだったら違和感がありますが、《失点 in the park》はヒスノイズがひとつのチャンネル要素になっています。

吉田　あのサウンドにはそんな秘密があったのか……。

Tsuboi　石田さんも僕も、あのころはアシッドフォークにハマっていて、アシッドフォークってギターと歌とヒスノイズだけじゃないですか。あれと同じような音にしたくて。ビートがあろうがなかろうがお構いなしで、ラップ以外の要素はアシッドフォークのアコギ感覚で録りました。

荘子it　アール・スウェットシャツとかマイクのやり方にも近いよね。最近のアールたちの曲って、いろんな音が鳴ってるけど、トラックごとにパラデータに分解してヴォーカルの位置を空けて

47　ヒスノイズ（hiss noise）
磁気テープ（カセットテープ）を再生したときに聞こえる「サー」「シュー」といった高周波の雑音。

るんじゃなくて、それらをまとめて一トラック扱いにして、「トラック」と「歌」の2MIXだという考えのもと作られてる。ある意味では大雑把ともいえるんだけど、ひとつにまとめたそのトラックをギターの演奏と考えて、その上にどさっと歌を被せているとみることができる。《失点 in the park》がリリースされたのは二〇〇三年だから、ECDさんはアールたちの先駆けともいえる。

Tsuboi　ビートルズも四トラックしかなかったんですよね。だから条件は一緒です。そこでビートルズはトラックを重ねたわけです。

荘子it　ECDさんは二十一世紀のビートルズだった。

Tsuboi　さしずめ、四畳半ビートルズですけどね（笑）。あのときの石田さんにはビートを足すというスキルがなかったので、ネタのなかにふくまれたビートを活かすという考え方で作っていました。最近でいうところのロック・マルシアーノ[*48]みたいに、元ネタをそのままループさせて、その上でラップするのに近いです。

48　ロック・マルシアーノ（Roc Marciano）
米ニューヨーク州ロングアイランド出身のラッパー。

荘子it　ＥＣＤさんの場合は、ラジカセを置いて、「ラジカセ」と「生歌」みたいな考え方。ギターとヴォーカルをそれぞれ生で聴いてるような状態に近い。そうやって考えてみると、今後はステレオ的な音の立体感や広がりを追及するんじゃなくて、トラックと声で再生装置がふたつに分かれてひとつの曲を再生するっていう方向も、ローテクなようにみえて可能性としては結構ありえる話だと思う。

Tsuboi　全然あると思います。音は確実に良くなるでしょうし。要は、音どうしが分断されるので抜けがよくなるというか、そもそも別々のものだから音は良くなるに決まってるじゃんっていう。

荘子it　Ｌ（レフト）とＲ（ライト）の２ＭＩＸのなかにうまいこと配置して臨場感を出そうとするいままでの考え方は、まさに絵画の二次元空間のなかで一点透視図法や遠近法を駆使して（疑似的な）奥行きをつくるみたいなことでしかない。それとはまったく別のフォーマットがありうるっていう未来は面白い。《失点 in the park》

はその可能性を探るヒントになりそう。

Tsuboi　さきほどオーディオファイルの話になったときに、自分の限られた機材環境で試行錯誤して、ようやく良い音を出せたという経験が大事だと言いましたが、石田さんが《失点 in the park》でやったのもまさに同じことですよね。何事もまずは試してみないことには始まりません。僕は毎回かならずアナログでミックスをおこなっているんですけど、そのときも出力するチャンネルによって音が違うんです。「きょうは九番と一〇番のチャンネルから出すのがいいな」って具合に、日によっても音は変わる。なので、ミックスをPCのなかだけで終わらせるようなことは絶対にしません。そういうチャンス・オペレーション[*49]というか、たんなる偶然とも違う、もうちょっと〝頭の悪い〟チャンス・オペレーションを大切にしたいですね。

49　チャンス・オペレーション（chance operation）
米音楽家ジョン・ケージが採用した作曲方法。中国の易やコイン投げを用いて演奏形態などを決める。作曲家の意図を排した「偶然性の音楽」。

The Anticipation ILLICIT TSUBOI

（アンティシペイション イリシット・ツボイ）

国内屈指のロック、ヒップホップ系サウンド・エンジニア、サウンド・クリエイターとして活躍するかたわら、ステージにて観客をアジったりターンテーブルを破壊したり火をつけたり、度の過ぎたヴァイナル愛によってレア盤を割ってしまったりと、異様なまでの存在感を見せつけるライブＤＪとしても有名。

長年にわたってアンダーグラウンドからオーバーグラウンド、表方から裏方まで多面的に活躍を続ける、国内屈指のレコードコレクターにして、日本のヒップホップにおける人間国宝のひとり。

六章

ヒップホップと前衛

アヴァンギャルドとポップの

二項対立を超えた第三項

「太陽のもとには新しいものはなにもない」

旧約聖書に記されたこの箴言《しんげん》は、その先見性には驚きを禁じえないとはいえ、二十一世紀もまもなく四半世紀が経とうとしている現代を生きる私たちにとって、もはや自明の事実であるといえる。先達の遺産の焼きなおしや組み合わせによって、どうにかこうにか〈新しさ〉が取り繕われている。

だが、ほかならぬ焼きなおしや組み合わせといった操作を自家薬籠中の物にして音楽に革命をもたらしたのが、ヒップホップだった。そしてそのようなヒップホップのまとう〈新しさ〉や〈かっこよさ〉を称して使われるのが、ここまで本書でもたびたび登場してきた〝ドープ〟だ。

対話篇の総決算となる本章では、この得体の知れない俗語表現の正体にいよいよ肉薄する。ドープといわれるヒップホップが体現する、前衛性と大衆性という相反する価値観どうしの相克ないし共存はいかにして可能になるのか。

はたして、ふたりの行き着いた答えとは――。

吉田雅史　これまで本書では、J・ディラやマッドリブ、RZAといったヒップホップ史が誇る稀代の〝ズレ者〟たちの実践を取りあげることで、彼らを特異な存在たらしめるその実験性と、それとは裏腹に湛《たた》えるポップさについて考えてきた。ディラたちが他の追随を許さない突出した存在であることは間違いないのだけど、そもそもヒップホップ自体が実験的な性格の強い音楽だったりする。クール・ハークが地元ブロンクスのパーティーでレコードの二枚使いを創始した一九七三年[*1]から半世紀が経ち、いまでは泣く子も黙るほどの圧倒的な大衆性を獲得しているものの、まさしくポストモダン的な「サンプリング」という作曲手法にも顕著なように、成り立ちとしては現代音楽の延長としてヒップホップを考えることができるし、実際いとうせいこうとアルバムを制作したころのヤン富田なんかはそう捉えていたわけです。

荘子it　ひとこと付け加えると、雅史itの言うその「現代音楽の延長」というのは、あくまでもヒップホップを音楽の〝構造〟で

1　一九七三年
一九七三年八月十一日、クール・ハークことクライヴ・キャンベルは妹シンディが新学期に着ていく服を新調するためのお小遣い稼ぎとして、ニューヨーク市ブロンクスのセジウィック通り一五二〇番地に建つアパート内の娯楽室にてパーティーを開いた。この日をヒップホップの起源とするのが定説となっている。

みた場合の話であって、〝文化〞としてはもっと大衆的なもの。だからこそ、いわゆる高踏的なイメージの現代音楽とは違ってこれだけ大勢の人に親しまれている。その前提がありつつ、俺たちはあえて〝構造〞の話をずっとしてきたわけだけど。

吉田　そうだね。そんなヒップホップにおいては、ジャンルのなかのニッチな革新やアヴァンギャルド（前衛的）な表現が推進力となってシーンを発展させてきた側面が大きい。ではそのときその表現は、なにをもって革新的ないしアヴァンギャルドとみなされるのか。また、ヒップホップが体現する前衛とポップの両立はいかにして可能になるのか。締めくくりとなるこの最終章ではそれらについて考えるべく、まずアヴァンギャルドのあらましから話を始めてみたい。

　アヴァンギャルドとよばれる前衛芸術運動は二十世紀初頭に興《おこ》ったもので、一九〇九年にイタリアのマリネッティが新聞紙上で発表した「未来派宣言」[*2]が始まりとされている。未来派は「速

2　未来派宣言
「この時期すでに時速二〇〇キロを超える未知のスピード感を提供していた自動車を、速度と機械のもたらす新しい美学のシンボルにすることで、未来派は前方の未来へ高速で疾駆する前衛部隊のイメージを強烈に印象づけることができた」「『速度の美』を高らかに宣言して、『爆発音をとどろかせる（……）レーシングカーは［ギリシア彫刻の］サモトラケのニケの像より美しい』と断言した」塚原史『ダダ・シュルレアリスムの時代』ちくま学芸文庫、二〇〇三年、二四頁

3　ダダ宣言
『ダダは何も意味しない』――これがツァラたちのスローガンとなった。意味の担い手としての、社会関係の土台としての言語から統辞法と形式論理という制約をとりのぞいてしまえば、言語はコミュニケーションの手段であることをやめるはずだ、そうなればまったく新しい世界への入口が開かれるにちがいない……一九一六年二月八日、チューリッヒのカフェ・テラスでラルース

度の美学」を顕揚《けんよう》した。それから七年後の一九一六年にはスイスのチューリッヒでツァラによる「ダダ宣言」[*3]があった。「ダダはなにも意味しない」という標語（「ダダ宣言1918」）のもと、ツァラは言語を意味から切り離し、〝無意味〟であろうとした。そして、いまからちょうど百年前にあたる一九二四年にブルトンの発表した「シュルレアリスム宣言」[*4]を契機にして、アヴァンギャルドが芸術として見なおされることになった。だからルッソロの「騒音芸術」（一九一三）からピエール・シェフェールのミュージック・コンクレート[*5]「騒音のエチュード」（四八）を経由してその延長にパブリック・エネミーの〈Bring the Noise〉（八八）を位置づけたり、未来派やダダの音響詩とマスター・P[*6]の「ンーアッ」という掛け声やプレイボーイ・カーティ[*7]の叫びをつないでみるところから、あらためてヒップホップのアヴァンギャルドな性質について考えられるんじゃないかと。

　ダダやシュルレアリスムなどのアヴァンギャルドを旺盛に論じ

小辞典にペーパーナイフをはさんでダダという語を発見した時、ツァラはそれほど意識的ではなかったにせよ、そんなことを考えていたはずだ」前掲書、八七–八八頁

4　シュルレアリスム宣言
「フランス語で『超現実主義』を意味する『シュルレアリスム』という語は詩人アポリネールが自作の戯曲『ティレジアスの乳房』（一九一七年六月二四日初演）序文中ではじめて用いたものだが、そこで詩人は当時の先端技術だった映画を意識しながら、新しいリアリズムへの期待を表明していた。ところが、それから七年後の一九二四年に、やはりフランスの詩人アンドレ・ブルトン（中略）が、アポリネールに敬意を表しながら『シュルレアリスム宣言』を発表したとき、この語は『理性に管理されない思考の書き取り』によって開かれる『高次の現実』（超現実）の探求を意味していた」前掲書、二〇–二一頁

ている研究者、塚原史の著作に『反逆する美学』『切断する美学』[8]『模索する美学』からなる「美学」三部作があります。そのうちの一冊『切断する美学』で塚原は、〝切断〟にはふたつの意味があると言っている。ひとつは「過去からの切断」であり、もうひとつが「意味からの切断」。

アヴァンギャルドの登場以前は目の前にある対象とその中身が一致していてあたりまえだったのが、意味からの切断によって、それがもはや自明ではなくなった。二十世紀が記号的な表層の差異を追求する意匠（デザイン）の文化へと向かっていくきっかけをつくったのが、ほかならぬアヴァンギャルドだった。

さて、前置きが少し長くなったけど、表層の差異のゲームと化しているというのは、俺たちが語ってきたヒップホップのビートメイキングについてもいえることで、さやわかさんとの回［一章］で話したように、たとえばサンプリングベースのブーンバップにも、ソフトウェア・シンセやTR－808的ドラムで構築される

5 **ミュージック・コンクレート（Musique concrète）**
具体音楽。人や動物の声、自然の音、都市の騒音など実際にある具体的な音を録音し、電気的・機械的操作を加え制作された音楽。のちの電子音楽にも影響を与えた。

6 **マスター・P（Master P）**
米ルイジアナ州ニューオリンズ出身のラッパー。ノー・リミット・レコード主宰。特徴的なアドリブ「ンーアッ」で知られる。おもな作品に《MP da Last Don》（九八、左掲）など。

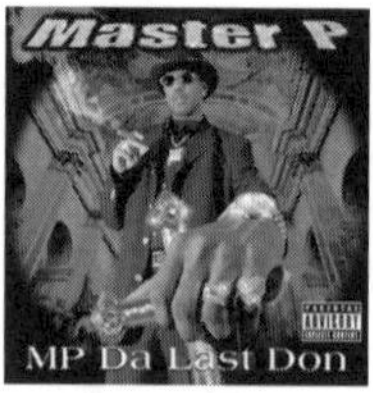

No Limit / Priority / EMI

トラップにも、両方ともデータベース消費的な特徴があって差異との戯れを欲望しているところがある。

　またビートだけでなく、リリックの面でも同様にヒップホップは記号的。ストリートを語る語彙――たとえば、ランボルギーニやマイバッハ[*9]などの高級車、金のネックレス、ドラッグ、銃火器、地元の仲間、等々――ってすごく記号的で、そうした概念やラッパーのボースティングのクリシェを組み合わせることで、それっぽい歌詞が書けてしまうし、たとえばタイラー・ザ・クリエイターやジェイペグマフィア[*10]はそういったメタラップ的な試み[*11]も披露しているよね。彼らは、型にはまってしまったリリックはナンセンスと表裏一体であることを揶揄《やゆ》しているようでもある。

　菊地成孔さんとの回［二章］でもナンセンスについては語ったけど、あらためてリリックに関して、ナンセンスを標榜しているところもある荘子itは、意味からの切断についてどう考える？

荘子it　その本は未読なんだけど、雅史itの紹介では、『切断する

7　プレイボーイ・カーティ（Playboi Carti）
米ジョージア州アトランタ出身のラッパー。「赤ちゃんの声」と形容されるハイピッチで不明瞭なラップが特徴。左掲は後段に登場の二〇二〇年作《Whole Lotta Red》。

AWGE / Interscope

8　塚原史著『切断する美学　アヴァンギャルド芸術思想史』論創社、二〇一三年

美学』と同じシリーズの一冊に『反逆する美学』もあるって話じゃん。推測するに、『反逆する美学』における〝反逆〟は肯定的な文脈で使われているのだと思うけど、なにかに対する反逆というものはそれ自体が早晩また次の新たな権威になってしまうのが常で、結局その反逆の身ぶりがひとつの差異でしかない。

吉田　なるほどね。

荘子it　だからそういう意味でいうと、切断はそれとはまた少し違うのかなって思う。反逆がたんにある意味に対する反対の意味であるとしたら、切断は非意味的なものになる。既存のコードに対して別種のコードを差しだすという小手先の操作にとどまらない、なにかもっと本質的なこととして俺は切断を捉えている。でも創作の場では、切断だけでモノが生まれるわけではなく、それと同時にやっぱり産出する力が必要になる。だから、ナンセンスは古びないアヴァンギャルドのいち形態だと思ういっぽうで、「これはナンセンスです」って謳《うた》うだけでは片手落ちだとも感じてい

9　ランボルギーニやマイバッハ（Lamborghini / Maybach）
ランボルギーニはイタリア、マイバッハはドイツの高級自動車メーカー。前者を参照した楽曲にカニエ・ウェストの〈Mercy〉（同メーカーのいち車種であるムルシエラゴ：Murciélago を指す）、後者にリック・ロスの〈Maybach Music〉シリーズなど（左掲は第三弾を収録した《Teflon Don》［一〇］）。これらふたつのメーカー以外を参照した曲に、BMW、ベンツ、ベントレーを曲名に冠したロイド・バンクス〈Beamer, Benz, or Bentley〉など。

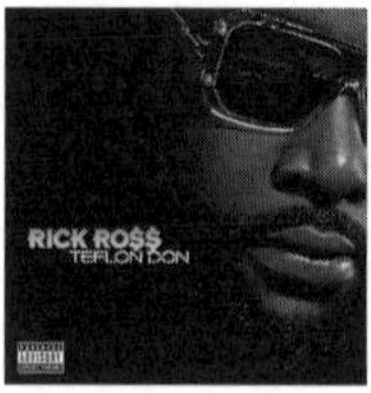

Maybach / Slip-n-Slide / Def Jam

る。

ロマンなき〝グリーン〟なノイズ

荘子it　ヒップホップの出自には現代音楽的な側面があるって話に再度ここで口を挟ませてもらうと、事後的な理解だとたしかにそういうことになるけど、実際には、グリッドに合わせて音をノリノリで鳴らしたい、というベタな欲望があったと思う。で、いざサンプラーとかを鳴らしてそこから手を離すときに、反作用、いうなれば作者の無意識として切断が生まれる。

吉田　たしかに、手を離すことによる切断ってコントロールするのがむずかしい。ネタからサンプリングする場面を考えても、スタートポイントを決めるのは直感的にわかりやすいんだけど、そのサンプリングの長さが二拍となるのか一小節となるのか、どこで切断されるかはあらかじめビートメイカー自身にもわかっていなくて、チョップしながらいろいろ試していくなかでそこに予期していなかった切断面が現れる。切断面に偶然性が宿るというか。

荘子it　サンプリングした音を鳴らすためにパッドを押すとき、始まる瞬間はほぼ正確にコントロールできるけど、鳴りはじめたあとのサンプル音は別の（＝サンプリングした元の）曲のリズムを刻んでるわけだから、グリッドに厳密に合うことはない。完全にコントロールできないからこそ、そのズレによって突如としてフワッと別の時空が開けるというか、ビートメイクをしてるとき、どこかで手を離さないと曲としては崩壊しちゃうからいい加減のところで離すんだけど、いま作ってる曲のグリッドを無視したリズムの音を鳴らすパッドを押しているあいだ、すごく世界が拡がっていく感覚がある。

吉田　J・ディラとかカニエ・ウェスト、RZAなんかもさ、人の声をネタ使いするときに、えっ、そんなところで切っちゃう

10 ジェイペグマフィア (JPEGMafia)
米ニューヨーク市ブルックリン出身のラッパー、ビートメイカー。十八歳のときに空軍に入隊し、イラク従軍、ドイツや日本などに駐在した経歴をもつ。本文にあるとおり、型にとらわれない作風で知られる。おもな作品に《Veteran》（一八、左掲）など。ミシガン州デトロイト出身のラッパー、ダニー・ブラウンとのコラボアルバム《SCARING THE HOES》（二三）に収録の〈Garbage Pale Kids〉では、八〇年代に放送された任天堂ファミリーコンピュータのスポーツゲームのテレビCM（「多彩なテクニックで楽しむ『テニス』」）および、食品会社のニチロ（現マルハニチロ）が同じく八〇年代に北海道で放送していたラム肉のCM（「ジンギスカン、ジンギスカン、どんどん食べればジンギスカン／それ大乃国、やったー」）をサンプリングしている。

の?っていう切断の革新性があった。歌詞の意味からも切断され、音楽的なメロディとして成立する未満のところで切断してしまうという。つい先日も、飽きもせずに《Donuts》(二〇〇六)を聴いたんだけど。

荘子it　奇遇ですね、俺もこのあいだ聴きかえしたばかりです。

吉田　やっぱりディラたちは、こういう使い方をするのか!っていうサンプリングで魅せるビートメイカーの走りだった。〈Waves〉や〈Airworks〉、〈One for Ghost〉に〈Walkinonit〉あたりのヴォーカルネタをギリギリのバランス感覚で意味やメロディから切断して宙吊りにする方法は、いまでこそ特別なものには聴こえないかもしれないけど、ほんとにあれこそまさに「切断の美学」だよねえ。

荘子it　楽器を弾く人も、音のサステイン(持続)とかディケイ(減衰)とか、どれだけ伸ばして、どこで切るかによって演奏の表情が変わる。ヒップホップのサンプリングにみられる切断は、もう

Deathbomb Arc / Republic

11　メタラップ的な試み
タイラー・ザ・クリエイターの変名ヤング・ニガ〈Come Threw Looking Clean〉(一一、左掲)およびジェイペグマフィア〈Puff Daddy〉(一八)など。

Self-released

ちょっとアンコントローラブルなものだけど。

吉田　ブチって途切れていたりして、常識的に考えれば失敗としか思えないものがかっこいいという逆説。Tsuboiさんと一緒に「良い音」について考えたとき〔五章〕にも、RZAのつくる〝汚い音〟を例に、ヒップホップは非洗練的な音に価値をおくという話があったよね。

洗練されていない音の魅力というと、「ノイズ」もひとつの好例といえる。英サイエンス・ライターの著者が書いた『騒音の歴史』は、十五世紀のイギリスがいかにうるさい都市だったかという話から始まるのだけど、そのころは馬車とか祝祭の大砲や花火がおもな騒音だったという。その後イギリスでは、十八世紀なかばから始まった産業革命によって経済的繁栄を遂げる反面、その副産物として工場の機械音という新たな騒音が人々を悩ませるようになり、ロンドンは世界で最もうるさい都市として悪名を馳せるまでになっていく。要は時代ごとに「騒音《ノイズ》」の概念は変わっていく。

音楽がらみの話でいうと、十九世紀にエジソンが蓄音機を発明してからは、録音物にホワイトノイズとよばれる雑音が出じるように。そんななか、人類史を通じて忌み嫌われる存在だったノイズに積極的な価値を見いだしたのが、冒頭で触れた一九一〇年代のイタリア未来派のひとり、ルイージ・ルッソロ。彼はアート・オブ・ノイズ[*12]がグループ名に引用した「騒音芸術」という論文を発表したり、残念ながら実物は現存していないけど、騒音を出力する「イントナルモーリ」なる楽器を発明したりした。一九四八年には、ミュージック・コンクレートの父と称されるフランスの現代音楽作家ピエール・シェフェールが、鉄道の音などを録音・加工した『騒音のエチュード』を発表する。

　ではヒップホップにおけるノイズとはなにか。トリーシャ・ローズが上梓したヒップホップ研究本の草分け『ブラック・ノイズ』[*13]には、同書の書かれた九〇年代にはブーンバップの〝ブーン〟っていうキック音や、もっと具体的にはパブリック・エネミーの制

12　アート・オブ・ノイズ（Art of Noise）
英前衛シンセポップ・グループ。トレヴァー・ホーンが設立したＺＴＴレコードの音楽家集団が結成した覆面ユニット。八〇年代当時、一〇〇〇万円以上したといわれるサンプラー「フェアライトＣＭＩ」を用いて身の回りの騒音をコラージュし、芸術に仕立てあげた。おもな作品に《Who's Afraid of the Art of Noise?》（八四、左掲）など。

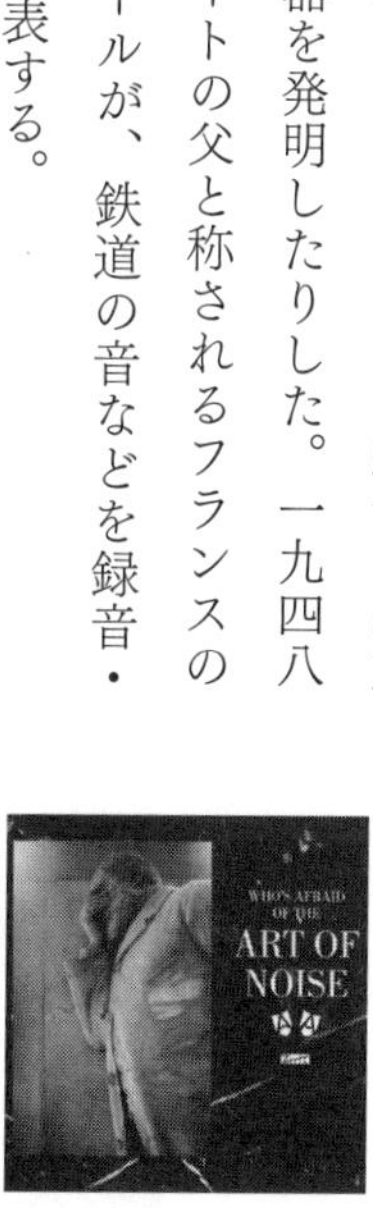

ZTT / Island

作部隊ボム・スクワッドがTR－808で鳴らすようなベース音が、やかましい〝ノイズ〟としてある層から目の敵にされていた様子が描かれている。でもそのベース音はいまや、耳障りがいいとまで言わないまでも、ヒップホップはおろかポピュラーミュージックの世界でも重宝されるサブベースというかたちで親しまれている。ボム・スクワッドのビートはノイジーなウワネタもトレードマークだけど、そもそもさっき名前を出したアート・オブ・ノイズのプロデューサー、トレヴァー・ホーンが初期のサンプラーのフェアライトでオーケストラヒット[*14]や人の声なんかをダンスミュージック化した音楽を〝ノイズ〟とよんだのが一九八四年のことだった。

そのほかにも、レコードを再生したときの〝プチプチ音〟はデジタル・ネイティヴ世代にとって、アナログ特有の温かみをもってして過去への郷愁を誘う材料にもなっている。PCでのビート制作でも、さまざまなノイズを再現するプラグインが山のように

13 **トリーシャ・ローズ著『ブラック・ノイズ』新田啓子訳、みすず書房、二〇〇九年**

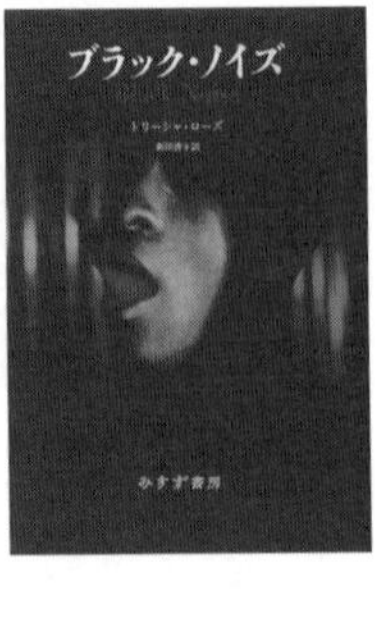

14 **オーケストラヒット（Orchestra hit）**
オーケストラが一斉に楽器を鳴らしたときのような「ジャン」という音。古くはアフリカ・バンバータ&ソウルソニック・フォース〈Planet Rock〉（八二）から、近年ではブルーノ・マーズ〈Finesse〉（一六）まで広く親しまれているサンプル音源。

存在するよね。

荘子it　電気自動車にわざわざ搭載されているアクセル音みたいなもので、なくても困らないんだけど、ないとなんだか落ち着かない。それにしても、ヒップホップの低音がむかしはノイズあつかいされていたというのは面白い。Z世代を象徴する存在であるビリー・アイリッシュの音楽は、あの重厚なサブベースに包み込まれることでリラックスできるわけだけど、べつに音域的には当時うるさいといわれていた低音とたいして変わらない。

吉田　俺の愛用しているボーズ社のワイヤレスイヤホン「QuietComfort」をつけて周りの騒音を遮断したとき、なににいちばんびっくりするかって、とにかくサブベースに浸ることができるんだよね。少しまえまでのイヤホンとは比べものにならないほどサブベースの周波数がはっきり捉えられる設計になっていてさ。近所迷惑になることなく、ベッドルームでまさにリラックスしながらあの重低音を存分に味わえる。周りのノイズを遮断してまで隔絶させたプライベート領域で味わいたいのがサブベースになってるというのは、結局のところダンスフロアを頭のなかにもち込みたいって欲望なのかもしれない。

荘子it　低音は、高音と違って遮音がむずかしい。なにせ物理的な振動として現れ、壁が揺れちゃうぐらいだから。だから自分にとっては快くても、壁を一枚隔てた隣の部屋の人には不快感を与えるもの以外のなにものでもなかったりする。そんな人様に迷惑をかけるようなものをひとりで心置きなく味わえる空間というのは、そうした難儀さゆえに、このうえなく安らぎを得られる場所として感じられる。だから低音には両義的な側面がある気がする。たとえるなら〝エロ〟とかと近くて、エロも親しい間柄や個人で楽しむぶんには快楽だけど、隣の部屋の見知らぬ人が観ているAVの音だとか喘ぎ声だとかが聞こえたり、あるいは衆人環視のもと脱ぐとなると嫌な気持ちになる。

吉田　私秘的に愉《たの》しむものとしての〝低音の欲動《エロス》〟ってことだね。

ヒップホップ的にいまノイズというと、プレイボーイ・カーティの《Whole Lotta Red》（二〇二〇）をひとつの嚆矢《こうし》として流行中のレイジ[*15]でよく聴くことのできる、「音の歪《ひず》み」が挙げられると思う。ああいう歪んだベースやトランシーなノイズももちろんかっこいいんだけど、現代はあらゆる制作の手法がネットで共有されてあっという間に広まるから、たとえば音楽制作の現場でなにをやっているのか容易に想像がついてしまう。かつてあったノイズの〝神秘〟みたいなものは、もはやまったくみられず、いうなれば完全に〝クリーンなノイズ〟っていうか、ノイズが記号化しているというか……。

荘子it　ノイズというものにロマンがないのね。

吉田　そのノイズの出自を立ちどころに感知しちゃう。この音はたぶん、こういうふうに加工して作られているんだろう、みたいなことをさ。

荘子it　ヒップホップのたどってきた歩みがわかりやすい例で、

15　レイジ（Rage） トラップの派生ジャンル。トラップよりもコード感が強く、ゲーム音楽のようなエモーショナルなシンセサイザーが特徴。参考：flawboy【コラム】What is "RAGE Beat"?」FNMNL、二〇二一年九月十五日 https://fnmnl.tv/2021/09/15/135130、アボかど「レイジ（Rage）のサウンドはどこから来た？　新たなヒップホップ・ムーヴメントのルーツを辿る」Mikiki、二〇二一年九月二十四日 https://mikiki.tokyo.jp/articles/-/29786

斬新な表現はある種の〝ノイズ性〟を孕《はら》んでいて、それがゲームチェンジの契機になるやいなや、右に倣《なら》えで一斉に取り込まれ流行っていく。雅史itの言うとおり、現代は情報共有が速すぎて、何事もファストでクリーンなものばかりになりがち。

吉田　俺が話していたのは実際に耳に聞こえるサウンドとしてのノイズのことだけど、荘子itがいま言ったような、もう少し広い意味でのノイズ（性）もある。

たしか荘子itは、サンプリングする際に目当ての音以外の楽器演奏も混じったフレーズをあえて使うことで、独特の雑味を取り込んでいると言ってたけど［一章］、それもまさしくノイズの面白さだよね。コントロール不能なものがポッと入ってくることによって、鼓膜に届くフレーズにも外部の世界が存在するってことを作品に封じ込められる。

荘子it　楽曲の外側を想起させることが、音楽を音楽以上のものにするんじゃないかな。べつに文脈を知ってるやつらが自分たちだけで自己満足的に面白がれるという内輪の話ではなく、外部に開かれているからこそ広く人々の心を掴めるという意味で、ノイズにはある意味クリーンなものよりもポップに成りうる可能性が秘められている。

吉田　世にいわれる〝コンセプチュアル〟な作品には、そういう外部への回路が時限爆弾や地雷のように埋め込まれていて、踏んだ人が反応する。

アート作品のあり方って、たとえばデュシャンの有名な『泉』の場合、まず小便器という「対象物」があり、それを既製品であるにもかかわらず作品として展示することでアートの定義に揺さぶりをかけるという「コンセプト」があって、そのうえで実際に展示をおこなうという「手続き」がある。でもファストでクリーンな時代になったいまは、見えないものがない状態であるがゆえに、手続きのほうに注目しがちで、肝心要のコンセプトが不在ないし希薄なのでは、と思ってしまうことが少なくない。

荘子it　それがいわば表現の〝核〟だよね。

吉田　目に見える部分だけが先行しているというか。ヒップホップは大衆化して分析も精緻におこなわれるようになってなにが起こっているかがわかるぶん、逆にコンセプトは置いておいてヴィジュアルに訴えかけた動員の手続きのほうによりコミットしたくなるのは理解できるんだけど……。その点、荘子itは千葉雅也さんとの対談で、あえて乱暴に端折れば「一発ぶちかましてやる」[*16]って言ってたよね（笑）。

荘子it　そうだね（笑）。

吉田　だからそういう大見栄を切った荘子itが、作品のコンセプトをどう考えているのかが気になる。

荘子it　それについてはDos Monosが第二期に入るにあたり、すごく考えてる。海外ツアーで各国をまわった経験も大きくて、それまで日本で活動していたときは「日本の文脈には乗りたくない」という想いがけっこう強かったけど、一歩外に出てみると、やっ

16　**「一発ぶちかましてやる」**　「ヒップホップの手法は革新というよりすでに洗練の時期にきていて、自分にとっては微細な差異を楽しむ貴族的な趣味になっているわけですけれど、一方で、エポックメイキングで、自分が様々な音楽に触れ始めた頃に感じたような衝撃や、大きなムーヴメントにつながる創作をしたいという想いがあります」松田広宣（構成・取材）「千葉雅也×荘子itが語る、芸術的な人生の作り方『異端的でありながら明るく生きる』」リアルサウンド ブック、二〇二二年六月二十五日 https://realsound.jp/book/2022/06/post-1049661.html

ぱり言っても自分たちが日本人であることを感じたし、帯同したブラック・ミディと一緒になったことで、なんだか〝一目瞭然〟なかんじがしてしまって。

吉田　劣等感をおぼえたってこと？

荘子it　単純な劣等感とも違うんだけど、日本人としてやっているという意識が芽生えた。さっき言った「日本ぽくなりたくない」みたいな自意識が世界では通用しないことを肌で感じたというか。

吉田　逆に「日本人らしさ」を見つめなおしたってことかな？

荘子it　日本人らしさが何なのかすらよくわかっていないなかで「日本ぽくなりたくない」という自意識だけあっても、それって作品とかパフォーマンスとして向こうの人たちには全然伝わらない。いままでは日本にいただけに、どうしても〝日本らしからぬ〟っていうくくりになってしまっていた。でも、世界で聴かれるうえでは自分たちの出自がもっと伝わらないともったいないと思ったんだよね。

吉田　外の景色を見たことで大きな収穫を得たんだね。少なくともこれまでのDos Monosは世界中の音楽を分け隔てなく消化する雑食性が面白さだったわけだから、音楽的にはもともと日本と世界の区別はなかったともいえるよね。

荘子it　次の作品もサウンド面では、日本的といわれるようなかんじにはならないかなあ。音楽自体がユニバーサルなものであるからこそ、どういうつもりでやっているのかというコンセプトが重要だと思ってる。

俺は日本で音楽をやっていて、どうしてアメリカやイギリスのやつらと同じかんじにならないんだろうって常々、自問する。同じ土俵に立っていると思いたいけど、どうもなにかが違うらしい。

吉田　なんでなんだろうね。

荘子it　このいうなれば文化的な敗戦国感に向きあったほうがいいんだろうなっていう気はしている。

吉田　欧米とは言語の違いもあるけど、リリックについてはどう？

要は、英語詩だったらなにか状況は変わるのか、とか。

荘子it　歌詞が英語かどうかって、実はそんなに重要じゃないと思っていて。歌詞よりもコンセプトとかヴィジュアルイメージが広がることのほうが大切だと考えてる。日本語の歌詞の内容がリアルタイムで伝わらないのなら、極論をいえば、曲を聴いてるあいだは「日本語で歌っている」ことさえ伝わっていれば充分。

吉田　そもそも日本人は洋楽を聴いて、なんの苦もなく楽しめているわけだからね。

荘子it　日本をふくめた非英語圏のリスナーは端《はな》からアメリカやイギリスの文化的背景もセットで受容しようとするモチベーションをある程度もってるから、たとえ歌詞の意味がリアルタイムで十全にわからなくても解説や読解を通して事後的に得られるものが大きいわけ。でもそれに比べたら、諸外国の人は日本についての情報が圧倒的に足りていないと思う。だから、埋めるべきはその差なのかなと思って。音楽の質というより、単純に日本の文化的な背景や、日本人がやっているってことに対する想像力とか、それらによってかき立てられるものが少ないから、なかなか広がっていかないいだけな気がする。

スポティファイの「Gacha Pop」っていうプレイリストは、日本の種々の雑多な音楽をガチャポンに見立ててパッケージングすることで世界に発信・輸出しようと画策されたものだけど、俺はそんなガチャのいち構成員として一緒くたにされるのではなく、アーティストがみずから文脈を用意して表現できるのが理想だと思う。加えて、ガチャガチャしていてポップで楽しい、というだけでなく、ときには不愉快なことを伝達するのも必要だと考えてる。俺らがアメリカのヒップホップを見聞きするときも、暴力や差別の歴史といった負の側面を知ることで、より深く味わえるようになるじゃん。「この音楽にはそんな背景があるのか」っていう気づきや教養がリスニング体験をより充実したものにする。海外で日本のポップな表象が受容されるようになって久しいけど、その裏面にはこういう顔もあるんだということを理解してもらえる、あるいは向こうの理解したいというモチベーションが高まるフェーズにさしかかっているように感じる。

踊らされずに踊る

吉田　荘子itとは、ビートの話からラップの話まで多岐にわたっていろいろ議論してきたけど、この本に通奏低音のように流れているのは「新しさとはなにか」という問いだと思うんだよね。そこで取りあげたいのが、ふたたび塚原史の「美学」シリーズから『模索する美学』。副題でも示されているとおり、こちらは社会思想史の本で、塚原は自身が翻訳を多数手がけるボードリヤール[*17]や、その師匠のロラン・バルトのモード論をもとに議論を展開させている。といった細かい話はここではさておき、この本によると、仏

17　ジャン・ボードリヤール（Jean Baudrillard）
仏哲学者。ポストモダンの代表的思想家。おもな著書に『消費社会の神話と構造』など。

詩人のアポリネール[18]が「新しさ」について語った有名な講演があるそうなんだけど、そこで彼は「新しさ」の基本的性格について、「組み合わせ」と「驚き」だと言っている。いまではごくあたりまえのことで、それこそ驚きはまったくないわけだけれど、そのときにアポリネールが旧約聖書から引用した一節が面白い。いわずもがな聖書は大むかしに書かれたものながら、そこにはすでに「太陽のもとには新しいものはなにもない」[19]という一節が記されていた！っていう。

　でさあ、俺はこのあいだオムス（OMSB）の《喜哀》[20]（二〇二三）のリリース記念ライブ後のパーティーのときに、まさに〝組み合わせ〟のもたらす〝驚き〟を身をもって体験したんだよね。

　そのアフターパーティーでは、主役のオムスがドープなヒップホップで会場を沸かせたのを皮切りに、あの喋りを武器にニューヨークの最新流行曲をプレイしたDJ TY-KOHさんや九〇年代ヒップホップ・ソウル縛りのDJなどが続き、終盤にはジャージード

18　**ギヨーム・アポリネール（Guillaume Apollinaire）**
仏詩人、小説家。おもな著書に『アルコール』『カリグラム』など。

19　**「太陽のもとには新しいものはなにもない」**
『旧約聖書』伝道の書、一章九節

20　**OMSB《喜哀》（二三）**

Summit

リルのセットがあって。俺は遅い時間帯にはすっかり酔いが回ってたうえ疲れはてて、ソファに沈み込んでいたんだけど（笑）、強烈なサウンドに誘われてジャージードリルで踊ってたらさ、これまでに体感したことのない衝撃が電流のように全身に走ったのよ。ジャージードリルは、ジャージークラブ[*21]とドリル[*22]の掛け合わせだよね。そしてジャージークラブはざっくりいえばハウスの派生ジャンルだし、もういっぽうのドリルにしても、シカゴで発生した元祖シカゴ・ドリルが大西洋を渡ってイギリスに飛び火し、グライムとの異種交配を経てUKドリルとなったあと、またアメリカに帰ってきて、ポップ・スモーク[*23]に牽引されるかたちでブルックリン・ドリルとして人気を博し、という一連の興味深い流れがあるにせよ、源流のシカゴ・ドリルはほとんどトラップのヴァリエーションの域を出ない。ブルックリン・ドリルはUKのグライムを経由したぶん譜割りが独特だったりするとはいえ、それもまったく新奇のノリというわけではないと。

21　ジャージークラブ（Jersey club）
ハウスとヒップホップを組み合わせて出来たダンスミュージック「ボルチモア・クラブ」からさらに派生し、二〇〇〇年代初頭に成立した音楽ジャンル。名称は発祥の地である米ニュージャージー州に由来。ドン、ドン、ドンドンドン、とバスドラムが三連符で打たれるリズムパターンが特徴。ヒップホップに取り入れられた例に、リル・ウージー・ヴァート〈Just Wanna Rock〉（《Pink Tape》［二三、左掲］収録）など。

Generation Now / Atlantic

荘子it　つまるところが組み合わせだよね。
吉田　それなのに、だよ。むかしトラップが流行りはじめたときも、同じような驚きとともに朝まで踊り明かしたのを思い出すなあ。もうこれ以上、新しい音楽なんて現れないと思ってたのに、なんだこのほとんどキックとラップだけの斬新なサウンド空間は！って（笑）。
荘子it　（笑）。
吉田　いま話したとおり、ジャンルの成立過程や構造なんかは頭でわかっていたつもりだったけど、恥ずかしながら現場で踊れていなかったから理解に身体性を伴ってなくて、そのほんとうの新しさは掴みきれていなかった。スネアがほんの添え物みたいな役割だから、ラップが前に押し寄せてくる聞こえ方がドリルとは違うし、ジャージークラブはキックが三連符もふくんでることによって、やっぱりハウスのスクエアなノリとは踊り方が全然変わってくる。そのことに、あの夜、実際に踊り明かしてみて初めて気が

22　ドリル（Drill）
二〇一〇年代初めに米イリノイ州シカゴで生まれたヒップホップのサブジャンル。全米屈指の犯罪発生率の高さで知られる同地の殺伐としたストリート事情が虚無的に歌われる。代表曲にチーフ・キーフ〈I Don't Like〉（《Back from the Dead》［二〇一二、左掲］収録）など。

Glory Boyz

ついたんだよね。

いってしまえば「組み合わせ」のひとことに尽きてしまうんだけど、ビッグビートとかドラムンベースのときからいわれてきたように、ヒップホップと欧州のダンスミュージックは互いのシーンを行き来することによって進化してきた歴史がある。空間と時間の両方を隔てることによって、組み合わせの広がりは増す。

ブルックリン・ドリル人気の決定打となったポップ・スモークの〈Welcome to the Party〉を手がけたロンドンのプロデューサー、808メロは当時UKのアーティストと一緒に制作していただけで、ポップ・スモークがYouTubeで彼のビートに出会ったのは偶然だったっていうじゃん。だからあれは、誤配が起こった結果生まれた〝モード（流行）〟だってことだよね。

『モードの体系』を著《あらわ》したバルトは同書で「モードとは、おそらく資本主義の誕生とともにわれわれの文明に出現したありとあらゆるネオマニー（新しいもの狂い）的なものの一部なのだろう」と書

23　ポップ・スモーク（Pop Smoke）

米ニューヨーク市ブルックリン出身のラッパー。二〇二〇年二月、五人組の強盗に銃撃され逝去。享年二十。おもな作品に、死後発表されたデビューアルバム《Shoot for the Stars, Aim for the Moon》（二〇二〇、左掲）など。

Victor Victor / Republic

いている。これはまさに、サブジャンルに分裂しながら自己増殖しつづけねばならないっていう強迫観念に駆られているヒップホップのことだよね。拝金主義と揶揄されるヒップホップは富を生むジャンルとして持続するためにも常に新しさを必要としているけど、どんどん若い層にバトンが渡されていくから心配しなくても誤配が次々と起きて、驚くべき新しい組み合わせを延々と生みつづけるネオマニーのいち症例なんだなと。

荘子it　一章で俺は、新しいものは出つくしたと考えるシミュレーショニズムに対して、それでもなおだれもが「これは新しい！」と思うものを創ることはできるんじゃないかという話をしたけど、そこには個別の作家の独自性だけでなく、流行も大いに関係してくる。そのときどきの流行とのあいだにある緊張関係が新たな体験を創りだす。雅史itがコラムで書いているとおり、「個人の作家性が突然変異的にアウラの痕跡を留めながらもたらす革新と、モードを追い求める集団心理による集団制作的なシミュラークルの堆積の双方」によって発展してきたヒップホップのビート史が、そのことを雄弁に物語っている。

あとやっぱり「ダンス」は音楽にとってすごく重要で、踊らされずに踊るという態度が新しいものを生んできている。たとえばインダストリアル・ミュージックは、自主的にそうしているというよりも、文字どおり機械のようにやらされる動きの最たる例である工場労働を音楽に昇華することによって、踊る快楽にしてしまうという発想の転換から生まれた。ブルースも、つらい農作業を――束の間かもしれないけど――歌うことによって楽しいものに変えようとしたところから始まっている。ジャズミュージシャンにしても、昼間は白人のダンスのために仕事として演奏し、でも夜は自分たちだけの即興セッションを繰り広げていたのがモダンジャズにつながっていった。いずれも資本主義のなかでのやらされ仕事を享楽に創り変えている。

吉田　野田《のだ》努《つとむ》*24さんがデトロイト・テクノの歴史をディスコやP・

24 野田努
音楽ライター、ele-king編集長。左掲は本文中の著書『ブラック・マシン・ミュージック　ディスコ、ハウス、デトロイト・テクノ』河出書房新社、二〇一七年（増補新版）。

ファンクにまで遡《さかのぼ》って綴った大著『ブラック・マシン・ミュージック』を読んでもさ、昼間の日常生活では自己を抑圧し、週末のクラブでだけはほんとうの自分になれる——というクラブカルチャーの原点としてのモッズの描写があって、グッとくるんだよね。自分も若いときは同じような感覚でヒップホップをやっていたなあ……。ともあれ、自分を使役する工場の機械音を逆手にとって踊ってしまうというインダストリアルの姿勢は、価値の転倒という意味ですごくヒップホップ的だよね。

修辞《レトリック》が現実を拡張する

吉田　〝新しい〟といえば、後藤護さんとの回［四章］で触れたアウトキャストの片割れであるアンドレ３０００が先日リリースした、アルバム作品としては十七年ぶりにして待望のソロデビュー

25 アンドレ３０００《New Blue Sun》（二〇二三）

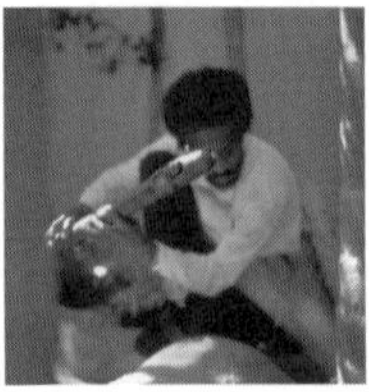

Epic / Sony

26 Zach Baron, "André 3000 on His New Album and Life After Outkast: The GQ Video Cover Story," GQ (2023/11/16) https://www.gq.com/story/men-of-the-year-2023-andre-3000-profile

作となる《New Blue Sun》[*25]（二〇二三）はラップも歌も一切ないインストゥルメンタル作品になっていて、ほんとうに新鮮な驚きがあった。それから、ある意味でそのこと以上にびっくりさせられたのが、プロモーション取材における彼の発言。GQ誌を相手にアンドレは今回ラップしなかった理由として、齢《よわい》四十八となる自身の〝老い〟を挙げている。いわく「（この歳《とし》になって）ラップで歌うべきことはなにもない」と。さらにこうも言っている。「自分の人生の日々の出来事を歌にすればいいのかもしれないが、内視鏡検査を受けることや老眼について歌えっていうのか？[*26]」

かつて「年齢なんてたんなる数字でしかない[*27]」って歌ったのはティーンエイジャーでデビューしたアリーヤやチ・アリだったけど、ヒップホップも五十歳を迎えて今度は当然「高齢」の問題にも直面するわけだよね。同じく「年齢」が議論の的になったのが、一九八六年生まれのドレイク。目下の最新作となる《For All the Dogs》[*28]（二〇二三）で彼は、過去の交際相手との関係にうじうじ悩

27 アリーヤ
《Age Ain't Nothing But a Number》（九四）

Blackground / Jive

28 ドレイク
《For All the Dogs》（二〇二三）

OVO / Republic

む男、という自身のキャラを相変わらず貫いている。ドレイクはそういうキャラとしてこれまで消費され、売れてきたから反復してしまうのは仕方ないし、さやわかさんとの回で話したとおり、キャラを曲げないこと自体はすばらしいんだけど、「それ、もうとっくのむかしに終わった話じゃん」「いまさらまた元カノのリアーナをディスって、どうしようっていうんだよ」みたいな批判が噴出した。とくに辛辣だったのが、最近はご意見番ポッドキャスターとして知られる古株ラッパーのジョー・バドゥン。ジョーからは、年相応の成熟した内容のラップを聴かせてほしい[*29]と苦言が呈され、それにカチンときたドレイクがインスタグラム上で反論するという事態にまで発展した。ほかにラジオパーソナリティのエブロ・ダーデンらの番組でも、ドレイクがなにを歌うべきかをめぐり激論が交わされていた。

俺的には、あのアルバムのなかではシングル曲〈8AM in Charlotte〉が白眉だと思ってる。ビートはピアノの旋律が主体の

29 年相応の成熟した内容のラップを聴かせてほしい
「あのアルバムを聴き終わって、思わずこの男が何歳か調べちまった。そしたらもう三十六だというじゃないか。二十日後には誕生日を迎えて、またひとつ歳をとるらしい。それもググって知ったんだよ」Trent Fitzgerald, "Joe Budden Criticizes Drake's Lyrics on For All the Dogs," XXL (2023/10/7) https://www.xxlmag.com/joe-budden-drake-criticizing-lyrics-for-all-the-dogs-album/
ドレイクはジョーに対し、音楽の道で食っていけなくなったやつが講釈を垂れるとは何様のつもりだ、と反論した。Natalee Gilbert, "Drake Calls Joe Budden a Failure, Fires Back in Instagram Post for Criticizing For All the Dogs Album," XXL (2023/10/7) https://www.xxlmag.com/drake-joe-budden-beef-for-all-the-dogs-album/

メランコリックなジャジー・ブーンバップといった趣《おもむき》で、とりたてて特別なところはないんだけど、ドレイクのラップがそんな彼らしくない激シブのビートに乗っているだけで新しく聞こえるし、純粋にかっこいい。この曲も、アポリネールが言っていたことやジャージードリルで踊った体験と同じく、ひとりのアーティストのキャリアに絞ってみても、組み合わせ次第でまだまだ驚きを伴う新たな体験は創りだせるっていう例といえる。

荘子it　一章で、ブレない「キャラ」というのは、ヒップホップ的な組み合わせの妙や違和感の面白さを生むための要素として欠かせないものであるいっぽう、それが「キャラクター」として固着すればアーティストにとって不自由さも生むという話をしたけれど、そもそも「キャラ論」の出発点であるアトムのような二次元キャラクターが傷つかず歳もとらない存在であるのに対し、生身の人間は傷つき老いて死ぬ。あたりまえの話だけど、人間である以上そういった変化に向きあわざるをえないよね。

吉田　アンドレやドレイクが直面する「なにをラップするか問題」がみられるベテランラッパーに、もうひとりカニエがいる。カニエもチップモンク・ソウルで一世を風靡《ふうび》したのに始まり（《The College Dropout》〔二〇〇四〕）、傷心の寒々しい心象風景をオートチューンで歌ってみたこともあれば（《808s & Heartbreak》[30]〔〇八〕）、敬虔なキリスト者になってゴスペルに取り組んだりと（《Jesus Is King》[31]〔一九〕）、ありとあらゆることをやったうえで、それでもどうにか新しさを提示するしかないなか、近年の彼の場合、ラップの歌詞に関してはレトリック（修辞）や言葉の意味が徹底的に削《そ》ぎ落とされている。なんでもいいから適当な細部をフックにして、ただその言葉を連呼するだけだったりする。《Donda》〔二〇二一〕収録の〈Junya〉では、ひたすら「ジュンヤ ワタナベ[32]」って（笑）。しかもそこにプレイボーイ・カーティも交じってくるという。ニューヨークの名物DJ、ファンクマスター・フレックスがホストを務めるラジオ番組でブラック・ソート[33]が披露したフリースタイルでは、「キム・

30 カニエ・ウェスト《808s & Heartbreak》〔〇八〕
Def Jam / Roc-A-Fella

31 カニエ・ウェスト《Jesus Is King》〔一九〕
G.O.O.D. / Def Jam

カーダシアン[*34]と付き合うまえ――アルバム作品でいうと、《Yeezus》(二〇一三)よりまえ――までのカニエみたいに俺のライム捌《さば》きは完璧だ」ってラインで揶揄されてたけど、その傾向はますます加速していて、いまはもうほとんど記号なんだよね。だけどこれは見方を変えれば前衛的なナンセンスや音響詩的なものへの回帰でもある。その背景には、《Donda》でいうと〈God Breathed〉みたいな音楽性と構成だけで聴かせてしまうビートのすごさに支えられている曲があって、そこでは言葉はフックのワンフレーズさえあれば、あとはライムに牽引される連想ゲーム的で置換可能な数行があれば成立してしまうという。

ただしそうはいったものの、カニエもドレイクも、それぞれアーティストとして自身のプレゼンテーションを更新しないといけないのに加えて、ヒップホップ・シーンのトレンドセッターとして新たなモードを創出しないといけないというふたつのミッションを担わされているところがある。だからドレイクの立場を想うと

32　ジュンヤ ワタナベ
渡辺淳弥が手がける日本のウィメンズファッションブランド。メンズラインは「ジュンヤ ワタナベ マン」として展開し、米ラッパーのエイサップ・ロッキーなども着用。

不憫《ふびん》になる。かりにもし俺がドレイクだったら、いったいどうすりゃいいんだよ！って叫んじゃう（笑）。

荘子it　（笑）。

吉田　Dos Monos の次作のリリックはどういった方向になりそう？

荘子it　さっき言った文化的な敗戦国感みたいなものが前提としてある。

吉田　海外のリスナーも視野に入れて、日本のアーティストとしてやっている自意識をもっという話だったけど、それって、四章でも俎上に載せたヒップホップの〝リアル〟につながる話だと思った。次のアルバムでは荘子itたちが自認するみずからの見られ方を積極的に発信していくっていうこと？

荘子it　根底にはそれがある。結局レトリックを使いたがるのは、目に見えているありのままの現実を切りとるだけでは満足できないからだと思う。辞《ことば》によって、自分のなかの理想との距離を埋め

33　ブラック・ソート（Black Thought）
米ペンシルベニア州フィラデルフィア出身のラッパー。同郷のドラマー、クエストラヴと結成したヒップホップ・バンド、ザ・ルーツのフロントマンとして活動。ニューヨークのラジオ局「ホット97」の番組で披露した十分超に及ぶフリースタイルは、放送から二十四時間で百万回以上も視聴された。

HOT 97, “BLACK THOUGHT FREESTYLES ON FLEX | #FREESTYLE087,” YouTube（2017/12/15）https://youtu.be/prmQgSpV3fA?si=U_nWd_-oBwujZb-B

る行為がレトリックというか、レトリックによって現実を拡張させるかんじ。次の作品には結構そういう観点が入っているかも。

吉田　そういわれてみれば、カニエはアーティストの成功という観点から見ればすべてを手に入れたようでいて、恋人や母親などの喪失とずっと向きあっているよね。《808s & Heartbreak》ではオートチューンの歌声によって届かない対象との距離を詰めようとした。でもある時点から、彼にとっては神の存在がレトリックの役割を果たしてきたんだろうか。そう考えると、レトリックを駆使して《Yeezus》で"I am a God"と歌っていたときにはまだ目を向ける対象としての理想があったけれど、《Donda》の〈God Breathed〉のレトリックのなさっていうのはもはや理想や希望はもち合わせていないことの表れかもしれない。ごめん、またカニエの話に……(笑)。

荘子it　俺たちはファーストアルバムのリリースから四年以上時間が経っていることもあり、今度のアルバム作りにはものすごい

34　キム・カーダシアン(Kim Kardashian)
モデル、実業家。キムとその家族に密着したリアリティ番組『カーダシアン家のお騒がせセレブライフ』はシーズン二〇まで放送された。元夫はカニエ・ウェスト。

気合いを入れて臨んでる。フェスに出演したりとかは引き続きあったけど、この一年半ぐらいは基本的にずっと制作とあとは産まれたばかりの赤ちゃんの子育てをしていた。さっき言った日本の文化的背景みたいなこととは別に、アーティスト個人としての〝耐える時期〟の苦渋というのも少なからず感じられるかもしれない。みんなで一度途中経過のデモを通して聴いたときは、暗いというほどではないにせよ、なんかちょっと重いかんじのところもあって、いまはそこをうまく調整する作業をおこなっている。

吉田　軽やかさはDos Monosの持ち味だからね。ヘヴィなだけじゃダメだよな。

荘子it　最近になって適当に作った部分のほうがよかったりして、その塩梅を調整することでだんだん理想のかたちに近づいてきてる。

説明書に書かれていない使い方

荘子it　カニエの弟子筋にあたるトラヴィス・スコット[*35]の新作《UTOPIA》（二〇二三）はどうだった？

吉田　さまざまなビートのスタイルを駆使していて、古参の〝ブーンバップ爺[*36]〟をも喜ばせるポテンシャルのある作品だと思った（笑）。

荘子it　俺は一曲めの〈HYAENA〉がいちばん好きだった。

吉田　なんといっても前作《ASTROWORLD》[*37]（二〇一八）がコンセプチュアルかつポップな大傑作だっただけに、どうしても比較されてしまう立ち位置の作品だよね。前作はかつて地元ヒューストンで愛されていた同名の遊園地をアルバムとしてトリビュートするというコンセプトもしっかりしてたし。そういう事後的に知る情報を抜きにしても、あのアルバムはシンプルに一曲一曲の楽曲単位の強度がある。ジェットコースターライドを再現しようとし

35　トラヴィス・スコット（Travis Scott）
米テキサス州ヒューストン出身のラッパー。トラヴィスとのあいだにふたりの子どもをもうけた実業家のカイリー・ジェンナーは前項キム・カーダシアンの異父妹。左掲は本文中の二三年作《UTOPIA》。

Cactus Jack / Epic

たビートチェンジみたいな革新性も担保しながら、とにかく印象に残るポップなフックにあふれた一枚だった。

荘子it　爆発力があったよね。

吉田　じゃあ《UTOPIA》はどうかといえば、カラーの異なるさまざまな楽曲が綿密な考えのもとで構成されている凄みはもちろんある。いっぽうで詰め込みすぎという印象もあって、アルバム全体としては豪華だけど楽曲単位で繰り返し聴く機会が少ないというか。でもこれってカニエやケンドリックらビッグネームが曲単位の消費に抗うかたちでアルバムの価値を高めてきた流れに沿っていて、個々の楽曲とアルバムの両者はいわばトレードオフの関係にもなりうるし、同じことはたとえばモリモリの《Donda》（全二十七曲、一〇八分）にもいえる。だから《UTOPIA》は、アルバムという単位の作品のあり方にまで影響をおよぼすカニエの存在感を思い知らされる一枚っていう見方もできそう。

荘子it　しかも、《UTOPIA》は楽曲単位でもかなりカニエを意識

36　ブーンバップ爺
Zoomgals〈Zoom〉（二〇）におけるvalkneeのヴァースが初出。ブーンバップを尊ぶ（時代遅れの）年長ヒップホップ・リスナーを揶揄したラインと受け取られたが、valknee本人いわく「『ブーンバップやりなよ、valkneeちゃん』って言ってくるおじさん」を指している（よって、本文中の使用方法は厳密には誤り）。

ニートtokyo「valknee：“ブーンバップ爺”について」YouTube（2021/2/1）https://youtu.be/PkJAN-LSd4k?si=IdgJAQQrHk2ER-dO

している。三曲めの〈MODERN JAM〉で聴けるドゥン、ドゥンドゥン、ドゥン、ドゥン……ってビートは、カニエの〈I Am a God〉のデモバージョンのものを採用している。808みたいな打ち込みだけど、なんだかロックのビートっぽさも感じさせる。二〇二三年作としては、ジェイペグマフィアとダニー・ブラウンのコラボアルバム《SCARING THE HOES》*38が、《UTOPIA》とは逆に統一感があった。

吉田　あのアルバムもサンプリングネタやリズム構造の似た曲が連続しないよう曲順が練られている点は同様なんだけど、やっぱりそこはペギーの作家性が全体に統一感をもたらしている。ペギーってゲームのSEからむかしのソウルネタ、O.D.Bの声まですべてをフラットにあつかって、ローファイでチープな音像に落とし込んで自分のカラーに染めちゃうじゃない。このアルバムでも、聴かせたい音に注目させる動線の引き方や場面のつなぎ方が巧みで、それこそジェットコースターライド的。音がいっぱい鳴っ

37
トラヴィス・スコット
《ASTROWORLD》（一八）

Cactus Jack / Grand Hustle / Epic

38
ジェイペグマフィア&ダニー・ブラウン
《SCARING THE HOES》（二三）

PEGGY / AWAL

ているようでいて、実際には瞬間瞬間を切りとると同時発音数が少なくてミニマリズム的なところはカニエの作風にも近い。

音数に関しては、フライング・ロータスの登場あたりからビートメイクの潮目が変わったなと思う。たとえば彼の《Los Angeles》（二〇〇八）はトラック数が多いけど、一曲一曲の長さは短かった。つまり情報量がギュッと詰まっていて、音数は時間軸とセットで考えなければならない時代になってきた。いまやストリーミングに特化するかたちでイントロは排して、数秒のあいだにその楽曲の魅力を伝える必要があるし、タイパに合わない楽曲は敬遠される。とはいえリスナーは同時に重なりあう多くのトラック群を聞き分けるわけではなくて、メロディ面でもリズム面でも、キャッチーなフックを作るには音数を絞る必要がある。だから音数が多いと思わせるアーティストの作品でもじっくり聴いてみると、その瞬間ごとに鳴っている音は実際には二音ぐらいしかなかったりする。でも楽曲全体に散りばめられる音数と聴かせ方の引き出し

39 フルーム（Flume） 豪音楽家。エレクトロ・ミュージック「フューチャー・ベース」の人気を押しあげた立役者のひとり。おもな作品に《Skin》（一六、左掲）など。

Future Classic / Mom + Pop

が多いから、聴感としては音数が多く感じられる。聴かせたい音にフォーカスして、それ以外を絞る際の〝押し引き〟の管理は、優れたヒップホップひいてはダンスミュージックの良し悪しを左右する重要な要素。

だから大事なのはやっぱり〝切断〟ってことだよね。フルーム[*39]あたりがわかりやすい例だけど、いまやシンセでコードを白玉[*40]でジャーンって鳴らすだけというのはほぼなくて、音量のダイナミックなオン／オフやフィルタリングを、リズムに合わせて波形を描いてコントロールできるプラグインで処理している。ウワモノをどこで切断するか、ウワモノでどうリズムを刻むかが成否を決めるという意味において、いまダンスミュージックは新たな切断の時代にきているなと。

荘子it　Hi'Spec[*41]がプロデュースした〈Tenchi〉（OMSB《喜哀》収録）のイントロにおける切断はほんとうに〝いかにも〟ってかんじで、あの切り方を聴いただけでHi'Specの仕事だとわかるのがすごいと

40　白玉
二分音符や全音符（左掲）など、白丸で記される音符の俗称。音を伸ばすことを表す際に使われる。

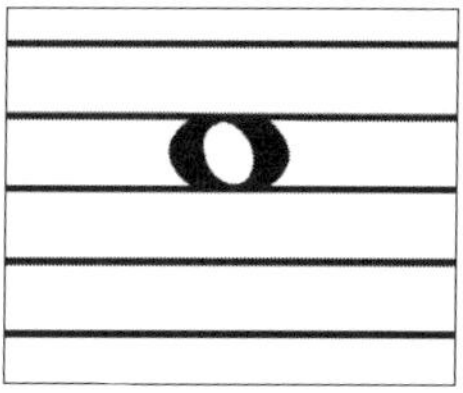

Public Domain

思った。あれこそサウンドのキャラといえる。

インジュリー・リザーヴ[42]のセルフタイトル作（二〇一九）には、カリンバっぽいサンプルの似たイントロをもつ〈Jawbreaker〉と〈Jailbreak the Tesla〉って曲がある。でも同じようなネタを使ってる〈Tenchi〉のイントロは、それとは切り方のクセがまったく違う。インジュリー・リザーヴのほうはわりとビートのグリッドを感じさせるのがクールなのに対し、Hi'Specのビートは終始ずっと揺れていながら、それでもなおリズムを確立しているのでよりワイルドなかんじがするという。

吉田　ヒップホップ的には、どうやって切断するかのクセがそのままそのビートメイカーの記名性になる。

荘子it　記名性といえば、マンガ評論家の伊藤剛が「それはすでに線ではない[43]」という論考を書いていたけど、俺は『鬼滅の刃』のまぶたの線[44]がずっと気になっていて。あれは二重まぶたの線でもなければ眉毛の陰影でもなくて、なぜかただ書かれてる。なに

41　Hi'Spec（ハイスペック）
DJ、ビートメイカー。SIMI LABのメンバー。おもな作品に『Zama City Making 35』（一六、左掲）など。

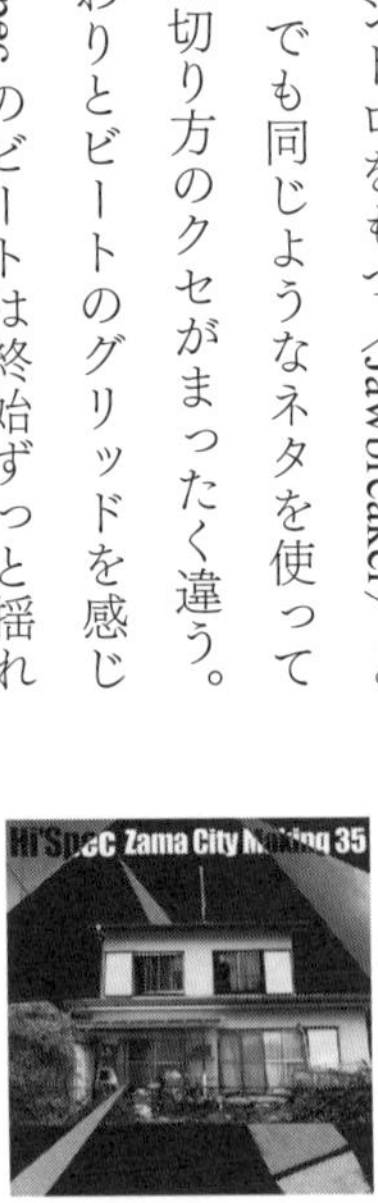

Summit

かを描写するための線とは一線を画していて、あの作者のキャラクターの特徴として強固な記名性をもっている。

吉田　細部にこそドープさが宿るという話の好例だね。

荘子it　『鬼滅』のあの奇妙な線は〝人工物〟っていうか。紹介のあった旧約聖書の記述どおり、まさに「太陽のもとに新しいものはない」んだけど、たとえば制作機材の間違った使い方から生まれるものには、自然界の順列組み合わせから生まれるものとは異質の新しさがあると俺は考えてる。自然の摂理を度外視して、根底から変形させられるのが人工物の強み。昨今話題の生成AIにも近いものを感じる。だからポストモダンの「新しいものはない」って発想はある意味すごく自然主義的に感じる。俺は後藤さんの信奉するマニエリスム美学にシンパシーがあって、（自然界には）もはや新しいものはないんだという八方ふさがり感に対して、人工性をもって突破口を開く、みたいな創作モチベーションがある。Ableton Live のワープ機能は本来、リズムのズレを補正してグ

42 **インジュリー・リザーヴ（Injury Reserve）**
二〇一三年に米アリゾナ州フェニックスで結成されたヒップホップ・グループ。Dos Monos〈Aquarius〉に客演参加している。おもな作品に《Injury Reserve》（一九、左掲）など。

Loma Vista

43 **伊藤剛「それはすでに線ではない ドット・筆・Gペン」『ゲンロン11』ゲンロン、二〇二〇年所収**

リッドに合わせるためのものだけど、俺はネタを引き伸ばすことで生じる効果そのもののために使っている。ネタが普通のジャズのサンプルだとしても、音を生っぽくなくさせる効果があるんだよね、サックスの音が引き伸ばされて金属ノイズっぽいかんじになったり。それ以外にも、サンプルネタをところどころ引き伸ばすことでグルーヴをつくると、従来のヒップホップのサンプルをカットして並び替えるやり方とは違ったニュアンスが得られたりと、とにかく本来想定されている用途とはまったく別の目的で使う。

吉田　なるほど、もちろんネタのBPMを変えるためにワープ機能は使うけど、音質の変化をメインの目的として使ったことはなかったなあ。Abletonで引き伸ばしたときは、ほかのDAWのタイムストレッチ[*45]とは音が違うんだよね。そういったDAW上に数値として表示されないパラメータにアクセスするためのノウハウはたしかにある。ヒップホップには、「説明書に書かれていない使い

44
『鬼滅の刃』のまぶたの線

吾峠呼世晴『鬼滅の刃 1』集英社、2016年（部分）

45
タイムストレッチ（Time stretching）
音のピッチは変えずに、再生速度だけを変更するサンプラーやDAWの機能。逆に再生速度を保ったまま音のピッチを変える操作はピッチシフト。

方を試してみる」というDIY精神があるわけじゃん。タンテの使い方とか、倍速サンプリング[*46]とか、SP-1200のフィルタリングとかさ。現代はテクノロジーの発達・整備とともに制作環境がDAWになって、あらゆるテクニックが開陳されているように思えちゃうけど、荘子itがおこなっているような発想の転換って、ほんとうはまだ試してみる余地が充分あって。局所的に試してみるだけじゃなく、最初から最後までワープ機能の〝誤用〟で出来ている作品があっても面白いかもね。

荘子it　実は《Dos City》（二〇一九）がまさにそうやって作られているんだよね。

吉田　えっ、そうだったんだ。

荘子it　ごく微細なニュアンスの差異ではあるから、さすがにそれを指摘されることはこれまで一度もなかったものの、サンプルを引き伸ばす操作によってリズムをつくりだせるのが、いわゆるMPCでのビートメイクとの違い。

46　倍速サンプリング
当時のサンプラーは音をサンプリングできる時間に制限があったため、ビートメイカーたちは三三回転のレコードを再生速度を上げた四五回転でサンプリングし、高くなったピッチを下げて使用していた。

軽さが足りない！

吉田　ディラの独創性を評して使った「様子のおかしさ」や、荘子itたちが体現している「さわやかなドープネス」は、おそらくほぼ同じことを別の言い方で表していて、それがヒップホップをアヴァンギャルドであると同時にポップにしているものの正体なんじゃないかと思いはじめてるんだけど、なんとも名状しがたい〝このかんじ〟はいったい何なんだろうね。

荘子it　「ドープ」という言葉は、まさにドープとよばれる音楽独特のかっこよさを音的にも表している気がする。「クール」とはやっぱり別物なんだよね。なんというか、〝どっぷり〟と沼にはまっていくかんじを想起させ、音声学的にもなにか関係がありそう。そういう〝深さ〟を感じさせる。

吉田　さわやかなドープネスだから、ドープと表裏一体の〝軽やかさ〟みたいなことなのかな。

荘子it　なんでもかんでも「ドープ」とよんでひとくくりにすると気づかない、そのなかに実は隠れている軽さの快楽みたいなものがあるのはたしかだと思う。軽さはとても重要な概念で、Dos Monosの制作中はみんなでいつも強迫観念のように「軽さが足りない！　もっと軽くしないと」って言ってるんだけどさ、冷静に考えると、俺たちがなんでそこまで軽さに執着するのかわからない。軽さを追い求める軽さガチ勢のカルト集団と化している（笑）。

吉田　アハハハハ（笑）。

荘子it　だからちょっとでも重かったり冗長なかんじになると、すぐにTaiTanが「真顔ニキ」[*47]って言いだして茶化す（笑）。

吉田　（笑）。軽いということは、ひとつにはそれが〝ポップ〟だってことの証左なんだろうけど、その一言だけでは汲みつくせないなにかがあるよね。

荘子it　俺は真顔ニキを突き詰めると、真顔すぎるがゆえに逆にウケる領域に到達できると考えていて、それを目指したいところも

47　真顔ニキ
『ニキ』は、2ちゃんねるの『なんでも実況J』板から広まったとされる言葉です。その起源は阪神の金本知憲監督。彼は現役時代、ここぞという場面でヒットを打つなど、チームメイトから頼りにされており、その活躍ぶりから『アニキ』と呼ばれていました。そこから転じて、金本監督以外でも、頼りになるような人を『〇〇ニキ』と呼ぶようになっていきました。（中略）また、何かを得意げにひけらかす人に対して、『ニキ』『ネキ』（引用者註：「アネキ」の意）とつけて皮肉る場合もあります」ねとらぼアンサー「ネット上で見かける言葉『ニキ』『ネキ』ってどんな意味？」二〇一七年二月二十七日 https://nlab.itmedia.co.jp/nl/articles/1702/27/news140.html

あるんだよね。俺からすると、TaiTanは真顔から引き返すのが早すぎて、ちょっと物足りなく感じるときもあるし、没は没でまた別のバランス感覚をもってたりと、軽さとひとくちに言っても、バランス感覚はそれぞれに微妙な違いがあって、グループの作品としてはそのすり合わせが必要になる。

吉田　重いときが真顔だとしたら、軽いときはどういう表情なんだろう？

荘子it　なんだろう、のっぺらぼうとか？

吉田　つまり表情が読めないってことなのか……。

（しばしの沈黙）

荘子it　……どんな顔をしているか考えても仕方ないよ！（笑）でも軽いだけのものが面白いというより、さっき雅史itが〝表裏一体〟と言っていたように、ドープなものの反作用として現れる軽さが大切なんだと思う。ドボンと潜るときは真面目な顔をしていたのに、浮きあがってきたら意外なほど間抜けな顔で思わず笑っちゃう、みたいな。

吉田　そうだね。もちろん軽さ一辺倒だったら、唾棄すべき音楽になりかねないわけだからね。

荘子it　あのＴｏｈｊｉ[48]も、『ラップスタア誕生』から出てきたころは重たいかんじだったじゃん。

吉田　二〇一七年のデビュー曲〈I'm a godzilla duh〉は硬派な内容で、ミュージックビデオもカット割りとかにこだわっていて。

荘子it　硬派なアート志向的な映像だったよね。

吉田　それが、いまでは当時の面影のまったくない完全な別キャラクターになってる。二〇年リリースの〈プロペラ〉なんて、いい意味で軟派の極めつきみたいな曲だし。Ｔｏｈｊｉを中心に結成されたMall Boyzの楽曲には、みずからの軽さを誇るかのように、空のかなたに飛んでいっちゃう〈Higher〉って曲もあるしね。

誰も見たことのない景色だけを見る／俺は子供の頃からずっ

Tohji , “Tohji - プロペラ Propella,” YouTube（2020/8/19）https://youtu.be/ssVS0bU9xOo

48　Ｔｏｈｊｉ（トージ）
ラッパー。英ロンドン生まれ、横浜育ち。二〇一七年、AbemaTVが放送するラッパーのオーディション番組『ラップスタア誕生!』に出演し、ファイナルステージまで勝ち残る。左掲は本文に登場する〈プロペラ *i feel ima propella “she” she wanna hit〉（二〇）のミュージックビデオ。

と天才でいる／1人空高く上空の上で生きる／成し遂げて死ぬ　成し遂げて死ぬ

Mall Boyz〈Higher〉

荘子it　あの振り幅の大きさはすごい衝撃だった。

吉田　そのあとさらに、《KUUGA》（二〇二二）のような——コラボレーターのLootaの世界観が色濃く出ていたとはいえ——暗い作風の作品を出したかと思えば、また一転してハイパーポップ*49的なスタイルに振ってみたりと、Tohjiはドープさと軽やかさを自在に行き来している。
　俺もさあ、新たに結成した口頭遊民ダコタ*50というヒップホップ・コレクティヴ名義でアルバム《脱皮とて…》（二〇二三）を発表した際、久々の作品リリースでオーディエンスの顔がよく見えなかったこともあり意識できてなかったんだけど、全体的に真顔ニキがけっこう出てしまっているかもしれない。8th wonderでの活動も、

49　ハイパーポップ（Hyperpop）
「『ポップ・ミュージックを一歩引いた視点で再解釈した音楽』といえる。ポップというジャンルに関するすべて（キャッチーなサウンドや、繰り返しのメロディ）を、やりすぎなほど大袈裟に強調しているのが特徴」「一般的に（そしてそれに相応しく）ハイパーポップのパイオニアと呼ばれているのは100 Gecsだ。（中略）彼らが2019年に発表した『1000 Gecs』はインディ・シーンを席巻した。この実験的なポップ・アルバムで、ローラ・レスとディラン・ブレイディのふたりはラップやポップ、R&B、エレクトロニック・ミュージックなど様々なサウンドを取り入れ、それらすべてが完璧に融合したカオスな音楽を作り上げた」Will Schube「『ハイパーポップ』とは何か？：ネット上を席巻する最も旬なジャンルとおススメの7組」uDiscovermusic日本版、二〇二二年五月二十九日 https://www.udiscovermusic.jp/stories/hyperpop-100-gecs-glaive-pc-music-guide-feature

いま振り返るとほんとうにマジ顔すぎたというか、大真面目かつエモーショナルだったから、その後批評の世界にコミットして分析的な視線を獲得した経緯もあって、正直にいって自分でも〝黒歴史〟みたいに捉えていたところがある。

荘子it　そうなんですね。

吉田　なんだけど、こうして自分の名前でまた作品を出したことによって、当時応援してくれていたファンの人とか、シーンでの交流の記憶がすごく思い出された。で、そんな人たちの存在がどれだけかけがえのないものだったかが身に染みてわかったんだよね。あのときは俺も切実だったから——って、およそ批評を志す者らしからぬ物言いになっちゃうけど（笑）——ほんとうに切実にやってたからこそ、切実な人たちに届いた。それを黒歴史だなんて、おまえはなに寝ぼけたことをぬかしてるんだ、と反省した。やっぱりあるアーティストのファンになるって、簡単なことじゃないと思うわけ。なかには、ことの首尾によってはこれで死ぬか

50　**口頭遊民ダコタ**
ILLA MAAIN a.k.a. 吉田雅史が中心になって二〇一三年に結成されたヒップホップ・コレクティヴ。八〇年代のナンセンス、九〇年代ヒップホップのリアル、ゼロ年代のDTM普及、一〇年代SNSの喧騒を経由した〝団塊 jr. コア〟を標榜。おもな作品に《脱皮とて…》（二三、左掲）。リード曲〈自威〉のミックスは Illicit Tsuboi が手がけている。

Self-released

もしれないっていう手術のまえに病室で8th wonderの曲を聴いてくれてたって人とかもいて。いま思えば当時は全然わかってなかったんだよね、それだけの愛着をもって作品を聴いてもらえることがいかにありがたいことだったかを。もちろんスタイルの面白さも追求していきたいけど、いま言ったようなそれを必要としている人に届く音楽を自分はやりたいのだと、今回あらためてわかった次第です。

荘子it　すばらしいことじゃないですか。切断だけでなく、切実も大事である、と。

吉田　だから口頭遊民ダコタは、はやくも高等遊民的な営みではなくなった。これからは真顔でリアルストーリーを切々と歌っていくかもしれない（笑）。アンドレじゃないけど、俺も先日大腸検査を受けたからそれを歌えばいいじゃんって。あたりまえの話なんだけど、その人にしかできない音楽ってそういうふうにして生まれるんだろうね。えっと、ところでなんの話だっけ？（笑）

第三項

荘子it　冗談抜きで、真顔性と軽さの関係は琴線に触れるか否かを決する重要な要素だと思う。「自分だけの特別な音楽を作るんだ」と言って追い求めた先で、最終的にいち個人の自己表現の枠を超えてどこまでもフラットなものになる、というのがひとつのありうべきかたちなのかもしれない。たんにフラットというよりも、強い情念を経た先で散種されるような、もとの文脈から切り離されても伝わっていく普遍性をもったなにか。

吉田　個人の情念で差別化を図ろうと思うがゆえの実験性を辞さない態度が、ユニバーサルでポップなものに帰結するっていうのは、創作者のあり方として理想的だと思う。

荘子it　情念と真顔性はイコールで、それを突き詰めることによって突き抜けられる。真顔に対して軽さでブレーキをかけるのではなく、真顔の先で軽さを獲得しなければならない。ちなみに俺が『ス

51　濱口竜介
映画監督、脚本家。二〇二一年作『ドライブ・マイ・カー』が第九四回アカデミー賞で作品賞・脚色賞をふくむ計四部門にノミネートされ、国際長編映画賞を受賞。

52　黒沢清
映画監督、脚本家。一九九七年作『CURE』で国際的に知られる存在に。本文で言及される『スパイの妻〈劇場版〉』（左掲）は第七七回ヴェネツィア国際映画祭で銀獅子賞（監督賞）を受賞。

発売元：アミューズソフト

パイの妻』の評論を書いたときは、あの映画の時代設定である戦時下の暗さとか、脚本の濱口竜介[51]が描こうとした重さに対し、監督の黒沢清[52]が軽さをもたらしたことによって「奇妙なマリアージュ」が生まれていると論じた。[53]ジャズのアヴァンギャルド形態として派生したフリージャズの山下洋輔を考えてみても、その前衛性は排他的であるどころか、むしろ子どもからお年寄りまで広く好かれる類いのものだよね。六〇年代末の学園紛争でバリケード封鎖された構内に山下洋輔トリオが乗り込んでいって演奏したとき、学生たちは闘争のことを忘れて演奏に聴き入ってしまったという。

吉田　それでいうと、アイラー[54]も前衛的だけどポップだよね。

荘子it　俺の沖縄出身の妻の両親も、若いころは山下洋輔を聴いていて、いまは武満徹[55]が好きらしいんだけど、べつにふつうの人というか。沖縄という土地柄、多くの県民と同じく、基本的にいまの与党には批判的だったりするぐらいで、日常はいたって慎ま

53　「奇妙なマリアージュ」が生まれていると論じた
「脚本段階では、『この世の果て、地獄のような場所にたどり着く話』（濱口談）だった物語が、行き止まりとしての地獄ですらない、今も続く、我々にとってよりリアリティのある生き地獄として、永遠化された『ラブロマンス』の『サスペンス』として、改変されたのだ。改変後のラストは、娯楽映画として着地させたことによって、見かけ上は『軽やか』で『面白い』。だが、現代の日常を生きる我々が、太平洋戦争時代を舞台にした作品を観て得る感慨が、そのような『軽さ』や『面白さ』であって、『重さ』や『感動』ではないことは、どことなく『居心地の悪さ』を生じさせないだろうか」荘子it「荘子itが執筆『スパイの妻』の『軽さ』が持つ倫理的な意味とは」CINRA、二〇二〇年十月二十三日　https://www.cinra.net/article/column-202010-wifeofaspy_kngshcl

しく暮らしている。そういう人たちの日常に溶け込んでしまう山下や武満の前衛性って、やっぱり普遍的なものだと思う。

吉田　アヴァンギャルドが排他的なものではないというのは、俺もまったく同感。前衛作家たちは押しなべてパフォーマンス力にも長けている。それはつまり、人の目を引くキャッチーさを備えているということである反面、笑われてしまう可能性も充分に孕んでいるんだけど、笑って迎え入れてもらう余地があるからこそ、そこには排他性とは真逆の大衆性が宿るともいえる。インチキ外国語みたいなアヴァンギャルド芸をやっていたタモリが、老若男女に愛された国民的番組『笑っていいとも！』で三十年以上もお昼の顔を務めていたんだからね。ラッパーについても、KILLER-BONG[*56]や鎮座ドープネス[*57]は子どもにも見てもらいたいじゃない。そういう前衛のあり方はあると思う。

荘子it　うん、まあKさんも鎮さんも見せ方によるかもしれないけど（笑）。でもなんだろうね、その明るいかんじの前衛って。

54　アルバート・アイラー (Albert Ayler)
米オハイオ州クリーブランド出身のサックス奏者。前衛ジャズの急先鋒。おもな作品に《Spiritual Unity》（六五、左掲）など。

ESP-Disk

55　武満徹
作曲家。琵琶と尺八とオーケストラによる協奏曲〈ノヴェンバー・ステップス〉（六七）のように、現代音楽に日本の伝統楽器を組み合わせるなど、前衛的な作品を生みだした。

吉田　情念を突き詰めた果てに生まれた軽さと笑いが織りなすもの、それは……愛？（笑）
荘子it　愛はさすがに拡大解釈すぎ(笑)。アヴァンギャルド＝ポップということなのか。
吉田　なんか、イコールの使い方からしてドゥルーズ＝ガタリみたいだね（笑）。*58
荘子it　きょういろんな角度から検討した〝切断〟にしたって、そこからポップに転じる場合もあるだろうけど、まだ前衛の範疇《はんちゅう》を出ていないかんじがする。前衛とポップの二項対立を超えた〝第三項〟があるんじゃないかな。俺が目指しているのも、その第三項なのかもしれない。それこそDos Monosが追求するヒップホップとロックって、どちらも語尾の音韻がポップと同じく〝オッウ〟じゃん。俺はそこに、前衛とポップを超えた二大音楽ジャンルのあいだの、なにかしらの深いつながりがあると思ってる（笑）。
吉田　第三項は〝オッウ〟だった！（笑）

56　KILLER-BONG（キラー・ボング）
ラッパー、ビートメイカー。BLACK SMOKER RECORDS主宰。ヒップホップ・グループ、THINK TANKのメンバー。K-BOMB、LORD PUFF、GUITAR-BONGなど多くの変名をもつ。

荘子it　聴いた者を思わず〝オッウ〟とさせる、人を魅了してやまないものが万人の心を突き動かす。ドープじゃなく、ドップにいこう。

57　鎮座DOPENESS
ラッパー。二〇〇九年のフリースタイルラップバトル全国大会「ULTIMATE MC BATTLE」にて全国優勝。おもな作品に『100%RAP』（〇九、左掲）など。環ROYとのヒップホップ・グループ、KAKATO名義では、NHKのEテレで放送していた教育番組『デザインあ』に楽曲を提供したほか、絵本『まいにちたのしい』（オオクボリュウ画）を発表。

EMI Music Japan

58　ドゥルーズ=ガタリ（Deleuze and Guattari）
哲学者ジル・ドゥルーズと精神科医フェリックス・ガタリのユニット。おもな著書に『アンチ・オイディプス』『千のプラトー』など。

column

ズレ者たちの系譜
アヴァンギャルド・ビートメイキングの美学

吉田雅史

ヒップホップはアヴァンギャルドである。ヒップホップは現代音楽である。ヒップホップは眠らない。夜な夜なインナーシティを這う。人々が眠っているあいだに、少しずつカフカの毒虫を夢見ながらトランスフォームする。パーティーピープルたちは、それを目撃する。というか、その変身の現場に居合わせる。

一九〇九年のイタリアにおける未来派宣言、一九一六年のチューリッヒにおけるダダ、一九二四年のパリでのシュルレアリスム宣言らと並べるように、一九七三年のブロンクスでのヒップホップの誕生をプロットすることはできないだろうか。ヒップホップを音楽、文学、ダンス、視覚芸術（MVやファッション）の総合芸術として捉えたうえで、さらにその誕生時のコア概念——サンプリング、価値転倒、ブリコラージュ、メロディとハーモニーを排除しリズムに特化、など——を鑑みれば、それはデュシャンの便器の隣に展示されるべきアートだからだ。

あるいは、現代音楽の流れでヒップホップを眺めたとき、たとえばクリスチャン・マークレーのターンテーブリズムとグランドマスター・フラッシュのそれに境界は見いだせないし、チェット・ベイカーのカルテット演奏をテリー・ライリーが人力のテープ編集によってダブ処理＝ループさせた《Music for the Gift》（一九六三）は、アフリカ・イスラムらがポーズテープ——カセットテープの一時停止機能を駆使してフレーズをループさせる手法——で制作した〈Fusion Beats（Vol.2）〉（一九八〇）と原理的に同じ欲望に駆動されていた。

だが当初エクスペリメンタルであることを信条としたヒップホップも五十歳を迎えた。それがたどった道は、なんとあろうことか商業的な成功の一途であり、いまや資本主義の全貌がつかめないのと同様に、ヒップホップの市場規模を一望することはできないくらいにモンスタラスな巨大さを獲得してしまった。それは商業音楽として洗練され、ウェルメイドなポップスとして機能している。

けれど本書でとくに焦点を当てようとしているのは、荘子itが**「様子のおかしい」と形容するヒップホップのビートのスタイルだ。それはウェルメイドなものではないのだが、かといって原初的でラフでありさえすればよいというわけでもない。むしろそのような杓子定規から〝ズレて〟いるものを指す。**集団で特定のスタイルのモードをつくりあげていくヒップホップの流れにあって、そのプレイグラウンドの端っこで楽しそうにひとり遊びをしている。かと思えば、いきなりシーンのど真ん中へクリエイティヴなボムを投下する。そんなビートの作者たる「ズレ者」たちに共感し、爪の垢を煎じてグビグビと飲み干す勢いで彼らのクッキングのレシピを覗いてみようとするのが、わたしのビートの聴き方だ。

ビートメイキングの進化を記した年表を参照しよう〔四三〇頁〕。数々のズレ者たちが、突然変異的なDNAをビートに注入して、ヒップホップのモードの体系をつくりあげていった。だがもちろんそれだけではない。彼らズレ者たちと、その他大勢の集団でトレンドをつくりだしていくビートメイカーたちのめくるめく差異と反復によるゲームが、ヒップホップにおけるビートメイキングの歴史だ。

一九七〇年代に生まれたヒップホップが、その成長の過程でポストモダン的な色合いを加速させていくのは必然だった。先述のようにサンプリング、価値転倒、ブリコラージュといった概念に立つヒップホップを、まさに記号の戯れそのものとしてデータベース消費することはもちろん可能だ。だがいっぽうで、そのビートのリズムや、ベース音やノイズの肌理《きめ》、ラッパーの声やフロウといったきわめて肉感的なサウンドが、どうしたってヘッズたちに身体性を取り戻させる。

さきほど「モードの体系」と言ったのは、ロラン・バルトへの目配せだ。モードの新しさとは、すぐに古くなってしまう新しさだ。それでも、ヒップホップはエレクトリックなダンスミュージックと共謀し交配を繰り返しながら、さまざまなサブジャンルを生み、そのいくつかは中心的なモードを担うにいたる。もちろんこの「新しさ」は未知のものではなく、既存のなにがしかの組み合わせだ。ハウスの派生のジャージークラブと、トラップがシカゴ・ドリル経由でグライムと交配したUKドリルが、さらに組み合わさってジャージードリルが誕生するように。わたしたちがそのようなシミュラークル（オリジナルなきビートたち）の海に生きているのは自明ながら、それでも、クラブのダンスフロアーでジャージードリルの凶暴なキックに身を任せ朝まで踊ってみると、身をもって確信することがある。ジャージードリルの身体性を伴ったグルーヴは、たしかに「新しい」と。ビートだけではない。ラッパーたちのスタイルもそうだ。そうしてわたしたちは、いまのヒップホップを、ストリートとインターネットのはざまで享受していることを思い出す。

いずれにしても、**個人の作家性が突然変異的にアウラの痕跡を留めながらもたらす革新と、モードを追い求める集団心理による集団制作的なシミュラークルの堆積の双方がうねりながらヒップホップのビート史は漸進《ぜんしん》してきたわけだ。**このとき前者の革新性は「様子のおかしさ」として表れる。では「様子のおかしさ」とはいったいなんだろうか。ビートメイカーによる個別の作品上に現れている例から考えてみたい。

グランドマスター・フラッシュ

グランドマスター・フラッシュ・アンド・ザ・フューリアス・ファイヴ〈Flash It to the Beat〉（一九八〇）

一九七〇年代、DJクール・ハークが「メリーゴーラウンド」と名付けた、レコードを二枚使いしてブレイクビーツをループさせる手法からヒップホップのビートの雛形は生まれた。DJプレイを盛りあげるためのマイクパフォーマンスからさまざまな断片的なライムのフレーズが生まれ、やがてそれらはヴァースとなりラップ曲となっていく。現場で披露されるそれらを録音してレコードにするにあたって、DJがプレイするレコードをそのままトラックにすることはできないため、即席のスタジオバンドが延々とループされるビートを演奏した。そのようにしてバンドがシックの〈Good Times〉[*1]（一九七九）をループ演奏することで生まれたのがシュガーヒル・ギャングの〈Rapper's Delight〉[*2]（同前）だった。

しばらくのあいだヒップホップのビートを担うのは、生バンドによるディスコヒットのループ演奏だった。しかしこれらと同じ一九七九年にブロンクスリバー・コミュニティセンターでライブをおこなったグランドマスター・フラッシュは、かつて楽器演奏者の伴奏リズム用に使用されたリズムボックス機器——マーシャルのヘッドアンプのようにデカいブツだ——をライブにもち込み、押しづらい小さなボタンでキックとスネアのドラムパターンを刻み、ビートをメイクした。

そのようないわば「ビートメイカーの誕生」の瞬間が記録されたこのブートレグ盤の存在は、ヒップホップにおけるいくつかのファンダメンタルな嗜好を端的に示した象徴的な出来事だといえるだろう。まずは着目すべきブートレグ盤ならではの、荒々しいサウンド。オーバーレベルで録音されたキックとスネアは、カセットテープ特有のコンプレッサーで潰れたような「汚れた」「ノイジー」なサウンドだ。だがそれは後年ＤＪプレミアがギャング・スター〈You Know My Steez〉[*3]（一九九七）でこのドラムをサンプリングして示したように、ヒップホップのリズムがもちうる通常の音楽の常識からはズレた、ラフで荒々しい美学そのものだ。

そしてリズム面についても、このズレは観測される。フラッシュの手打ちによるキックとスネアは、押しづらいボタン式であることも重なって、人力ならではのヨレたグルーヴに貫かれている。まもなく、ドラムマシンやサンプラーに内蔵されているシーケンサーによってキックやスネアは機械的に整列させられることとなる。**だがこの「ビートメイカーの誕生」の瞬間から、リズムのヨレは内包されていたのだ。**

1. Chic〈Good Times〉
Atlantic

2. The Sugarhill Gang〈Rapper's Delight〉
Sugar Hill

3. Gang Starr《Moment of Truth》
Noo Trybe / Virgin

※以下、アルバムを掲出している場合は当該楽曲の収められた作品

カーティス・マントロニック
T・ラ・ロック〈Bass Machine〉（一九八六）

一九八〇年代の初頭、リズムマシン、もしくはパターンをプログラム可能なドラムマシンの普及によって、ヒップホップのビートのリズムパターンは、サンプリング、あるいは音声合成されたキックとスネアが担うこととなる。たとえばランDMCの〈Sucker M.C.'s〉[*4]（一九八三）は、オレンジ・クラッシュ〈Action〉（一九八二）の冒頭の生ドラムのパターンを、オーバーハイム社のドラムマシンであるDMXで打ち込み再現したものだ。

このオーバーハイムDMXは生ドラムの音をサンプリングしたものだが、いっぽうでサンプリングメモリはまだまだ高価なものだったこともあり、音声合成方式でドラムの音を再現しようとしたいわゆるリズムマシンも存在した。それがローランド社のTR－808、通称「ヤオヤ」だった。TR－808は後年、カニエ・ウェストの《808s & Heartbreak》（二〇〇八）でフィーチャーされるなど、トラップのトレードマークのリズムサウンドとしてヒップホップの世界でもひじょうに特権的な機材といえるだろう。

カーティスは、アフリカ・バンバータがプレイしたことでも知られている坂本龍一の〈riot in Lagos〉[*5]（一九八〇）を聴いてエレクトロニックサウンドに興味をもち、マンハッタンのレコード屋で働いているときに出会ったMCティーとともにマントロニクスを結成したという。

カーティスはTR－808をメインの武器にエレクトロ・ヒップホップの金字塔《The Album》（一九八五）を作りあげ、ジャスト・アイスやT・ラ・ロックのプロデュースを通してリズムマシンによる機械仕掛けのグルーヴを追求する。その極北点がこの〈Bass Machine〉*6だ。カーティスはこのリズムマシンのポテンシャルを余すことなく引き出そうとするかのように、同機でプログラム可能な、連打や三連符を駆使したあらゆるドラムフレーズを披露している。その結果生まれた、**あとから振り返ってみるとマイアミベース、クランクのルーツであり、そしてトラップの原石ともいえるこのビートは、だからこそ当時は〝ズレた〟代物だった。**カーティスの職人気質的な探究心が、時代を先行する＝ズレたリズムとして結晶化したのだ。マントロニクスはセカンドアルバム以降、また別の方向を模索していくが、ひとりのズレ者による試みが、やがて大きな濁流となっていく一例だ。

4. Run-D.M.C.
《Run-D.M.C.》
Profile

5. 坂本龍一
《B-2 ユニット》
Alfa

6. T La Rock
〈Bass Machine〉
Fresh

マーリー・マール
エリック・B&ラキム〈Eric B. Is President〉(一九八六)

マーリー・マールの「サンプリングの発明」もズレの産物だったことがいまでは明らかになっている。当時フェアライトのような超高価なサンプラーは登場していたが、それを利用できるのは、プロフェッショナルなスタジオにアクセスできる一部の者に限られていた。おもにサンプリングされるのは楽器の音――よく知られているオーケストラヒットのサウンドに代表されるように――や、アート・オブ・ノイズでトレヴァー・ホーンがフェアライトを用いて出していた「人の声」だったが、ズレた使い方がヒップホップの歴史を大きく変えることになった。マーリーはスタジオワークの過程で、**誤ってサンプリングに混入したスネアの音に気づき、どんなブレイクビーツのドラムサウンドでも好きに組み立てて自分なりのドラムパターンを構築できることを発見したのだ!**

マーリーはコルグ社のSDD－2000というデジタルディレイの機能を用いてこのドラムサンプリングの手法をみずからのプロダクションに取り入れる。そしてそれはハニー・ドリッパーズ〈Impeach the President〉[*7]（一九七三）のキックとスネアをサンプリング、ジェイムズ・ブラウン〈Funky President〉（七四）の冒頭のフィルも再現するというふたつの有名ブレイクビーツを用いて、〈Eric B. Is President〉[*8]とタイトルにも引用するというヒップホップ的としかいいようのないこのクラシック曲へと結実する。

マーリーが最初にこのドラムサンプリングの手法を試したという〈Marley Marl Scratch〉*9（一九八五）にもいえることだが、オーバーハイムなどが使用されたドラムマシンのある意味抑制された耳触りと異なり、明らかにノイズ成分が多めのラフで生々しいサウンドこそが、みずからがヒップホップのトレードマークであることを声高に主張している。

もともとエリック・Bはユニットを始めるにあたって、まずは紹介されたフレディ・フォックスの家を訪ねたが、彼は不在だった。そこで代わりに紹介されたのがラキムだったという。それがレジェンダリーなエリック・B＆ラキムの始まりとなったわけだが、このラキムもまたズレ者だった。というのは、テンションが高めのランDMCやLLクール・Jのようなラップのスタイルが主流だった当時、地声に近い抑制の効いた声でラップするラキムのスタイルは完全にシーンの基準からズレていたのだ。それを証明するように、レコーディングするラキムのラップを聴いて、マーリーはミックスを一緒におこなったMCシャンとともに笑ってしまったという。そしてラキムに「もっとエネルギッシュにラップしてみてくれ」と注文した。そのように笑えるもののように聞こえてしまうほど、ラキムの抑えたトーンのクールなフロウは当時のモードにおいて規格外だったのだ。自分の考えやライムの複雑さを聴かせるためには、叫び声ではなくもっと会話のような落ち着いたトーンでラップしたほうがよいというのがラキムの考えだった。

しかしラキムやEPMDのようなテンションを抑えたスタイルの先人なしには、Qティップも、スヌープ・ドッグも、バハマディアも、エイサップ・ロッキーやタイラー・ザ・クリエイターだって、みな笑い者になっていたかもしれない。**笑われるほどズレること。それもまた、ヒップホップの王道たる姿勢かもしれない。**

7. The Honey Drippers
〈Impeach the President〉
Alaga

8. Eric B. & Rakim
《Paid in Full》
4th & B'way / Island

9. Marley Marl
〈Marley Marl Scratch〉
NIA

ボム・スクワッド
パブリック・エネミー〈Bring the Noise〉（一九八八）

〝黒いCNN〟となることを目論んで結成されたこのグループは、ポリティカルで説得力をもつチャックDのラップの強度に負けないだけでなく、彼のラップに拮抗し止揚するようなビートを必要とした。ボム・スクワッドがチームで供給するドラムのパターンは、ジェームズ・ブラウンのそれをはじめとするファンクの力強さに、しばしばTR－808のキックやS900のテストトーンによるローエンドが加わる。つまりスピード感にプライオリティを置きつつも、重心を低くして疾走するのだ。いっぽうのウワモノにおいては、ポリティカルなメッセージを鼓舞しながらも、彼らの言葉のもつ攻撃性をいっそう高める方法を模索する必要があった。

それが「ノイズ性」だった。トリーシャ・ローズが『ブラック・ノイズ』（一九九四）で指摘したように、ヒップホップにおいて延々とループされる低音をブーストしたブレイクビーツとベースは、ある者たちにとっては顔をしかめるようなたんなる「ノイズ」にほかならなかった。**だが彼らはそのことを逆手にとるように、この「ノイズ」をマシマシにする方向へ加速していく。その決意表明であるかのような〈Bring the Noise〉[10]は、ヒップホップにおいては文字どおりノイズがひとつのウワネタとなりうることを証明する一曲だ。**

ボム・スクワッドの主要メンバー、ハンク・ショックリーは、初期の楽曲には「ズレ」が耳につくとインタビューで発言している。しかしそれをカッチリ綺麗に型にはめてしまうと、「嬉しい失敗からくるファンク」が消えて面白くなくなってしまうのだと。

ここでノイズとして選ばれサンプリングされているのは、ファンカデリック〈Get Off Your Ass and Jam〉[11]（一九七五）の冒頭のエレキギターと思しき歪《ひず》んだサウンドだ。四小節がワンセットのループ構造で、前半と後半の二小節ずつでこのノイズの別の部分が鳴り響く。同曲には「No Noise Version」と名付けられた文字どおりノイズを除去したバージョンも存在するが、マーヴァ・ホイットニー〈It's My Thing〉（一九六九）のホーンのリフが淡々とリズムを刻むこれを聴けば、いかにこの「ノイズ」こそが曲の中核を担っているかがわかるだろう。

この曲が収録されたパブリック・エネミーのセカンドアルバムには、サックスのフリーキートーンや、スレイヤーのギターリフなどの耳障りなサンプリングがそこかしこに散りばめられているが、決してチャックDの言葉がかき消されることはない。それどころか、両者はぶつかりあうようにして、互いのプレゼンスをもマシマシにする。ある者たちにとっては耳を塞ぎたいノイズとなりうるチャックDのポリティカルな言葉。それをよりいっそう喧《やかま》しいものにするノイジーで耳障りなビートで、彼らは「公衆の敵《パブリック・エネミー》」となった。

10. Public Enemy
《It Takes a Nation of Millions to Hold Us Back》
Columbia / Def Jam

11. Funkadelic
《Let's Take It to the Stage》
Westbound

ドクター・ドレー
〈Nuthin' But a "G" Thang〉（一九九二）

Gファンクは洗練の象徴のように聞こえる音楽性をもつが、ドクター・ドレーことアンドレ・ヤングがしてきた選択のなかには、どこかズレたものもふくまれていた。たとえばスヌープとの〈Deep Cover〉*12（一九九二）のすべての印象を決定づけている、コリン・ウルフがフレットレスベースで弾いたベースラインは、ATCQのセカンドアルバムに影響を受けた彼らがジャジーかつファンキーなことをやろう！と意気込んで制作されたものだったという。そういわれてみればATCQ〈Scenario〉の冒頭に似た雰囲気はあるものの、それはジャジーというよりも、どう聴いたってスヌープとドレーのハードコアさを加速させる不穏な緊張感に満ちたものだ。

それだけではない。Gファンクのトレードマークともいえるシンセの高音による〝ピロピロ音〟だが、その登場はN.W.A.時代に遡《さかのぼ》る。〈Dope Man〉*13（一九八七）で聞こえてくるそれは、オハイオ・プレイヤーズ〈Funky Worm〉（七二）のARPシンセによる印象的な高音のメロディラインだ。少し落としたBPMもふくめ、この〈Dope Man〉のスタイルにはその後のGファンクへの萌芽を見てとれる。

これがリリースされた一九八七年前後というのはひじょうに面白い時期だ。というのも、ビートメイキングにサンプラーは導入されはじめていたもののサンプリングタイムはまだまだ数秒程度で、数拍や一小節程度の長いネタはターンテーブルによって重ねられる。だから、ドラムマシン、サンプラー、ターンテーブルという三者の組み合わせによって、なにが飛び出すかわからない、型にハマらないドキドキ感があるのだ。

この八小節にもわたる〈Funky Worm〉のシンセのパートはおそらくターンテーブルで、コーラス部分のバックではなく、イントロや間奏のようなかたちで時間をとって披露されている。

ドラッグの売人が直面するさまざまなトラブルを描いたリリックも、コンプトンのストリートの様子を描くGファンクに引き継がれていく。その背景にある、ノスタルジックな哀愁と昼間の屋外の陽射しのコントラストを加速させるようなシンセのピロピロ音は、当時オハイオ・プレイヤーズに在籍しARPでこれを弾いたジュニー・モリソンによれば、アラビアっぽいスタイルのリフだったという。**ドレーは、このエキゾチックさを嗅ぎ分け、NYのヒップホップに対しては異国の存在であるかのような西海岸のトレードマークにしてしまう、他人《ひと》とはズレた嗅覚をもっていたわけだ。**

ここで取りあげたい〈Nuthin' But a "G" Thang〉[*14]では、レオン・ヘイウッド〈I Want'a Do Something Freaky to You〉（一九七五）から冒頭のドラムループをサンプリングしているが、クリーントーンのエレキギターのリフと女性ヴォーカルの吐息をふくむそれは全編でループされている。原曲では曲が進むとベースラインやストリングスのメロディが加わってくるわけだが、ドレーがすごいのは、まるで魔法のように自由にこれらのパートを足したり引いたりしてしまうことだ。ベースラインはコリン・ウルフの生演奏に、ストリングスもMoogと思しきシンセのピロピロ音で置き換えることで、自由にドラムループにオン／オフできるようになったわけだ。

自分自身でビートメイクすることはほとんどないが、とにかく耳がよい、といわれることのあるドレーだが、エンジニアも務めたという《The Chronic》（一九九二）におけるプロダクションはたしかにその耳のよさが遺憾なく発揮されている。この〈Nuthin' But a "G" Thang〉は、まず再生した瞬間から左右に定位の広がりのあるドラムループの音像に驚かされる。元ネタの女性の吐息が象徴するように、地声を活かして抑えたテンションでラップするスヌープの細かい声の肌理までを聴かせるプロダクションとなっている。

〈Let Me Ride〉（一九九二）でも同様にサンプリングと生演奏の融合アプローチがとられているが、やはりすごいのは、パートごとのサウンドバランスだ。パーラメント曲からサンプリングしているピロピロシンセとフックのコーラスと、コリン・ウルフがYAMAHA製のエレキベースでプレイするベースライン、コーラスで入ってくる〈Funky Drummer〉のブレイクといった各パーツは互いに混じりあい、境界線は楽曲全体の風景に溶け込んでしまう。それが接木のコラージュであるということをまったく意識させないのだ。このドレーの耳は、Illicit Tsuboiをして「奇跡的」なサウンドと言わしめた『2001』（一九九九）に結実することとなる。

12. Dr. Dre &
Snoop Doggy Dogg
〈Deep Cover〉
Solar / Epic

13. N.W.A.
《N.W.A. and the Posse》
Macola

14. Dr. Dre.
《The Chronic》
Death Row / Interscope

RZA
ウータン・クラン〈Wu-Tang Clan Ain't Nuthing Ta F' Wit〉（一九九三）

一九九三年十一月九日、この日はゴールデンエイジの最中のヒップホップにおいて重要な日だった。いっぽうでア・トライブ・コールド・クエストがサードアルバム《Midnight Marauders》[*15]をリリースし、サンプリングアートとしてのヒップホップはひとつの完成形を迎えた。ファンクやソウルから始まり、ロックやジャズ、フュージョン等のさまざまなジャンルの一九六〇～七〇年代のレコードから一～二小節のドラムブレイクやベースライン、ウワネタをサンプリングし、コラージュのように重ねあわせてひとつの有機的なビートを構築した。さらにこのアルバムは、**ドラムのブレイクビーツを丸ごとそのままループさせるのではなく、単音や短い長さにチョップして並び替えたり打ち込みなおす、いわば「ビー**

トメイカーの自我」の確立が記録された記念碑的な作品でもあった。

他方、プリンス・ラキーム名義でトミーボーイからのデビューに失敗していたRZA――一章でも話題となったが、「リザ（r・i・z・z・a）」と発音される――は従兄弟たちやスタテン島の地元の面々とカンフー映画のコンセプトを取り入れたハードコア・ヒップホップグループを結成し、再起を図る。そしてこの日にウータン・クランの《Enter the Wu-Tang（36 Chambers）》*16をリリースするのだ。

RZAの武器であったエンソニック社のサンプラー、ASR-10やEPS16+が鍵盤付きだったこともあってか、彼のサンプリングの特徴のひとつは原曲からピッチを自由に変化させ、あるいはチョップの上で音階をつけて配置することだ。オール・ダーティ・バスタード（以下O.D.B）の〈Brooklyn Zoo〉（一九九五）やレイクウォンの〈Glaciers of Ice〉（同前）等がよい例だ。

〈Wu-Tang Clan Ain't Nuthing Ta F' Wit〉においても若干ピッチを下げてサンプリングしているのは、一九六〇年代のアメリカのテレビアニメ『ウルトラわんちゃん（原題：Underdog）』のアラン・トゥーサン・オーケストラによるテーマ曲だ。冒頭に一瞬顔を出す弾むベースラインと、一度聴いたら決して忘れられないコーラスの破壊力よ！

ウータン・クランのテーマ曲と言ってもよいこの曲は、子ども向けアニメのテーマ曲の、しかもなんとも言えない奇妙な響きのコーラスから出来あがっているわけだ。このことはやがてこのグループが子どもたちからも人気のヒーロー／ヴィランのような存在になっていくことを予言しているようでもある。というかRZAの先見の明はそこまで見通していた、と言っても過言ではないだろう。

この時期にはオニクスのような血管の切れそうな勢いでラップするハードコア・ラップが登場しており、ウータンはそこにカンフー映画の設定をフュージョンさせたわけだが、重要なのはそこに〈C.R.E.A.M.〉で歌われるような厳しい日常を生き延びるシリアスさだけでなく、『ウルトラわんちゃん』のコーラスやO.D.Bの存在が象徴するようなユーモア混じりの軽やかなドープネスが同居していたことだ。

その軽やかさはRZAの奇妙なサウンドシグネチャーとしても表れている。それはこの曲のコーラスだけでなく、冒頭から最後まで全編で響いている、カンフー映画で劇中人物が「ポキッ」と関節を鳴らしたときのようなユーモアあふれる効果音にも明らかだ。

この軽やかさという名の様子のおかしさは、このあとO.D.B〈Shimmy Shimmy Ya〉[*17]（一九九五）のトボけたピアノの単音メロディや、GZA〈Liquid Swords〉（同前）のクリーンギターのカッティング等にも表れてくる。かつてジュース・クルーのビズ・マーキーや、マーリー・マールのビートからも感じられた軽やかなユーモアこそが、この伝説的グループにハードコアであると同時に親しみやすいイメージを与える要因となったのだ。

15.
A Tribe Called Quest
《Midnight Marauders》
Jive

16. Wu-Tang Clan
《Enter the Wu-Tang (36 Chambers)》
Loud / RCA

17. Ol' Dirty Bastard
《Return to the 36 Chambers: The Dirty Version》
Elektra

J・ディラ
スラム・ヴィレッジ〈Players〉（一九九七）

スラム・ヴィレッジ初期のブートレグ流出のみだった《Fan-Tas-Tic（Vol. 1）》[*18]（一九九七）の時点で収録されていた一曲。ディラのトレードマークであるクラップ気味のスネア、サブベースによるベースラインもさることながら、コーラスグループであるシンガーズ・アンリミテッドの〈Clair〉（一九七五）のコーラスヴォイスをチョップし、ピッチを下げて配置・構成する様がさすがのディラ印。

クラップ中心のドラムやサブベースは、のちに人口に膾炙《かいしゃ》し都会的なブーンバップの手法として集団的に受け入れられるが、むしろ「クレー（ア）」と「プレー（イヤー）」を空耳させるという、**タモリ的なナンセンスのユーモアが炸裂するウワネタ使いがディラの「様子のおかしさ」ではないか。**ネタのループは四小節パターンとなっているが、とくに三小節めの三拍四拍ではチョップした部分のピッチを変化させて組み合わせており、全体にアクセントをもたらしている。

またドラムに目を向ければ、実はこのクラップ音はシュガーヒル・ギャング〈Rapper's Delight〉からのサンプリングなのだ。つまりディラは、ヒップホップの原風景から新たなモードを生みだしている。使い古されて陳腐化したディスコのクラップサウンドを、ディラ以降定番となったメロウなブーンバップを形づくるキーサウンドのひとつとして生まれ変わらせてしまったのだ。この価値転倒よ！

18. Slum Village
《Fan-Tas-Tic (Vol. 1)》
Donut Boy

スウィズ・ビーツ
ジェイ・Z〈Money, Cash, Hoes〉（一九九八）

ネプチューンズらによるキーボード・ビーツがシーンを席巻しつつある九〇年代終盤にあって、BOSS社製のDR－808/Dr. Rhythmという TR－808をモデルにしたリズムマシンからビートメイキングをスタートしたスウィズも、制作に鍵盤を取り入れる。

フル八八鍵のVMK188を手にした彼は、シンプルだからこそ耳に残るフックのメロディをもつDMX〈Ruff Ryders' Anthem〉[*19]（一九九八）のようなクラシックを生みだした。これはスウィズがアトランタにいたときに作ったビートで、アトランタとニューヨークの両方から影響を受けたというが、DMXは始め「ロックンロールみたいだ」という理由で使いたがらなかったという。しかし場所もジャンルも逸脱するグルーヴがこのビートに宿っていたのだとすれば、それこそがこの曲がヒップホップ・クラシックのひとつとして成立した理由なのではないだろうか。

九〇年代においてもそのようなメロディやドラムパターンをキーボードで生みだすことは珍しくなかったが、昨今のビートメイクにおいてキーボードといえば、音楽理論に基づいた洗練さの象徴のようにもみえる。ソフトシンセを用いてゼロから作りあげる、音楽性が洗練されたビートも普及しているからだ。しかしもちろん、ヒップホップは楽器を弾く代わりにターンテーブルとレコードで成立する点がそもそもの革新性だった。

ビートメイキングは、かつて歴史家ヨハン・ホイジンガが提唱した「ホモ・ルーデンス＝遊ぶ人」という人間の特性を引き出す文化だ。それは子どもの遊びのような軽やかな試行錯誤によって駆動される。それは砂遊びのように気軽に開始され、当人が飽きたところで唐突に終了する。そこにはなんのルールもなく、なにをするのも自由だ。

音楽的な洗練とは無縁な、音楽理論をまったく顧みない自由さが、ヒップホップのビートメイキングのひとつの魅力だった。ウワネタ同士のキーが合っていなかったり、スクエアなリズムからタイミングが著しくズレていたり、音質が極端にこもったり歪んでいたり。

そのような自由さの結晶のような〈Money, Cash, Hoes〉[*20]は、たんなるジョークから生まれた曲だという。子どもがピアノを前にしたときにやる、スライドの動作。右から左へ。左から右へ。そうした逸脱をどこまでも受け入れるのがヒップホップのビートメイクだ。そこにグルーヴさえあればあとはなんでも自由だ。いや、グルーヴさえもいらないかもしれない。ジェイ・Zはこの自由さにいたく賛同し、さらにDMXを招待してこの曲は生まれた。

19. DMX
《It's Dark and Hell Is Hot》
Ruff Ryders / Def Jam

20. Jay-Z
《Vol. 2... Hard Knock Life》
Roc-A-Fella / Def Jam

DJプレミア
ナズ〈N.Y. State of Mind, Pt. II〉（一九九九）

このビートメイカーのすごさについてはあらためてここで語るまでもないかもしれない。ナズの伝説的な《Illmatic》（一九九四）のオープニングはプリモとのタッグ、〈N.Y. State of Mind〉だったわけだが、そのパート2として彼のサード《I Am...》[21]に収録されたのが本曲だ。

パート2が決して第一作めを超えることがないというのは、あらゆるジャンルにおいてもはや疑いようのない法則のように思える。だがこの曲はそのクオリティとはまったく別に、制作プロセスでのアイデアにおいて、紛れもなくパート1を凌《りょう》駕《が》するブツなのだ。

パート1と同じく、イントロでドナルド・バードネタのディレイがかかったシングルノートがアラームのように緊張感を煽り、続くヴァースを支えるのもパート1と同様にその緊張感を維持するピアノネタだ。だがそのピアノのサンプリング元を聴いてみた者はみな驚く、というかズッコけるに違いない。リチャード・クレイダーマンのピアノソロ曲。はっきり言って、このネタでビートを作らなければならないという罰ゲームに当たらない限り、絶対に用いることのない類いのネタなのだ。だから、DJプレミアもこのネタを選ぶ時点で、ズレ者なのだといわざるをえない。

ナズの〈N.Y. State of Mind〉のパート1はクイーンズの暴力的なストリートで生きることを歌った、一〇〇%シリアスさが支配する楽曲だ。プリモのビートにもそのようなシリアスな緊張感が充満していた。それがプリモのネタ使いと完全にシンクロしていたわけだ。だがパート2のネタとなったリチャード・クレイダーマンのピアノ曲は、それとは完全に対極にある、ホテルの朝食バイキングのBGMでしか耳にすることのないような脱力しきった、緊張感とは無縁の曲だ。

もちろんピアノだけでなく、背後に鳴っているストリングスがこの緊張感をもたらしているというプリモの技術力も見逃せない。**だがどんなブツ＝shitでもドープなビートに変えてしまうDJプレミアやJ・ディラのようなビートメイカーにとって、ネタのレコードとは画家にとっての絵の具のようなものだ。**それは色だけでなく、油絵の具のように質感を有している。ごく短くチョップしたフレーズを素材に新しい絵を描くとき、サンプリングされているのはむしろレコード盤に彫り込まれたサウンドのテクスチャー＝質感そのものだ。ナズの〈Nas Is Like〉（一九九九）の鳥の声、ラキムの〈It's Been a Long

Time〉（一九九七）の謎の飛行音、ジェルー・ザ・ダマジャの〈Statik〉（一九九四）のレコードのノイズなどまでループさせてしまうミュージック・コンクレート的なアプローチを考えあわせると、彼は質感がズレている素材を好んでキャンバスにブチ込んでしまうコラージュ的奇想の持ち主といってもいいかもしれない。

ヒップホップのビートメイキングは、いっぽうには「レディメイド」のようにポストモダン的なダイナミックなアートの魅力があり、他方にはフルスクラッチで制作する絵画のような精緻なモダンアートの魅力を有する。前者は要するに、ネタそのまま使いのようなケースだが、直感的なアイデアやコンセプト、ディグ力を必要とする。たとえばRZAがボブ・ジェームスの大ネタを使ったゴーストフェイス・キラーの〈Daytona 500〉（一九九六）にはスクラッチで二枚使い感を演出するというコンセプトがあったし、カニエがプロデュースしたプッシャ・Tの〈Numbers on the Boards〉[*22]（二〇一三）——ドン・キャノンがベースとなるループを制作し、88キーズが声ネタを加えたという——はドラムとベース、パーカッションがすべてひとつのネタだという驚き＝アイデアがあった。

とくにある時期以降のDJプレミアは限りなく後者寄り、つまりゼロから一を生みだすビートメイキングに特化し、それを可能にする技術と自由な想像力を有している稀有《けう》な存在だ。彼のビートメイキングは人の想像力の限界を突き破り、逸脱する自由さにあふれている。

21. Nas《I Am...》
Columbia

22. Pusha T
《My Name Is My Name》
G.O.O.D. / Def Jam

ネプチューンズ

クリプス〈Grindin'〉(二〇〇二)

一九九〇年代後半、サンプリング・アートとしてのビートメイキングがいったん極まったものとなった世界にそのバックラッシュのように登場したのが、後年「キーボード・ビーツ」ともよばれる革新的なビート群だった。そこで用いられた武器は、AKAIやエンソニック社のサンプラーではなく、そのころに次々とリリースされたコルグやローランド製のオールインワンのハードウェア・シンセだった。電子音からピアノ、ドラムまでどんなサウンドも鳴らすことができ、シーケンサーも搭載で作曲データも保存できる、そのように進化したテクノロジーを、ヒップホップは再び逆手にとるのだ。キーボード・ビーツは、そのようなハイスペックのキーボードのプリセット音源をそのまま使ってフレーズやリズム

を組み立ててしまう。

これはたとえば大ネタをサンプリングしループしてそのままビートとしてしまう、といった方法とは異なるが、いわば既存品をアートに仕立て上げる「レディメイド」や「ポップアート」の手つきで、プリセットサウンドをそのまま利用し組みあげられるビートたちだといえるだろう。

ファレルとチャドによる工房は、ウォーホルのキャンベルスープ缶のように増殖したコルグ社のシンセ、Tritonのプリセットサウンドを次々とチェックしながら、「こりゃ面白い！」とあるサウンドを選ぶ。その蒸気音のようなサウンドと、たまたま同じキット内にプログラムされていたキックとスネア、そしてスナップ音でベーシックなリズムパターンを組む。

さらにフックでは、MVでファレルがやってみせているように、口先を縦にすぼめて頬っぺたを指先で「ポンッ」と弾いたときのサウンドによるリズミカルなフレーズが、一度この曲を耳にした者の脳内に文字どおり「フック」として引っかかるのだ。

ドラムとベースさえあればヒップホップのビートは充分成立する、といわれることがあるが、〈Grindin'〉[*23]にはベースさえない。そのむき出しのリズムパターンに乗るプッシャ・Tとノー・マリスの兄弟のライムも必然的にむき出しとなる。ここでも八〇年代にドラムマシンのビートだけの上でラップが成立していたヒップホップの原風景がこだまするようだ。

23. Clipse
《Lord Willin'》
Star Trak / Arista

マッドリブ

マッドヴィレイン〈Accordion〉（二〇〇四）

曲のタイトルともなっている「アコーディオン」のフレーズは、デイダラスが〈Experience〉（二〇〇二）のなかで弾いている一九七〇年代製のオルガンキーボードによるものだ。このアンティークなキーボードは、プラスチック製の鍵盤を弾くとピアニカのように風を送って発音する構造のために、アコーディオンのようなサウンドをもっていた。まずはこの曲の、制作当時リリースされたばかりの作品をサンプリングしてしまうところに、マッドリブの縛られない感性が見てとれるが、これはスラム・ヴィレッジの〈2U4U〉（一九九七）で当時リリースからまもないディアンジェロ〈Jonz in My Bonz〉（一九九五）のオルガンをサンプリングしたJ・ディラとも共鳴する態度といえるだろう。もっといえば、サンプリングではないものの〈Rapper's Delight〉は〈Good Times〉と同じ年にリリースされていた。

そしてこのアナログでメランコリックな旋律にマッドリブが加えたものはふたつある。ひとつはドラム、もうひとつはベースだ。電子ドラムのチープなスネア、キックとハットはとくに三十秒あたりからのキックを聴けばわかるように、シーケンサー上でのスクエアな打ち込みではなく、リアルタイムでのアドリブのような打ち方をされている。当然人間の手打ちならではのタイミングのズレも感じられるし、それはベースラインについても同様だ。

マッドリブは一筆書きのビートメイカーだ。彼はそのアイデアのフレッシュさが失われないうちに、初期衝動を形にして、気がつけばもう次のアイデアと格闘している。「ホモ・ルーデンス＝遊ぶ人」のためのビートメイキングは、子どもの砂遊びのように気軽に開始され、当人が飽きたところで唐突に終了するのだった。だからマッドリブのビートには、ある時点で突然制作が放棄されたような、そんなプリミティヴな残り香が感じられるケースすらある。それらの集積が、無数のビートをスタイルや地域で分類した百科事典のような《Beat Konducta》[*24]や《Medicine Show》のシリーズだった。ひとつの場所に長く留まらないことで、逆にその場所の特異性を明らかにすること。

〈Accordion〉[*25]のキックをふくめたドラムの打ち方も、そのような完成を追い求めない軽やかな試行の産物だ。このアルバムのビートの多くは、マッドリブがブラジル滞在中にローランド社のサンプラー、SP－303でスケッチされたものだという。彼は決して高価な機材をもつことはなく、近年ではたとえばフレディ・ギブスとの《Bandana》(二〇一九)のビートはiPadで制作された。どの機材を使っても、失われないもの。〈Accordion〉にも、そのようなマッドリブのキャラクターが刻印されている。

24. Madlib
《Beat Konducta Vol 1-2: Movie Scenes》
Stones Throw

25. Madvillain
《Madvillainy》
Stones Throw

カニエ・ウェスト

ジェイ・Z&カニエ・ウェスト〈Otis〉(二〇一一)

カニエは、まずはジャスト・ブレイズらとともにソウルネタのルネッサンスの立役者たるビートメイカーとして名を馳せた。それはチップモンク・ソウルとよばれることからもわかるように、ソウル曲からの歌声入りのフレーズをサンプリングしてピッチを上げる=回転数をズラすことで、人間の歌声がリスの鳴き声のように響くことによる異化効果を生みだす手法だった。彼はたとえばチャカ・カーンの

〈Through the Fire〉（一九八五）を早回しにして自身の代表曲のひとつ〈Through the Wire〉[*26]（二〇〇三）を生みだした。

だからカニエがソウルの権化のようなオーティス・レディングを召喚し、その代表曲である〈Try a Little Tenderness〉（一九六六）をサンプリングすることはそれほど驚くべきことではなかったかもしれない。だが注目すべきは、もちろんその使い方だ。

ここではカニエは「早回し」を封印している。逆に少しだけピッチを下げ、冒頭では原曲の中盤を三十秒ほどそのまま流す。オーティスの原曲は当時でも多くのシンガーがカバーするクラシック曲であり、カニエの〈Otis〉[*27]の冒頭でもその普遍的なメロディの美しさの一部を共有するわけだ。そして別の箇所のフレーズにつなげてループに入るのだが、カニエが楽曲の中心として組んだループで採用したのは、オーティスの歌声の魅力の核心ともいえる「ノイズ」にほかならない。それは、原曲の終盤のオーティスのアドリブパートにおける粘度の高い声を楽器のように使うことであふれ出す「ソウルの塊」とでもよぶべき名状しがたいフレーズだ。

カニエが復活を試みたのは、サンプリングのアートが有しているポテンシャルではないだろうか。サンプリングというアートフォームは、人の想像力の自由さを映しだす鏡だ。それはスムースで洗練されたウェルメイドな旋律よりも、プリミティヴで未成熟でノイジーな打楽器のようなフレーズを志向するだろう。それは価値転倒を引き起こす、ズレ者の美学によって貫かれているはずだ。人間の歌声がもちうるノイズ性に最大限に着目することで、倒錯的な美しさを顕現させてしまう。

カニエはさらにリズム面でも転覆を試みている。サンプリングした箇所の原曲のアレンジをそのまま活かしたことで、キックを一拍三拍ではなく、二拍四拍で打ち、スネアが登場することはない。ヒップホップのブレイクビーツの常識を覆す、このひじょうにクリティカルなキックのズレこそが、この曲に前代未聞のリズム感覚をもたらしている。

チャカ・カーンは〈Through the Wire〉にサンプリングされた早回しされた自身のヴォーカルを聴いて、「馬鹿げてる（stupid）」と形容した。しかし「馬鹿げている」と紙一重のところで開花するのが、ズレ者の美学だろう。

26. Kanye West
〈Through the Wire〉
Roc-A-Fella / Def Jam

27.
Jay-Z & Kanye West
《Watch the Throne》
Roc-A-Fella / Roc Nation / Def Jam

タイラー・ザ・クリエイター
〈Yonkers〉（二〇一一）

OFWGKTA（オッド・フューチャー・ウルフ・ギャング・キル・ゼム・オール）の襲来は、久々のヒップホップらしい王道のズレ者たちの登場にほかならなかった。

この曲で冒頭からハイハットの代わりに八分音符で鳴りつづけるのは、プロペラヘッド・ソフトウェア社のDAWソフトであるReasonのプリセットのSE音だ。明らかに左チャンネルに過剰に寄っているスネア、そしてモコモコしたキック。ヒップホップの原風景的な、ラフでラグドな音質をよしとする無頓着な態度のビートに、同じく洗練とは程遠いが耳に残るキャッチーなシンセによるフックのリフ、それが「スワッグ」とよばれる「ドープ」の亜種だった。

あとからタイラー自身が語ったところによれば、これはLA出身の彼が「Yonkers＝ニューヨーク」を歌ったパロディであり、わずか八分間で作った偽物のニューヨークのビート（ブーンバップ）と攻撃的なラップも、たんなるジョークだったのだという。それはゴキブリを食べて嘔吐する〈Yonkers〉のMV[*28]にも顕現している露悪性だ。

しかしこの八分間で適当に作られたという即興性にこそ、無頓着なズレが宿っている。偽物の適当なキックとスネアのサウンドとリズムのラフさは、グランドマスター・フラッシュがリズムボックスを手打ちした、あの〈Flash It to the Beat〉のセッションを思い起こさせる。**この「適当さ」こそが、ヒップホップの原風景なのだ。**

だがそれだけではない。この曲には、その後の作品で次第に大きくフィーチャーされるようになるタイラーならではの音楽性の萌芽も発現している。一分一〇秒ほどから現れるピアノリフはまだニューヨーク産のクラシック・ヒップホップのオマージュの域だが、その後一分三五秒以降のコード弾きは、タイラーが十四歳から独学で始めたピアニストとしての彼のペルソナの発露であり、メインのシンセリフとぶつかっていることによるウィアードな響きを隠そうとしない。それどころかこのズレた響きを露悪的に誇示する。

そのようなバランス感覚を備えたタイラーは、アヴァンギャルドをポップに響かせる、ヒップホップの可能性をもっともラディカルに体現するズレ者のひとりに違いない。

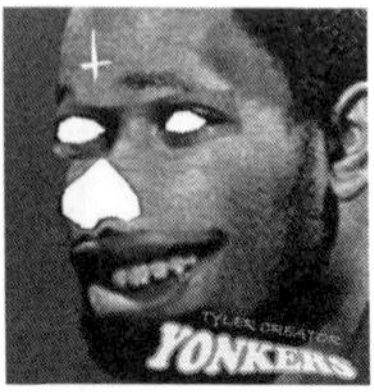

28. Tyler, the Creator
〈Yonkers〉
XL

アール・スウェットシャツ〈Shattered Dreams〉（二〇一八）

もともとMFドゥームをファイバリットMCに挙げ、ソロ作でもスキルフルなライムを披露していたアールだが、《Some Rap Songs》[*29]（二〇一八）のオープナーとなるこの曲では明らかに様子がおかしい。「反ラップ」とでも言いたくなるような、ラップらしいテンションに反してボソボソと言葉を紡ぎ、リズムにも反しているようなスタイルなのだ。かといってポエトリーリーディング的なスタイルかというと、それもまた違う。様式と反様式のあいだへとどこまでも逸脱していくようにして、アール自身が「なぜ僕が血を流しているのにだれも気づいてくれないんだ」と嘆く。そうしてわたしたちは、このスタイルがやむにやまれず選択されたものであることに気づくのだ。

この作品のリリースまえに亡くなった南アフリカの詩人である父親と大学教授の母親の肉声をフィーチャーした〈Playing Possum〉に象徴されるように、両親をはじめとする人間関係の悩みや孤独感、希死念慮をさらけだしているリリックと、なんとか物理的な肉声を絞り出した結果としてのフロウ。

それを支えるビート群はソウルネタが中心のミニマルなスタイルだが、元ネタのピッチ変更やフィルタリング、ぶつ切りのチョップで加工したローファイの美学に貫かれている。ネイビー・ブルーやマイクらが一緒につるみながら制作したプロダクションにはたしかに彼らとの類似点も認められるが、アールは当時のインタビューでマッドリブやアルケミストのすごさを口にしている。コンパクトな楽曲とミニマルなソウルネタ中心のループには、J・ディラの《Donuts》(二〇〇六)を思わせる場面も。たとえばネイビー・ブルーがプロデュースした〈The Bends〉でのソウルネタの歌声のぶつ切り方や曲の複数の部分からチョップして組み合わせる方法、そして元ネタのドラムを活かした余計なサウンドを足さないシンプルなつくりは《Donuts》収録の〈Airworks〉を彷彿とさせる。

この〈The Bends〉も〈Shattered Dreams〉もそうだが、元ネタをチョップして組み合わせループさせただけのひじょうにミニマルなつくりだ。足している音がほとんどないことから、ギターをサンプラーに置き換えてそれを叩きながら弾き語りするようにラップするという、かつてECDが《失点 in the park》[*30](二〇〇三)でたどり着いた方法を彷彿とさせるところもある。当時ECDはレコード契約を失い、自分ひとりで曲を制作する方法としてそれをやった。**アールも、なんとか肉声を絞り出して乗せるには、このようなビートのかたちをとるしかなかった。狙うのではなく、やむにやまれずたどり着くのが真の逸脱なのだ。**

29. Earl Sweatshirt
《Some Rap Songs》
Tan Cressida / Columbia

30. ECD
《失点 in the park》
Final Junky

ジェイペグマフィア
〈BALD!〉（二〇二〇）

〈BALD!〉[*31]では、とある曲からサンプリングされたフレーズが中核をなしている。一九九八年にプレイステーション用に発売されたナムコの『R4 -Ridge Racer Type 4-』（リッジレーサー・シリーズの四作め）からの〈Move Me〉がそれだ。

もはやゲームミュージックをサンプリングすることも、メイドインジャパンの曲をサンプリングすることも珍しいことではない。**だがペギーがすごいのは、時空を超えてインターネット上に脈絡なく並ぶ多種多様な楽曲たちを、真に並列に扱ってしまうことだ。ポストモダンのシミュラークルの海を、息継ぎなしで泳ぎつづけているように見えることだ。**

インダストリアル的な攻撃性とダークなサウンドをもつ《Black Ben Carson》[*32]（二〇一六）から本格的に認知されはじめたペギーの作風は、当初は純粋で暴力的な電子音を中心にフルスクラッチでビートを構築する、といったものだった。しかしそこには〈I Just Killed a Cop Now I'm Horny〉のようにサンプリングを駆使することで恐ろしい政治性を獲得した楽曲もふくまれていた。

ウータンのO.D.B.のあの歌声から、ゲーム『Halo 5』のSE、映画『マトリックス』のネオの会話までサンプリングした《Veteran》[*33]（二〇一八）で明らかになったのは、ペギーはどんな時代のどんなサンプルをネタにしても彼特有のビートの肌触り＝マチエールに変換してしまうということだった。チープで、ローファイで、歪《ひず》んでいて、同時に電子音の鋭さを失わない武器としてのノイズを常に伴っている音像。

無時間的なキャンバスにいったんサンプリングネタを並べて、シャッフルする。そして統一感のあるビートのテクスチャーを媒介として、それらを束ねあげる。かつてアフリカ・バンバータが、あらゆるジャンルのレコードのグルーヴをつないでいったように、ここにはヒップホップの原風景がこだましている。**ジャンルを越境し、逸脱することで自身の境界線を探り、拡張していくのがヒップホップの本懐だ。**

31. JPEGMafia
〈BALD!〉
EQT

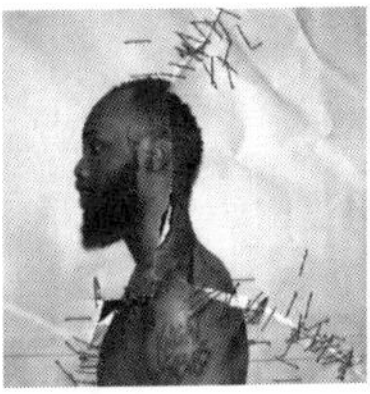

32. JPEGMafia
《Black Ben Carson》
Republic

33. JPEGMafia
《Veteran》
Deathbomb Arc / Republic

アルケミスト
アーマンド・ハマー〈Sir Benni Miles〉（二〇二一）

一九九一年にザ・フーリガンズのラッパーとしてそのキャリアをスタートさせたアルケミストは、数多くのフルプロデュースやコラボ作品で名を馳せ、いまやヒップホップ界の大物プロデューサーのひとりだ。

彼はプロデュースやコラボを通して、ラッパーを一本の映画に出演させてしまう。ラッパーの言葉とフロウを最大限に引き立たせるサウンドトラックとしてのビート。ギャング映画にとって音楽がどれだけ重要なものかを思い出そう。**ラッパーが語るエピソードを、リスナーの頭のなかで劇画調にヴィジュアライズさせてしまうのがアルケミストのビートなのだ。**

〈Sir Benni Miles〉[*34]のビートも、リスナーがビリー・ウッズとエルーシッドのライムにフォーカスできるよう、一歩引いたところで彼らを支えているようだ。しかしよくよく聴いてみればかなり複雑な構造になっていることがわかる。映画『バビロン』（一九八〇）のSEから始まり、次いで聞こえてくるホーンの一定のロングトーン。続いてフェードインしてくるのは、ピアノのアタックとともに逆再生されたフレーズ、808のキック、中性的なヴォーカルのフレーズと同じサンプルと思しきキックとシンバル、左チャンネルのパーカッション、右チャンネルに寄ったスネア、左チャンネルに寄った単音のベース。これらがゆったりとリズムを刻みながら、ヴァースの展開に合わせてフェードアウトしていったり、またフェードインしてきたり。そしてラストには映画『ムーンウォーカー』（一九八八）のワンシーンのSEがくる。

実際に映画のワンシーンからのサンプリングを用いることで、ヴィジュアルを伴う空気感が醸成されている。だが重要なのは、トータルの音数は多いにもかかわらず、同時に鳴っている音数はある程度絞られており、BPMも遅くサウンドの空間に余裕があることだ。だからラッパーのライムの存在感にフォーカスがいく。このサウンド空間の余裕を生んでいる大きな要因が、ドラムの主張の薄さにほかならない。

いまやドラムレスのビート——あるいは元ネタに入っているドラムを活かしてなにも足さないスタイル——は、ハードコアやアンダーグラウンドなブーンバップにおいてブームを超えて必須アイテムのような位置づけになっている。ドラムさえあればヒップホップは成立する、とされていた八〇～九〇年代の価値観からすれば、まさに価値転倒が起きているわけだ。こうなってみると、ドラムのリズムのあいだを縫うようにライムをはめていたラッパーたちにとっては、逆にそのラッパー独自のタイム感が全面に押しだされ、それが楽曲の大きな価値のひとつとなる。フレディ・ギブスも、カレンシーも、ラリー・ジューンも、アール・スウェットシャツも、そしてビリー・ウッズも多かれ少なかれアルケミストとのコラボによって、個性としての自身のフロウのスタイルがますますクリアに認知されることとなった。

アルケミストのプロデューサーとしてのキャリアの大きなステップとなったのがモブ・ディープの《Murda Muzik》[*35]（一九九九）への参加だが、クール・G・ラップも招いた〈The Realest〉の時点でこのような彼のビートのプロトタイプは出来あがっていた。エクスタシー・パッション＆ペインの元ネタのピッチを変更し若干スピードアップしただけのシンプルなビートは、ネタのドラムをそのまま活かしている。この時点ではまだコンプでアタックを強調しているものの、一歩引いたリズムによって、G・ラップやプロディジーのラップの肌理までがあらわになるサウンド空間が演出されている。

そのプロディジーのソロ《Albert Einstein》[*36]（二〇一三）のころになると、アルケミストの職人技は桁違いにスキルフルとなり、電子ドラムからブレイクビーツまで、ソウルネタからサントラネタまで、あらゆる音ネタを各パーツの定位やアンビエンス空間までコントロールしてプロットする。ドラムが効いた楽曲が多いものの、〈Confessions〉ではドラムは元ネタのフィルインのみをそのまま用いている。

アルケミストの制作環境を捉えた動画を見てみれば、様子のおかしな彼の生態が明らかになるだろう。異常ともいえるハイペースで生みだされる作品のリリース量からもわかるように、まさにビートメイキング・ジャンキーたる、呼吸をするようにビートをメイクするその様子。ビートメイキングという行為もまた、彼の人生のサウンドトラックなのだろう。

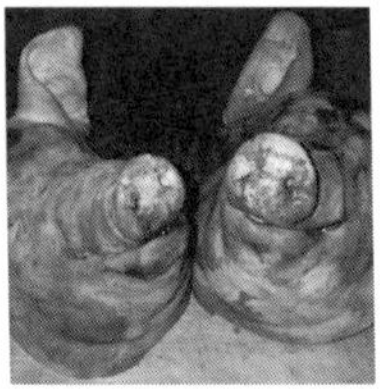

34. Armand Hammer & the Alchemist
《Haram》
Backwoodz

35. Mobb Deep
《Murda Muzik》
Loud / Columbia

36. Prodigy & the Alchemist
《Albert Einstein》
Infamous

＊

本コラムと続く年表に記したのは、ズレ者たちが牽引したビートメイキングの旅のほんの一例にすぎない。逸脱こそ王道というヒップホップの成立過程を示すため、また本書内で名前の出たビートメイカーを優先したため、九〇年代の事例やブーンバップ周りが多数を占める些《いささ》か偏ったセレクトとなった。サウス中心にマイアミ・ベースからトラップへと追っていけば、また全然別のズレ者たちの系譜が立ち上がるのはいうまでもない。続きはまた別の機会に追ってみたい。

ズレ者たちの所作には、いくつか通底する美学があるかもしれない。プリセットや、ラフなドラム単音をマチエールの素材感むき出しで使用すること。事故やアクシデントを積極的に活かし、偶然性を味方につけること。ヒップホップの原風景を自身のやり方でオマージュし、同時にそれに立ち向かう勇気をもつこと。

革新性は個別の技法に宿っている。細部に宿っている。それが方程式として固定化されるや否や、彼らはそれらを捨てて次の荒地へ向かうだろう。みずからがモードの一角を担うや否や、来たる次の発芽に向けて散種しに出かけるだろう。そうして彼らはシーン全体のモードと、みずからのスタイルの双方に対して反旗を翻《ひるがえ》しながらビートに合わせて頭を振るだろう。

逸脱の気概をもつ、あるいは無意識にそれを志向してしまうズレ者たちがいる限り、これからもヒップホップのスタイルは豊かになっていくだろう。

年表　ビートメイカーの誕生から超時空サンプリングまで

一九七〇年代	クール・ハークが**メリーゴーラウンド**を発明
一九八〇	グランドマスター・フラッシュの〈Flash It to the Beat〉により**「ビートメイカー」が誕生**
一九八二	アフリカ・バンバータ〈Planet Rock〉でクラフトワークを参照した**TR-808ビート**を提示
一九八三	ラリー・スミスがランDMC〈Sucker MC's〉で**ドラムマシンによるビート**の定型を形づくる
一九八四	マーリー・マールが**ドラムのサンプリングテクニック**を発明
一九八六	カーティス・マントロニックがT・ラ・ロック〈Bass Machine〉でTR-808を使い倒し、**クランクやトラップの始祖**に
一九八八	ボム・スクワッドがパブリック・エネミー〈Bring the Noise〉で**ノイズをビートに**仕立てあげる
一九八九	プリンス・ポールがデ・ラ・ソウル《3 Feet High and Rising》で**カラフルなネタ使いとスキット**確立
	ピート・ロックがピート・ロック&C.L.スムース《Mecca and the Soul Brother》でソウルフルネタ・ベースライン弾き・ホーン飛ばし等の**メロウ・ブーンバップ**の定式確立
一九九二	ドクター・ドレーが《The Chronic》で生演奏とサンプリングを融合した**Gファンク**を打ち立てる
一九九三	ATCQ《Midnight Marauders》におけるチョップしたブレイクビーツのドラムにより、**「ビートメイカーの自我」**が芽ばえる

一九九四

RZAがウータン・クラン《Enter the Wu-Tang (36 Chambers)》で**カンフー映画にインスパイアされたダークでソウルフルなスタイル**を確立

DJクラッシュが《Strictly Turntablized》にて抽象的なサンプリングネタで**アブストラクト・ヒップホップ**を発明

一九九五

ザ・ルーツが《Do You Want More?!!!?!》で**バンド演奏スタイル**を提示

一九九六

DJスクリューが《3'n the Mornin' Part Two》で**スクリュー**を創始

オーガナイズド・ノイズがアウトキャスト《ATLiens》で**生演奏+サンプリング**のスタイルを樹立

DJシャドウ《Endtroducing.....》が**サンプリングのみで構築したインスト作品**で物語を描く

ジューシー・Jがスリー・6・マフィア《The End》で、のちの**トラップやドリルのダークさ**につながるフィーリング獲得

一九九七

J・ディラがスラム・ヴィレッジ《Fan-tas-tic (Vol. 1)》で**ヨレるビート**を定式化

エル・Pがカンパニー・フロウ《Funcrusher Plus》で**Sci-Fiインスパイア系のアブストラクト・ビート**を開拓

一九九八

DJプレミアがギャング・スター《Moment of Truth》で**ミニマルなチョップ**によるサンプリングビートを構築

スウィズ・ビーツがDMX〈Ruff Ryders' Anthem〉で**単音メロディ**のキーボード・ビーツを提示

マニー・フレッシュがジュヴィナイル《400 Degreez》で**クランク〜スナップ**と続くリズムのスタイル更新

一九九九	MFドゥームが《Operation: Doomsday》でネタそのまま使いの美学を探究
二〇〇一	ティンバランドがミッシー・エリオット〈Get Ur Freak On〉でバングラ・ビートをフュージョンしたキーボード・ビーツを提示
	マッドリブがイエスタデイズ・ニュー・クインテット《Angles Without Edges》で生演奏のビートを独奏
二〇〇二	アンチポップ・コンソーティアムが《Arrhythmia》でミュージック・コンクレートとヒップホップを邂逅させる
	ネプチューンズがクリプス〈Grindin'〉でTritonのプリセットを用いたレディメイドのキーボード・ビーツを確立
二〇〇四	カニエ・ウェストが《The College Dropout》で二〇〇一年ごろから続くチップモンク・ソウルを完成
	デンジャー・マウスがジェイ・Zの《The Grey Album》で大ネタ×大ネタの掛けあわせによるリミックスの新たな面白さを開拓
二〇〇五	ショーティ・レッドがヤング・ジーズィ《Let's Get It》やグッチ・メイン《Trap House》で現代トラップにつながる808ドラムとサブベースを開陳
二〇〇六	J・ディラが《Donuts》でインストのサンプリングビートのフォーマットを更新
二〇〇八	バングラデシュがリル・ウェイン〈A Milli〉で声ネタ+ビート=ヒップホップの定式を再提唱
二〇一〇	レックス・ルーガーがリック・ロス〈B.M.F.〉でストリングスのオラオラ的サグのトラップ・スタイルを創出

二〇一一	ロック・マルシアーノが《Marcberg》でハードコア・ラップを引き立てる**ドラムレス／ドラムが後退**したビートを先導
	タイラー・ザ・クリエーターが《Goblin》で**メタ視点込みのラフネス&ロウと鍵盤**の音楽性を同居させる
二〇一二	ヒット・ボーイがジェイ・Z&カニエ・ウェスト〈Ni***s in Paris〉で**単音メロのキャッチーさ**を更新
	ヤング・チョップがチーフ・キーフ〈I Don't Like〉で、**痙攣するハットと鐘**が響く殺伐としたシカゴ・ドリルのテーマを制定
二〇一三	ゼイトーヴェンがミーゴス〈Versace〉で**MPCとキーボード・ビーツ**の融合スタイルを前進させる
二〇一四	DJマスタードがYG〈My Ni***〉で**ラチェット・ミュージックとしてのネオGファンク**を生む
二〇一七	メトロ・ブーミンがフューチャー〈Mask Off〉で**サンプリングを復権**
二〇一八	アール・スウェットシャツが《Some Rap Songs》で**コラージュ的なサンプリング弾き語り**を披露
二〇一九	808メロがポップ・スモーク〈Dior〉で**UK経由のスネアリズムとベースライン**をブルックリン・ドリルにインポート
二〇二〇	フィルシーがプレイボーイ・カーティ《Whole Lotta Red》で歪んだドラムとベース、瞬くシンセによる**レイジのサウンド**を提示
二〇二一	アルケミストがアーマンド・ハマー《Haram》で**ハードコア／コンシャス・ラップのサントラ**としてのビート完成
二〇二三	ジェイペグマフィアがダニー・ブラウンとの《SCARING THE HOES》にて**多様なサンプリングネタを時空を超えた平面空間で料理**

跋　ヒップホップその可能性の中心

「ヒップホップにおける〈かっこいい〉とはどういうことか」。本書の序文で雅史itが掲げた第一の問いだ。

この問いは回答されることなしに、文が内包する〈かっこいい〉という語の隠された意味ゆえにどこまでもズレていくものである。

〈かっこいい〉には、
〈かっこいい＝格好いい〉という、ほとんどの状況で留保なしに受け入れられる通常のものだけではなく、
〈かっこいい＝「いい」〉、つまり、なにかを「いい」とするその価値の源泉たる、ある特定の文脈や枠組み（＝鉤括弧）自体を発明し、内容とセットで提示するタイプのものがある。

ここまで読んできた読者はお気づきかもしれないが、数々の対話を通して、僕がこだわってきたのは後者についてだ。

一章でテーマとなったキャラクター論が、要するに「みずからのコンテクストを内包したコンテンツ」の話だったことから、〈かっこいい＝「いい」〉という観点からヒップホップを考えていくことが宿命づけられていたのかもしれない。

二章の「文学」というテーマでも、「高尚な文字列＝文学」のような大雑把（だが一般的）なくくりでヒップホップの優れたリリックを権威づけることではなく、たとえばビートたけしのラップ小説を評した際の「（お笑いと違って）スベりつづけてもいい表現」のような、限定的で特異な「いい」の在り方に僕は注目していた。

三章のマッドリブやJ・ディラ、四章で登場した道化／曲者たちの表現も、一筋縄ではいかない「いい」ものだし、五章の〈良い音〉の議論については、まさに〈かっこいい＝「いい」〉音の話そのものだ。

もちろん、ヒップホップのなかにもふつうの意味で〈かっこいい＝格好いい〉ものはたくさんあるし、むしろそういうもののほうが多数派である。なので、読者は本書を読み進めていくうちに、通常のヒップホップについての解説や研究、いわゆるB－BOYが語るヒップホップ愛好話とは、ある地点より深掘りすると議論の力点がズレていることに気づくはずだ。だがそれは、現状のヒップホップの全体を余すところなく語ることではなく、ヒップホップの〈可能性の中心〉を浮き彫りにすることが、僕の最大にして唯一の目的だからにほかならない。

いみじくも、序文で雅史itが「その周囲をぐるぐると回転する言葉たちの観測記録」と本書を形容した前述の第一の問いのなかに秘められた、この〈かっこいい＝「いい」〉こそ、中央を起点に完璧な円を描いて同じ場所に留まりつづけるのではなく、回転しながらその領域を宇宙のように無限に拡大しつづけるヒップホップの「ズレた中心」であり、そして、「まだ存在していないし考えられてもいないヒップホップ」についても示唆を与えてくれる〈可能性の中心〉にほかならない。

そしてこの〈かっこいい＝「いい」〉の鉤括弧「　」は、「〈新しい〉はどのようにして作られるか」という本書の第二の問いにも示唆を与えてくれる。

〈新しい〉は、それが感じるものである時点で、決して、すでに自然状態であふれかえっている微細な差異の持続状態において、人間の知覚と無関係に独立して存在するのではない。自然な持続状態がひとつの区切り（＝鉤括弧）を与えられることで一度終わり、無限の反復（ループ）に入るその瞬間において、事後的に人間の知覚に〈新しい〉がもたらされるのだ。英語の"latest"に、「最後の／最新の」という意味が重ねあわされているように、反復記号という行き止まりを示すことで、「最後の／最新の」音楽を生みだすヒップホップの独特な〈かっこいい＝「いい」〉価値生成の仕方は、六章で議論したアヴァンギャルド芸術における「切断の美学」と通じるものだろう。

さて、このような議論が、かっこいいもの、新しいものを生みだそうとするあらゆる人々になにかしらのヒントを与えるものになっていれば幸いなのだが、最後にそれをひっくり返すようにして付け加えておかなければいけないことがある。

雅史itの論考のキーワードであり、僕がこの跋文でもそれを実践してみせている、「ズレ」についてだ。

「ズレろ！」と本書の帯のキャッチコピーにもなっているし、そう言われると意識的にズレをつくろうと考えがちだが、しかし、ほんとうのズレはベタを目指す意識の反作用、いわば無意識として刻印されるものではないだろうか。J・ディラのビートの微細なヨレが際立つのも、生ドラムのように細かいベロシティ（音の強弱）がなく、打点がズレている以外はテクノのように機械的に均一な音を鳴らすマシンビートだからこそだ。J・ディラ自身にしても、最初からヒップホップのビートの定型からズレようと画策していたのではなく、むしろだれよりも徹底してヒップホップらしいビートを打ち込もうとした結果、あのズレを産みだしてしまったのではないか。

ここまで鉤括弧やズレの可能性についてこだわって力説してきた僕自身も、いざ制作に向かう際は、「鉤括弧でくくってやろう」、「ズレよう」とはほぼ考えていない。鉤括弧は、雅史itも言うようにホモ・ルーデンスの遊びが唐突に打ち切られる際の副産物で、ズレも意図するものではなく、無我夢中で作るうちに必然的に伴ってしまうものだ。六章のなかで僕は、サンプラーのパッドを押しつづけているあいだの感覚について言及したが、「このあたりで区切ってやろう」という打算より、時空が歪《ゆが》みながら未知の世界が広がっていくあの恍惚感こそが創作においてなによりも先立っていると確信している。僕が「切断の美学」だけでは足りない、もっと根元的な「産出する力」が必要だ、と言ったのもそのためだ。それは、まだ到達していない未知の領域に向かって探究しつづけたいという純粋な欲求のことだ。それはある意味で知性というより愚かさのようなものかもしれない。だからこそ、Dos Monosのデビュー曲である〈in 20xx〉で僕は、「クールよりもフール」とラップした。

本書の読者にも、ぜひ読んでわかった気になる（もちろんそれも本書の役割ではあるが）ところで止まらず、実際にヒップホップのビートやリリックや楽曲を制作してみてほしい。その際、YouTubeのＨｏｗ ｔｏ動画や憧れのアーティストを参考に、どんなにベタに模倣しようとしても、たちまち自分固有のズレを孕《はら》んでしまうことを確認していただきたい。そのズレを固有性や作品性にまで昇華できたら理想ではあるが、そこまでいかずとも、ヒップホップのズレがもつ可能性に対する理解はよりいっそう深まるはずだ。そしてそれは、音楽制作の話を超えて、思考やコミュニケーションすらもＡＩが人間を代替していくシンギュラリティの時代に、みずからの特異点＝シンギュラリティを見つけるヒントにもなるはずだ。

二〇二四年二月二十四日

荘子it

column ズレ者たちの系譜　参考文献

・大島純『MPC IMPACT!　テクノロジーから読み解くヒップホップ』リットーミュージック、2020 年

・トリーシャ・ローズ『ブラック・ノイズ』新田啓子訳、みすず書房、2009 年

・田中雄二『電子音楽イン・ジャパン 1955 〜 1981』アスキー、1998 年

・「Wax Poetics Japan No.8」"LOUDER THAN BOMBS" パブリック・エネミー＆ボム・スクワッド インタビュー、GruntStyle、2010 年

・Rakim『Sweat the Technique: Revelations on Creativity from the Lyrical Genius』Amistad、2019 年

・Will Hagle『Madvillain's Madvillainy』Bloomsbury Publishing、2023 年

・WBUR, "Rakim's Rap Revolution: The Legendary Emcee's Life In Hip-Hop"（2019/9/24） https://www.wbur.org/onpoint/2019/09/24/rakim-sweat-the-technique-eric-b

・Will Hernandez, "MC Shan," WHO?MAG（2014/5/29）https://www.whomag.net/mc-shan/

・Grouchy Greg Watkins, "Class Of '88: Paid In Full," AllHipHop（2008/2/29） https://allhiphop.com/reviews-music/class-of-88-paid-in-full/

・Ali Shaheed Muhammad, Frannie Kelley, "Hank Shocklee: 'We Had Something to Prove,'" NPR（2015/4/16）https://www.npr.org/sections/microphonecheck/2015/04/16/399817846/hank-shocklee-we-had-something-to-prove

・Rud, "Colin Wolfe Interview（September 2018）," DubCNN（2018/9/26） https://www.dubcnn.com/2018/09/26/colin-wolfe-interview-september-2018/

・Jeff "Chairman" Mao, "Interview: Funk Lifer Junie Morrison," Red Bull Music Academy Daily（2015/4/7）https://daily.redbullmusicacademy.com/2015/04/junie-morrison-interview

・Insanul Ahmed, "Swizz Beatz Tells All: The Stories Behind His Classic Records（Part 1）," Complex（2011/8/21）https://www.complex.com/music/a/insanul-ahmed/swizz-beatz-tells-all-the-stories-behind-his-classic-records-part-1

・Radiodotcom, "Don Cannon Talks About "Numbers On The Board" - Rap Radar Podcast," YouTube（2016/1/22）https://www.youtube.com/watch?v=DWl7RLiKDhc

・Roland "404 Day"（2021/4/4）https://www.roland.com/jp/promos/roland_sp-404/

・Grant Rindner, "Madlib Says He Made All The Beats For 'Bandana' On His IPad," Genius（2019/7/1）https://genius.com/a/madlib-says-he-made-all-the-beats-for-bandana-on-his-ipad

・Jordan Darville, "Chaka Khan, sampled on Kanye West's "Through The Wire," calls the song "stupid,"" The Fader（2019/6/27）https://www.thefader.com/2019/06/27/chaka-khan-sample-kanye-west-through-the-wire-stupid

・Evan Minsker, "Tyler, the Creator: "Yonkers" Was Made As a Joke," Pitchfork（2016/2/17） https://pitchfork.com/news/63619-tyler-the-creator-yonkers-was-made-as-a-joke/

・Craig Jenkins, "Earl Sweatshirt Fights Off Bad Vibes," Vulture（2018/11/28） https://www.vulture.com/2018/11/interview-earl-sweatshirt.html

初出

一章

キャラクターから考えるヒップホップ
――トランプ・ヒプノシスマイク・シミュレーショニズム再考
（ゲンロンカフェ、2020年8月17日 https://genron-cafe.jp/event/20200817/）

二章

ラップは文学なのか、小説はポップスなのか
――タモリからケンドリック・ラマーまで
（ゲンロンカフェ、2021年2月11日 https://genron-cafe.jp/event/20210211/）

三章

「テンプレ氾濫時代に抗う“様子のおかしい”ビートメイクのすすめ」～
『J・ディラと《ドーナツ》のビート革命』3刷重版記念対談
（note、2021年10月20日 https://note.com/dubooks/n/n8fad097a8da5）

column

荘子 it（@ZoZhit）
「Dos Monos 第一期終了、第二期始動。https://linkco.re/4ZV3UqeZ」
（X、2023年4月28日 https://twitter.com/ZoZhit/status/1651788987458256897）

四章

驚異と奇想の精神史――もうひとつの黒人音楽をめぐって
（ゲンロンカフェ、2023年2月4日 https://genron-cafe.jp/event/20230204/）

五章

「良い音」とは一体なんなのか？――ヒップホップとミックス、音を視る魔術
（ゲンロンカフェ、2021年9月8日 https://genron-cafe.jp/event/20210908/）

ゲンロンカフェで開催されたトークイベントは内容を再構成した。
このほか六章などは書き下ろし。

著者略歴

荘子 it

ソウシット

1993年生まれ。トラックメイカー／ラッパー。
2019年に1st Album『Dos City』でデビューしたヒップホップ・クルーDos Monosを率い、全曲のトラックとラップを担当。
2020年に『Dos Siki』、2021年に『Dos Siki 2nd season』『Larderello』などの作品をリリース。英ロンドンのバンドblack midi、米アリゾナのInjury Reserveや、台湾のIT大臣オードリー・タン、小説家の筒井康隆らとの越境的な共作曲も多数。
2024年のDos Monos第二期はロックバンドとして活動することを宣言している。

吉田雅史

よしだ・まさし

1975年生まれ。批評家／ビートメイカー／MC。

2023年に『脱皮とて ...』をリリースしたヒップホップ・コレクティヴ、口頭遊民ダコタを引率。著作に『ラップは何を映しているのか』（大和田俊之、磯部涼との共著、毎日新聞出版）。翻訳に『J・ディラと《ドーナツ》のビート革命』（ジョーダン・ファーガソン著、DU BOOKS）。2024年にはゲンロンより単著『アンビバレント・ヒップホップ』を刊行予定。

ビートメイカー／MCとしては、Meiso『轆轤』（2017）、Fake?『ForMula』（2018）のプロデュース、OMSBのEP『HAVEN』（2021）、『喜哀』（2023）への参加など。

最後《さいご》の音楽《おんがく》:|| ヒップホップ対話篇《たいわへん》

初版発行　2024年3月15日

著　荘子《ソウシット》 it ＋吉田雅史《よしだまさし》

装画・イラスト　YUTAKA NOJIMA

デザイン　森田一洋

構成・編集　小澤俊亮（DU BOOKS）

発行者　広畑雅彦

発行元　DU BOOKS

発売元　株式会社ディスクユニオン
東京都千代田区九段南 3-9-14
［編集］TEL.03.3511.9970　FAX.03.3511.9938
［営業］TEL.03.3511.2722　FAX.03.3511.9941
https://diskunion.net/dubooks/

Special Thanks　genron　没（Dos Monos）

印刷・製本　大日本印刷

ISBN978-4-86647-213-3
Printed in Japan

本書の感想を
メールにてお聞かせください。
dubooks@diskunion.co.jp